布林线指标精讲与实战操盘

郭晓静 / 编著

中国宇航出版社
· 北京 ·

图书在版编目（C I P）数据

布林线指标精讲与实战操盘 / 郭晓静编著. -- 北京：中国宇航出版社，2021.6
ISBN 978-7-5159-1921-8

Ⅰ. ①布… Ⅱ. ①郭… Ⅲ. ①股票投资－基本知识 Ⅳ. ①F830.91

中国版本图书馆CIP数据核字(2021)第096400号

责任编辑 卢 珊　　封面设计 宇星文化

出版发行 中国宇航出版社
社 址 北京市阜成路8号　　邮 编 100830
(010)60286808　　(010)68768548
网 址 www.caphbook.com
经 销 新华书店
发行部 (010)60286888　　(010)68371900
(010)60286887　　(010)60286804(传真)
零售店 读者服务部
(010)68371105
承 印 北京天顺鸿彩印有限公司
版 次 2021年6月第1版　　2021年6月第1次印刷
规 格 710×1000　　开 本 1/16
印 张 13.75　　字 数 202千字
书 号 ISBN 978-7-5159-1921-8
定 价 39.00元

本书如有印装质量问题，可与发行部联系调换

让布林线指标助你盈利
（代序）

长期以来，很多投资者都在尝试寻找更好用的技术分析指标和工具。不过，当大家试验了各类新的技术指标和技术工具后才发现，原来最好用的工具，还是最基础的几种，而布林线绝对是其中最为经典的代表。

布林线，从约翰·布林格（John Bollinger）发明至今，收获粉丝无数。每天在股票交易软件中，借助该工具做交易分析与决策的投资者可以说是数不胜数。与此同时，布林线指标的应用途径与方法也在不断地拓展。

其一，应用领域的拓展。布林线指标不仅在股票交易市场得到了广泛的应用，在期货市场、外汇市场也同样得到了投资者的认可；其二，分析方法的拓展。借助不同的分析框架和分析周期，使布林线指标的应用方法与技巧更为丰富，本书中我们就给出了多种分析框架，以供读者选择；其三，交易策略的拓展。投资者在应用布林线指标时，所采用的交易策略并不相同，同样是布林线上轨线，超短线交易者喜欢在股价突破上轨线后追涨买入，而另外一些投资者则做好了出货离场的准备。

总之，我们学习技术指标，重点在于理解和掌握技术指标运行的原理，同时，必须根据市场环境和自己的交易策略，有所选择、有所变化地使用。这就如同一部兵法，虽然很有用，但市场上读到这本书的人很多，市场上的主力读得更多，理解得也更加到位。作为散户，与主力相遇时，大家都读了同样的兵书，谁会赢？当然是能够将兵书灵活运用的人最终会赢。如果投资者只知道刻板地照搬兵书上的内容，会输得很惨。包括布林线在内的所有技术指标的使用，也需要遵循这一原则。我们要学会这些技术指标的用法，同时不要拘泥于这些用法，还要大胆地尝试新的技术指标应用方法。

在本书中，为了帮助投资者在短线交易、波段交易以及趋势判断等方面获得更为清晰和准确的交易信号，我们还尝试将布林线指标与其他技术指标组合起来，以提升交易信号的有效性和准确性。

当然，有些投资者对此存在一些疑问，单独的技术指标就可以发出买卖信号，为何还要与其他技术指标组合分析，是不是多此一举？其实，这就如同股价已经出现了反弹，为何还要看技术指标是相同的道理。我们的交易必须以资金安全为前提，单独的交易信号准确性不足，通过多指标交易信号共振，无疑可以提高交易信号的有效性。将布林线指标与其他技术指标结合分析，也是基于这样的考虑：一切为了资金安全，降低判断失误的概率。

股市中，能够获得最终胜利的人，肯定不是看了最多投资理论书籍的人，而是那些懂得灵活运用投资理论、技术分析工具的人。

目录

第六章 波段起舞——布林线中轨线战法

第七章 搏击反弹——布林线下轨线战法

第八章 龙行天下——布林线组合战法

第九章　进退有据——布林线交易系统

第一章

诠释经典——布林线的构造及交易含义

“越是在不成熟的市场，技术分析就越是有效。”

——约翰·布林格

布林线，又称BOLL线，是由约翰·布林格（John Bollinger）在1983年发明，并以其名字命名的。

布林线通过三条轨道线为股价波动绘制了一个大致的运行通道（信道区间），借以向投资者呈现股价正常的和非正常的波动情况，并对股价未来的运行趋势做出预测。如图1–1所示。

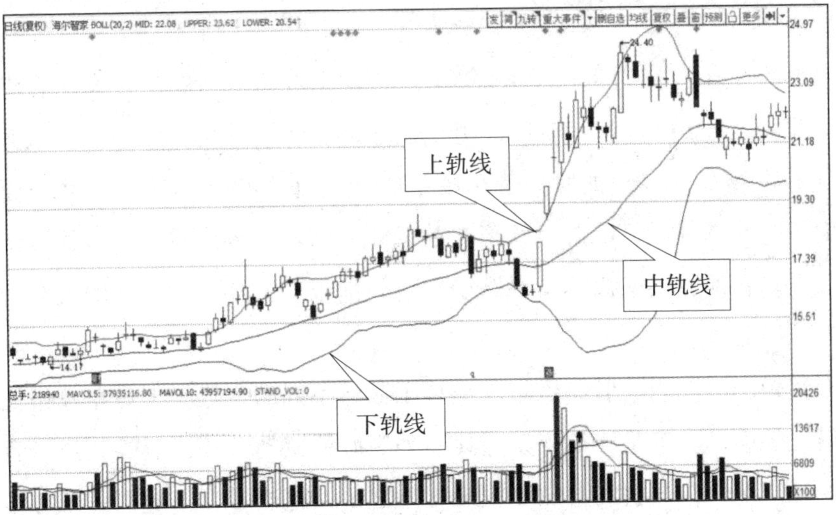

图1–1 布林线（BOLL）指标示意图

从图 1-1 中可以看出，整个布林线指标就是由上轨线、中轨线和下轨线以及由上轨线和下轨线所划定的布林通道组成。也就是说，整个布林线指标发出的交易指示，都是以此为基础的。

第一节 布林线的设计及运行原理

“布林线只是工具，在不同的市场、不同的时期，都需要做出各种改变，更重要的是我们需要根据市场的不同做出调整。”

——约翰·布林格

时至今日，布林线在证券交易领域的作用已经毋庸置疑了，尽管如此，布林格在最近一些年提及布林线的应用时，总是做出如上的强调，也就是需要根据市场和个人的操盘计划对布林线的相关参数进行适当的调整。

不过，在我们做出调整之前，首先要研究一下布林线的产生与发展过程，以及指标参数的设置原理，以便为未来的应用打下坚实的基础。

一、布林线的前世今生

布林线是布林格先生在 1983 年正式开发完成的，当然，其设计思想要早于这一时间点。20 世纪 70 年代，由于国际地缘政治冲突，原油价格飙升，在美国证券市场，很多石油股票都出现了大幅上涨走势。不过，这种局面没有持续太长时间。其后，随着经济形势的恶化，证券市场形成了“股债双杀”的局面，很多石油股票又出现了暴跌走势，之前很多追涨石油股票的投资者都血本无归。

在很短的时间内，股票价格就出现了截然不同的走势，这对布林格先生产生了很大的震动。于是，他开始寻找一种更好的交易方法，能够让投资者避免遭遇这种情况。在寻找和尝试了很多方法之后，他决定自己发明一个方法，并将这种方法命名为理性分析，即通过技术分析与基本面分析相结合，做出合理的投资决定。

为了使投资者更好地做出合理的投资决定，布林格先生提出了“布林通道”这个概念，并这样定义布林通道：“布林通道就是图表上价格附近的通道，它们的目的是为了定义相对的最高价和最低价。”上轨线附近就是最高价，下轨线附近就是最低价。

事实上，在布林格提出布林通道概念之前，市场上就有关于交易带的概念和相关的分析技术，只是还没有成型的技术分析理论，其应用效果也不理想。1981 年，美国推出第一份股指期货合约，布林格先生恰好也是在 1981 年和 1982 年间完成布林线相关研究工作的。1983 年，布林格先生正式发布布林线指标。

布林格先生通过灵活地设置技术参数，使得交易通道更为灵活，且符合价格运行趋势，这使得布林通道大受欢迎。

其后，布林格先生将自己创立的“布林线”技术应用于股票市场，并成立了自己的投资管理公司，管理的资产规模也越来越大。通过将技术分析与基本面分析相结合的方法，布林格的投资管理公司年收益增长率超过 30%，即使在 2008 年的金融海啸中，公司也同样实现了稳定的收益。

二、布林线的参数

1. 布林线的基本参数指标

按照布林格先生的描述，可以获得一个标准的布林通道计算公式：

中轨线 = 参数为 20 日的均线

上轨线 = 中轨线 +2 个标准差

下轨线 = 中轨线 –2 个标准差

其中，标准差的计算公式如下：

$$标准差 = \sqrt{\frac{\sum(x_i - \mu)^2}{N}}$$

其中　x_i为收盘价，

μ为均价，

N为均线的周期（这里的实际取值是 20）。

2. 布林线参数的设置与调整

布林线的基准参数如此设计的原因如下。

第一，20 日均线是一条稳定性较佳的均线，将其设定为布林线的中轨线，有助于防止布林线指标波动得过于频繁。

第二，2 个标准差，是与 20 日均线配套的一个技术参数。布林线的指标参数有一个很明确的目标，即用尽可能少的面积覆盖尽可能多的股价 K 线。20 日均线和 2 个标准差的组合，是一个比较理想的选择。

从某种意义来说，布林线的基本参数是可以调整的，投资者可以结合自身的实际情况进行调整，但这并不是说，投资者应该经常性地对这些参数进行调整。

对此，布林格先生来中国讲座接受采访时，曾经这样解释：

“一旦我决定在某个应用领域使用什么参数，就基本上不会变化，除非市场环境发生了变化。在使用布林线方面，最初我使用的均线是 10 日均线，设定的方差参数为 1.5，现在使用的参数是 1.9，这是由于美国市场出现了大量的股指期货和金融衍生品，这些产品吸收了大量的资金，使得市场的流动性发生了改变。”

也就是说，投资者需要根据投资标的的特征设定合适的技术参数。这个参数确定之后，除非外部环境发生变化，否则就不应该轻易地改变。通常来说，发生以下两种情况，投资者可调整布林线的指标参数。

第一，市场环境发生变化。在原有的技术指标参数下，布林通道已经不能覆盖绝大多数 K 线，此时投资者可以考虑适当改变方差数值，以实现布林通道对 K 线的更好覆盖。

第二，操作思路发生转变。投资者开始专注于短线或超短线交易，20 日均线已经明显滞后时，可以考虑将中轨线更改为 10 日均线，同时方差也可以调整至 1.5 以内。

下面来看一个改变技术参数的案例，图 1–2 为威尔药业的布林线指标走势图。

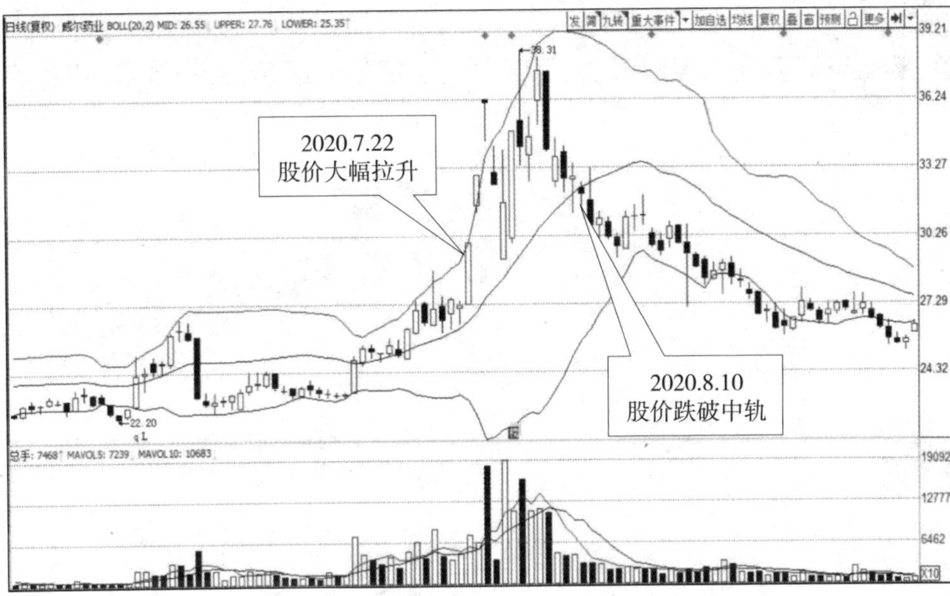

图 1–2　威尔药业（603351）布林线指标走势图

如图 1–2 所示，威尔药业的股价自 2020 年 7 月 22 日起出现了大幅上攻走势，股价一度突破上轨线。2020 年 8 月 10 日，该股股价在之前回调的基础上跌破了中轨线，这标志着该股股价此前的上升趋势告一段落。

对于短线投资者来说，股价从 7 月 22 日启动上攻到 8 月 10 日趋势结束，时间跨度过大。如果技术指标能够在 8 月 10 日前发出卖出信号，无疑可以增加获利。因此，投资者可以尝试调整布林线指标的技术参数，由系统默认的参数（20,2）调整为（10,1.5），这样可以得到如图 1–3 所示的走势图。

如图 1–3 所示，威尔药业的股价自 2020 年 7 月 22 日起出现了大幅上攻走势，其后股价一直运行于中轨线与上轨线之间。2020 年 8 月 5 日，该股股价在前一交易日大幅下跌的基础上跌破了中轨线，这标志着该股股价此前的上升趋势告一段落。

对比图 1–2 和图 1–3 可以发现，图 1–3 中，布林线指标发出卖出信号（即股价 K 线跌破中轨线）的时间要比图 1–2 早几个交易日，股价回调幅度自然也小于图 1–2。对于短线交易者来说，图 1–3 中设置的技术参数更符合实际交易的需要。

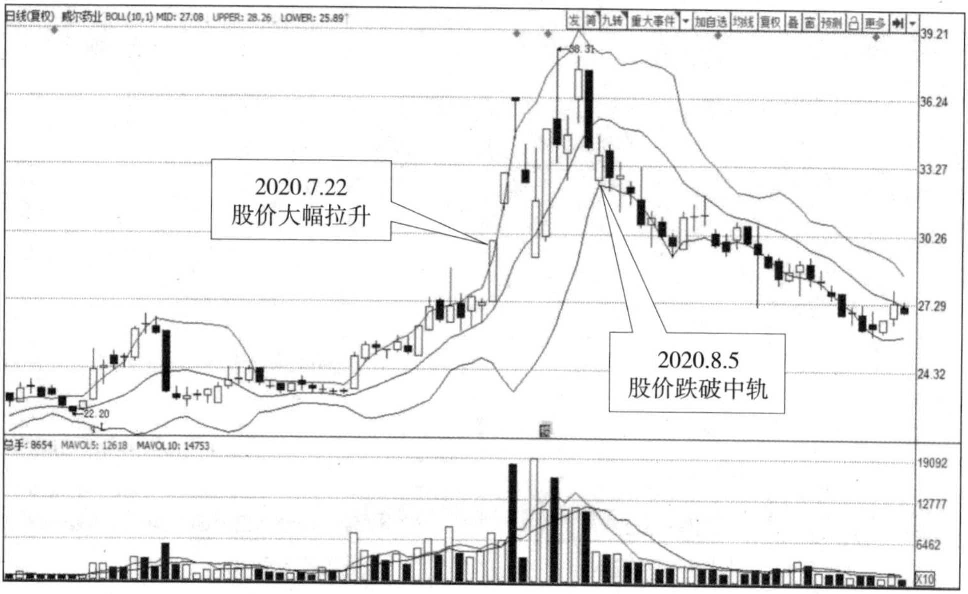

图 1–3　威尔药业（603351）布林线指标走势图

3. 布林线参数的调整方法

目前，大多数股票交易软件的布林线指标默认技术参数都是（20,2）。在实际操作中，大多数投资者也都会使用系统默认的技术参数，本书如无特殊说明或用法，也会选用（20,2）的参数。

若投资者个人有需求，也可以对布林线的技术参数进行调整，具体方法如下。

第一步，将鼠标移至布林线指标线的位置，三条轨道线均可。

第二步，右键单击鼠标，在弹出的“对话框”中选择“修改指标参数”项目。

第三步，在弹出的“对话框”中重新设置指标参数，如图 1-4 所示。

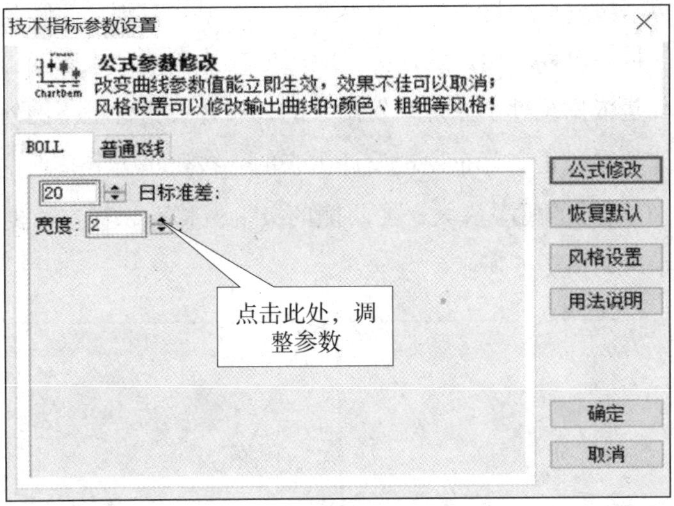

图 1-4　布林线指标参数设置

投资者可以直接点击图 1-4 对话框中的箭头以调整技术参数，若调整的技术参数需要带小数点，如“1.5”，则可以在参数格中直接输入。

三、布林线的信道区间

股价 K 线终归是要在布林通道内运行的，因而，任何超越通道的行为最终都会得到修复，这是布林通道最根本的价值所在。也就是说，当股价 K 线运行于布林通道之内，说明股价运行于布林线的信道区间，布林线指标是具有交易指示意义的。投资者可根据布林线指标的相关分析方法，对股价走势进行分析；反之，当大部分股价 K 线运行于布林通道之外，就说明布林线指标的设计存在问题，依据布林线所做的技术分析也将毫无价值。

从整体上来看，布林通道就是由三条布林线组成的一个交易通道或交易带，这个交易通道覆盖了 K 线图上绝大多数 K 线。调整指标参数的目的，也是为了让布林通道能够尽可能多地覆盖 K 线，即绝大多数 K 线都运行于布林通道之内。当然，也不能让布林通道覆盖过多的无效区域，否则该指标就失去了存在的价值。

布林通道之所以能够覆盖绝大多数 K 线，与其设计原理密切相关。也就是说，在布林线指标设计之初，就是尽可能多地覆盖 K 线。大家知道，几乎所有的技术指标都是依据统计学原理开发出来的，布林线指标也不例外，布林线指标是依据统计学中的正态分布原理设计出来的。按照正态分布理论，样本数据出现在均值 μ 附近的概率最大，往两侧的极端值移动，样本数据出现的可能性就越来越小，如图 1–5 所示。

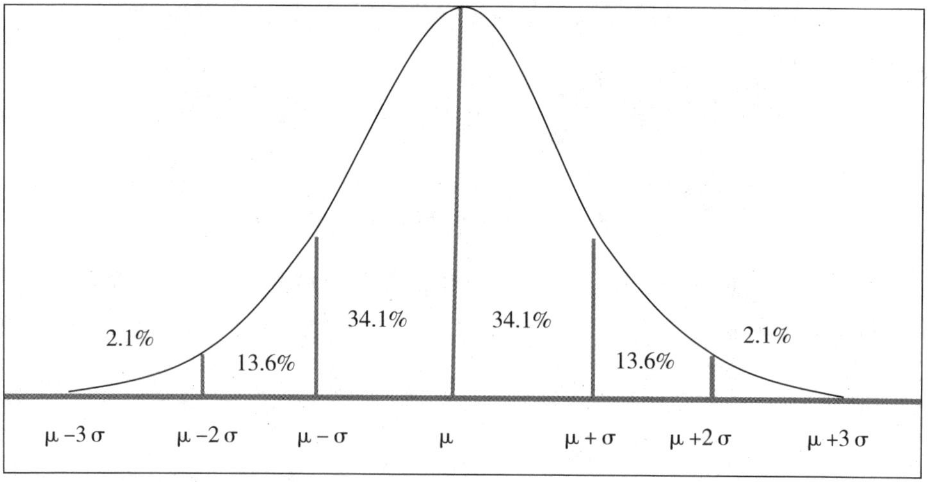

图 1–5　正态分布示意图

从图 1–5 中大致可以看出，如果技术指标某参数覆盖的区间在 1 个标准差（σ）之内时，正常情况下，可以覆盖 68.2% 的数据（K 线图中的 K 线），将标准差扩大到 2 时，就可以覆盖 95.4% 的数据，这已经是一个非常理想的数据水平了。按照正态分布原理，如果不断放大标准差，那么，技术指标覆盖的范围会越来越大。理论上，当标准差无限大时，就能覆盖完整的数据，但这几乎是不可能的。同时，随着标准差的扩大，布林通道发出的交易指示信号将越来越滞后，直至没有任何意义。因此，从实战需要出发，我们只需要 2 个标准差即覆盖 95.4% 的 K 线即可。

当然，有些时候，出于短线追涨的需要，为了捕捉更加及时、清晰的交易信号，可能会牺牲一些数据，即通过缩短均值（比如将 20 日均线变为 10 日均线），并减少标准差（比如将标准差由 2 减为 1.5），这些都是我们在实战交易中可以进行尝试的。

第二节 三条指标线的构成及交易含义

通常情况下，布林线指标都是由一组三条指标线构成的指标系统，其中每条指标线都有各自的交易含义。

一、中轨线的参数及交易含义

在绝大多数交易软件中，中轨线都是一条 20 日均线，因而，其交易指示含义与 20 日均线完全相同。若投资者将中轨线的参数换成 10 日均线，那么，这条中轨线的分析方法就与 10 日均线相同。

在实战中，有些投资者为了让自己的交易系统与其他人有所不同，可能会使用与他人完全不同的均线，甚至用 EMA（指数移动平均线）来替代 20 日均线。这本身并无对错，只是在更换中轨线后，也需要对标准差的数值进行相应的调整。

以 20 日均线为参数的中轨线，通常具有以下几项交易含义。

1. 股价与中轨线一起同向移动

一般来说，20 日均线相对比较稳定，因而其指引股价运行趋势的作用更为明显。若股价在中轨线上方且与中轨线一起向上运行，表明市场中期趋势是向上的；反之，若股价在中轨线下方且与中轨线一起向下运行，则表明市场中期趋势是向下的，如图 1–6 所示。

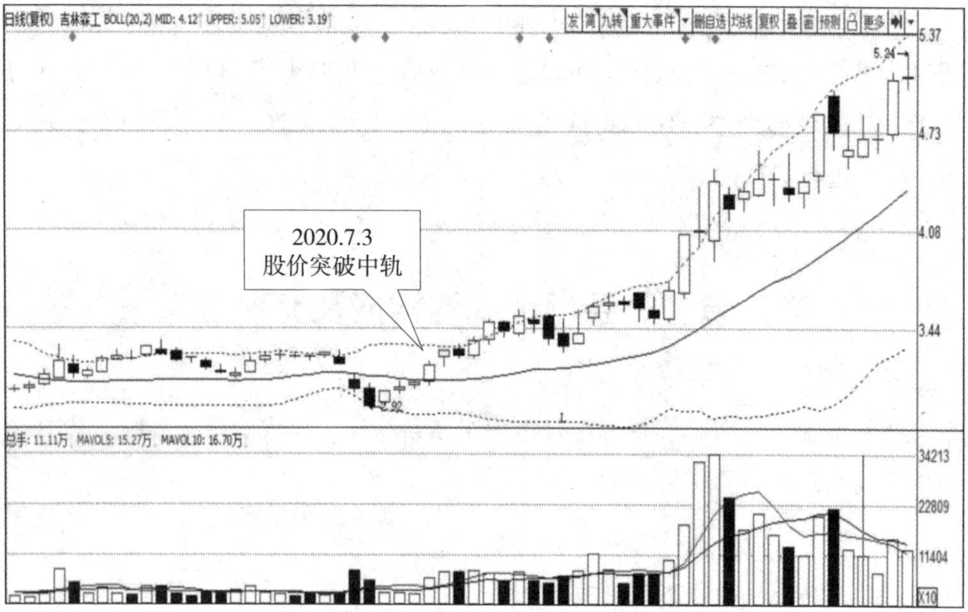

图 1-6　吉林森工（600189）布林线指标走势图

如图 1-6 所示，2020 年 7 月 3 日，吉林森工的股价向上突破中轨线。此后，该股股价一直处于中轨线上方，二者同步向上攀升，表明该股中期趋势以上涨为主，投资者可以逢低吸纳，持股待涨。

2. 中轨线在运行中出现拐头现象

中轨线是股价走势重要的参照指标。中轨线拐头，意味着股价的中线行情将要发生变化。中轨线在低位运行，当其拐头向上时，往往意味着股价将进入中线上升行情；中轨线在高位运行，当其拐头向下时，通常表示股价将进入中线调整或下降行情。

如图 1-7 所示，从 2020 年上半年开始，盛迅达的股价一直处于中轨线上方，二者同步向上攀升，表明该股中期趋势以上涨为主，投资者可以逢低吸纳，持股待涨。这种上涨趋势一直持续到 2020 年 7 月中旬。2020 年 7 月 16 日，该股股价跌破中轨线，且中轨线出现拐头向下的迹象，说明该股中期上升趋势已经结束，未来有下跌的风险，投资者可考虑卖出手中的股票。

图 1-7　盛讯达（300518）布林线指标走势图

3. 中轨线对股价反向运行的阻挡作用

与普通的中期均线相似，在上升趋势中，股价如果缩量回调至中轨线附近得到支撑，然后企稳回升，则表明中期趋势还是向上的，是买入信号。投资者也可以按照这种方法在上涨行情中进行选股操作。在下降趋势中，股价如果反弹到中轨线附近遇到阻力转而回落，则表明中期趋势仍是向下的，是卖出信号。

如图 1-8 所示，从 2020 年年中开始，创世纪的股价一直处于中轨线的上方，二者同步向上运行，表明该股中期趋势以上涨为主。股价沿中轨线向上运行的过程中，曾经多次出现回调，且股价回调至中轨线位置时，因中轨线的支撑作用而再度向上运行，说明中轨线对股价具有较强的支撑作用。2020 年 8 月 13 日，创世纪的股价跌破了中轨线，其后，中轨线对股价的支撑作用转为阻力作用。此后，该股股价每次反弹至中轨线附近时，都会因为中轨线的阻力转而重新下跌。

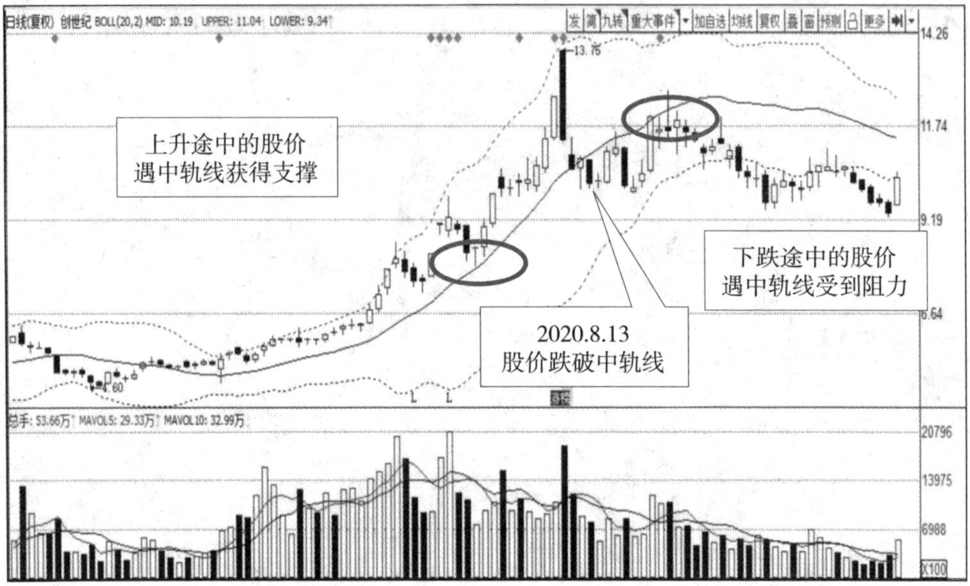

图 1-8　创世纪（300083）布林线指标走势图

二、上轨线的参数及交易含义

上轨线是以中轨线为基础设计出来的，其计算和交易指示作用都与中轨线有着密切的关联。

1. 上轨线的计算方法及原理

上轨线的设计初衷是为了捕捉股价的相对最大幅度，因而，上轨线会随着股价的上行而上升，且其上升的速度会快于中轨线。也正因如此，股价上升时，布林通道因上轨线加速上行而导致喇叭口越开越大。

上轨线的计算公式为：

$$上轨线=中轨线+2个标准差$$

从某种意义上来讲，上轨线实质上就是在中轨线数值的基础上增加了 2 个标准差后得到的曲线。

2. 上轨线的交易指示含义

上轨线就是一条由布林线指标系统设定的股价最大波动幅度的界限，也就是说，当股价上升越过布林线上轨线，意味着股价进入了非正常区间，未来必然会出现回归走势。当然，这并不意味着股价一旦越过上轨线，投资者就需要卖出股票，只是提醒投资者现在股价处于非正常运行区间。投资者要想获得更为清晰的交易信号，还需要结合其他技术指标进行分析。

通常情况下，布林线上轨线具有如下几项交易含义。

第一，可以作为股价下跌趋势结束的一个信号。

事实上，不仅股价加速上升，上轨线也会向上加速运行。基于布林线的设计原理，当股价大幅下跌时，布林线上轨线也会出现加速上行现象。因此，当股价处于下跌趋势，喇叭口逐渐放大，上轨线不再创出新高，而是拐头向下时，说明股价下跌趋势有结束的可能，投资者应该留意更为明确的反弹信号，如图 1-9 所示。

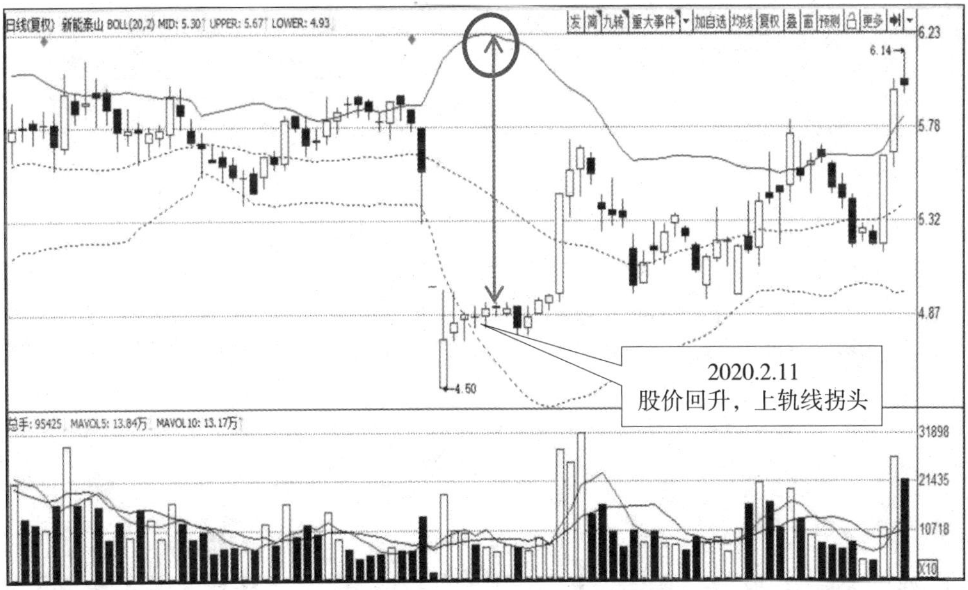

图 1-9　新能泰山（000720）布林线指标走势图

如图 1–9 所示，从 2020 年 1 月下旬开始，新能泰山的股价随着大盘的下跌而出现了暴跌走势。该股股价不断下跌，布林通道的喇叭口逐渐放大，布林线上轨线也随之不断向上攀升。2020 年 2 月初，该股股价随着大盘的企稳出现了一波反弹走势。2020 年 2 月 11 日，该股以小阴线收盘，当日布林通道的上轨线不再向上攀升，而是拐头向下，这说明股价有企稳迹象，投资者可考虑少量试探建仓或参考其他反弹信号，确认最佳买入时机。

第二，股价进入危险区域的警示。

当股价快速上升时，布林线上轨线的调整速度肯定会落后于股价，因而，这些股价 K 线就会出现在上轨线以上的位置。根据布林线的设计思想，股价 K 线绝大部分都会位于布林线通道内部，因此，投资者可以认定，股价很快就会回调至布林通道内，也就是说，股价短期有调整下跌的需求。当然，这时上轨线发出的只是一个警示信号，若股价仍处于上升趋势中，短线可能会有较大的涨幅。只要股价不出现明显的调整迹象，投资者是不应该过早卖出股票的，如图 1–10 所示。

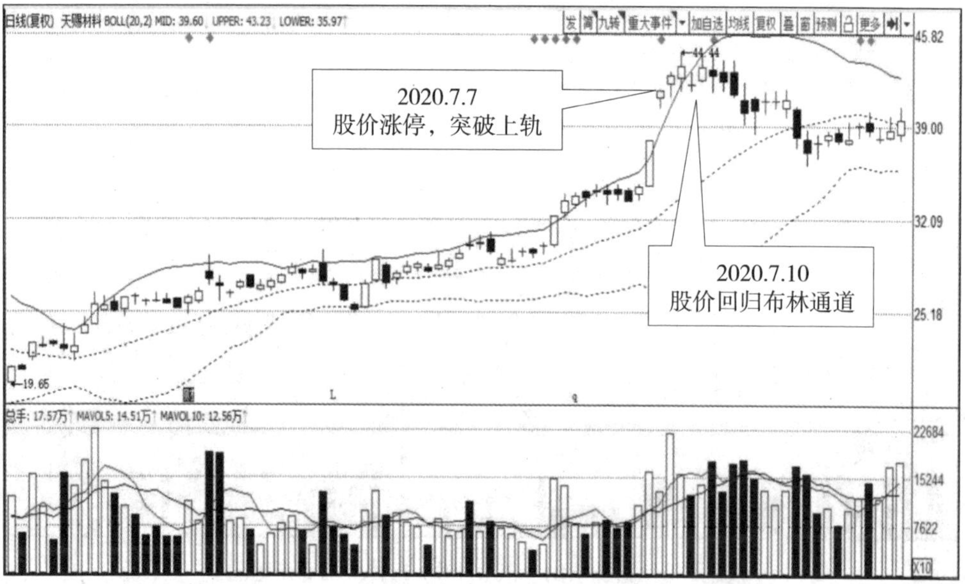

图 1–10　天赐材料（002709）布林线指标走势图

如图 1-10 所示，从 2020 年年中开始，天赐材料的股价一直处于中轨线的上方，二者同步向上运行，表明该股中期趋势以上涨为主。2020 年 7 月初，天赐材料的股价上涨速度明显加快。7 月 7 日，该股股价向上突破了布林线上轨线，说明股价已经进入危险区，投资者宜提高警惕，未来股价肯定会重新回到布林线通道内。

2020 年 7 月 10 日，该股股价经过多日强势上攻，开始显现疲态，在 K 线图上留下了一个带长上影线的十字线，此时股价已经重新回归布林通道，投资者可考虑减仓操作。

第三，对比股价高低。

股市中没有绝对的高点，只有相对的高点。布林线上轨线就是这样一个参照物。有些投资者将上轨线看成一个相对高点的可靠参照物，并据此采取交易行动，当股价到达上轨线位置且无法突破上轨线时，就要卖出股票，如图 1-11 所示。

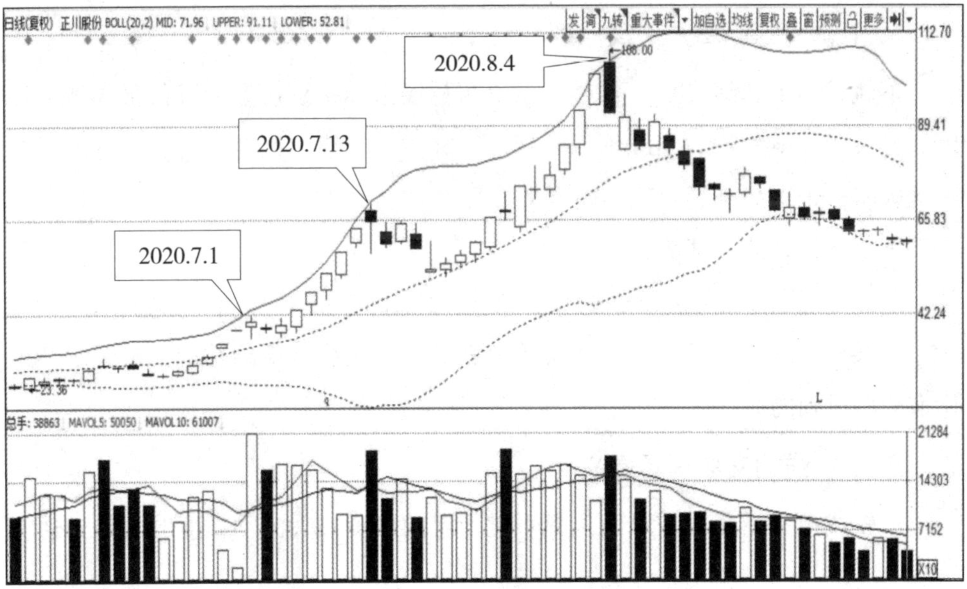

图 1-11 正川股份（603976）布林线指标走势图

如图 1-11 所示，从 2020 年下半年开始，正川股份的股价经过一段时间的振荡盘整后出现了上攻走势。股价振荡上行过程中，曾经三度触及布林线上轨线。前两次触及上轨线后，只是出现了短暂的回调整理，其后又重新上攻。直至 2020 年 8 月 4 日，正川股份的股价第三次触及上轨线后，才出现规模较大的回调。

通常情况下，布林线上轨线并不被看成严格意义上的支撑线或阻力线，但若将其与 K 线顶部形态、其他技术指标超买形态或高位死叉形态组合使用，则可起到提升卖出信号准确性的作用。从某种意义上来说，股价触及上轨线，只是说明股价到达了一个相对高点，至于后面是否还有更高的高点，抑或出现回落，则需要投资者结合其他技术指标进行分析。

三、下轨线的参数及交易含义

与上轨线相同，下轨线也是以中轨线为基础设计出来的，其计算和交易指示作用与中轨线有着密切的关联。

1. 下轨线的计算方法及原理

下轨线与上轨线类似，也是一条由布林线指标系统设定的股价最大波动幅度的界限。也就是说，当股价下跌越过布林线下轨线，则意味着股价进入了非正常区间，未来势必会出现回归走势。

下轨线的计算公式为：

下轨线＝中轨线 –2 个标准差

从某种意义上来说，下轨线实质上就是在中轨线数值的基础上减去了 2 个标准差后得到的曲线。

2. 下轨线的交易指示含义

下轨线也是一条由布林线指标系统设定的股价最大波动幅度的界限，通常情况下具有如下几项交易含义。

第一，可以作为股价上涨趋势结束的一个信号。

事实上，不仅股价加速下跌时下轨线会向下加速运行，基于布林线设计原理，当股价大幅上涨时，布林线下轨也会出现加速下行迹象。因此，股价处于上涨趋势，喇叭口逐渐放大时，当下轨线不再创出新低，而是拐头向上时，说明股价上涨趋势有结束的可能，投资者应该择机卖出部分股票，如图 1–12 所示。

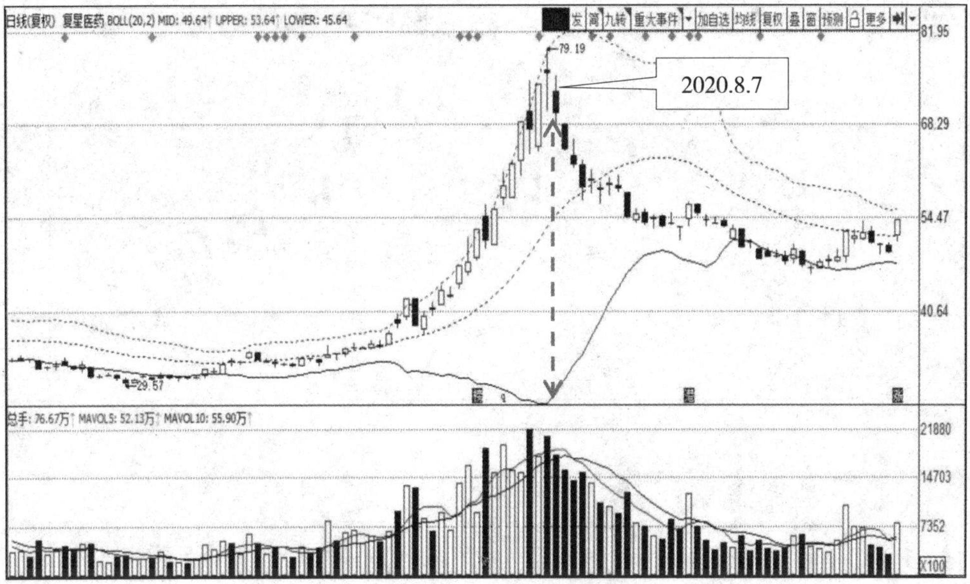

图 1–12　复星医药（600196）布林线指标走势图

如图 1–12 所示，从 2020 年年中开始，复星医药的股价随着大盘的上涨而出现了一波大幅上升走势。该股股价不断创出新高，布林通道的喇叭口也逐渐放大，布林线下轨线也随之不断向下延伸。2020 年 8 月初，该股股价随着大盘的滞涨而出现筑顶迹象。2020 年 8 月 7 日，该股股价在前日触及上轨线的基础上以中阴线报收，但当日布林通道的下轨线不再向下延伸，而是拐头向上，这说明股价有反转向下的可能，投资者可考虑先卖出部分股票。

第二，股价进入超跌区域的警示。

股价快速下跌时，布林线下轨线的调整速度肯定会落后于股价，因而，这些股价 K 线就会出现在下轨线以下的位置。根据布林线的设计思想，股价 K 线绝大部分都会位于布林线通道内部，因此，投资者可以认定，股价很快就会回调至布林通道内，也就是说，股价短期有反弹向上的需求。当然，这时下轨线发出的只是一个警示信号，若股价仍处于下跌趋势中，短线仍可能会有较大的跌幅。只要股价不出现明显的反弹迹象，投资者还是不应该过早买入股票，如图 1–13 所示。

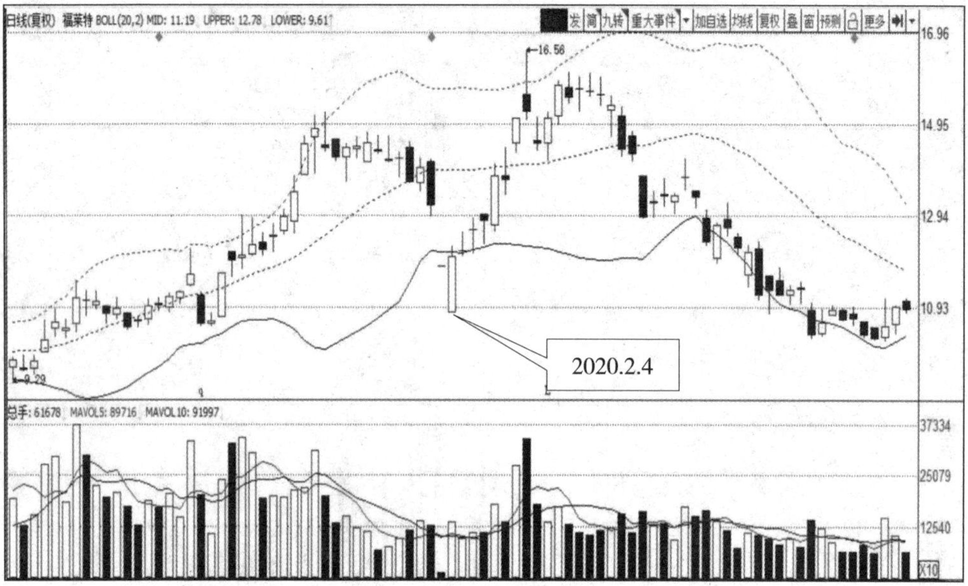

图 1–13　福莱特（601865）布林线指标走势图

如图 1–13 所示，从 2020 年 1 月上旬开始，福莱特的股价开始了一波下跌走势，股价很快跌破布林线中轨线，说明股价中线呈下跌趋势。2020 年春节之后，受疫情影响，大盘在 2 月 3 日开盘后出现了暴跌走势，福莱特的股价也直接跌停。次日，即 2 月 4 日，福莱特的股价再度大幅低开，其后出现了振荡回升。此时，由于该股股价 K 线跌破了布林线下轨线，说明股价已经进入超跌区域，投资者宜密切关注，未来股价肯定会重新回到布林线通道内的。

第三，对比股价高低。

股市中没有绝对的低点，只有相对的低点。低点的选择和判断，往往需要投资者承担更多的风险。相对低点，其实就是投资者自己能够承受的风险与损失的一个平衡点。当然，既然是相对的低点，就必然需要一个参照物，布林线下轨线就是这样一个参照物。有些投资者将下轨线看成是一个相对低点的可靠参照物，并据此采取交易行动，即当股价遇下轨线且未跌破下轨线时，就会入场买入股票。

如图1-14所示，2020年4月上旬开始，兴业科技的股价开始出现大幅下跌走势。该股股价很快从布林线上轨线位置下跌至布林线下轨线位置。2020年4月28日，该股股价跌至下轨线位置时，出现下跌乏力迹象，股价在K线图上留下了一根带长下影线的中阴线，这说明股价下跌力度有可能减弱，若次日该股能有效站稳布林线下轨线，投资者可考虑少量建仓。

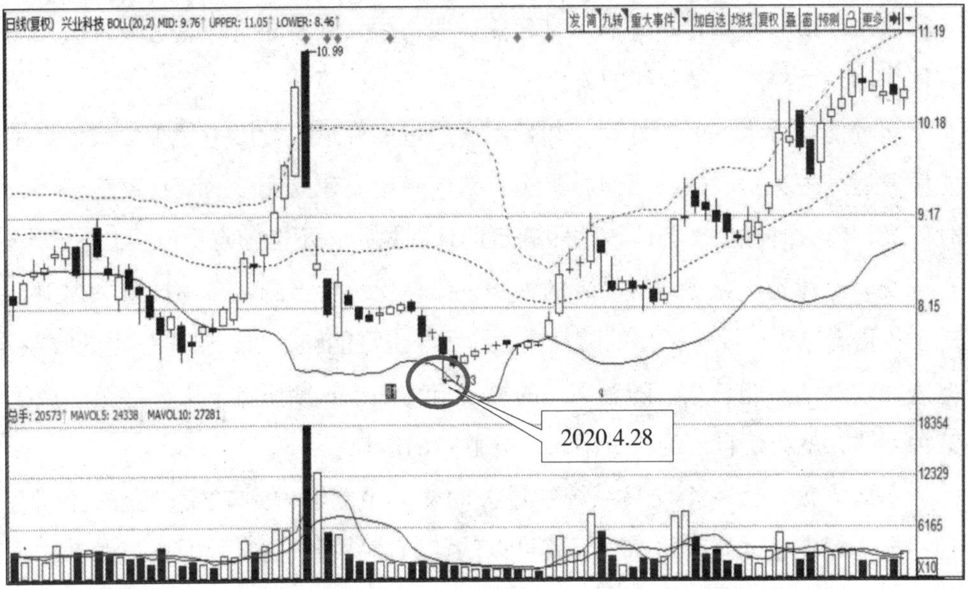

图1-14　兴业科技（002674）布林线指标走势图

第三节　来自布林格先生的三大忠告

曾经有国内媒体采访过布林格先生，并向他询问："你对赚钱是否有一个清晰的目标，希望赚多少钱？"

面对这个问题，布林格先生给出了一个清晰而简单的答案："我希望每年盈利20%。"

市场上的机会多如牛毛，但能抓得住的很少。归根结底，还是我们对市场、对自己的了解不够多，无法客观、冷静地分析市场行情所致。布林格先生在接受采访时，曾经给投资者提出了三点忠告：第一，自律；第二，禁止贪婪；第三，把交易当作一项工作。

一、自律

股市中最需要的是冷静而不是狂热。股市中从来不缺乏狂热之人，但成功者往往都是最冷静、最自律的人。

运气能够带来一时的好运，却带不来一世的好运。炒股不是买彩票，更不能凭着运气去买卖股票，因而，买卖股票前一定要建立完整的交易系统。什么时候买，什么时候卖，都应该按照确定的计划执行，不能随意更改。

交易纪律是优秀短线交易者的铁律，要像保护自己的生命一样坚决捍卫。对于投资者来说，没有纪律的随意操盘行为，也许能够为自己带来一定的收益，但这种收益却不能长久。随意买卖的操盘行为如果长期坚持下去，甚至形成了某种习惯，就会使自己的投资陷入十分危险的境地。

一般来说，当一个交易系统在过去的交易中能够做到70%以上的盈利，且亏损金额不超过盈利的50%，就可以认定该交易系统是有效的。当然，这个交易系统本身肯定会包含止盈与止损设置，该止盈时坚决止盈，该止损时坚决止损，绝对不能在交易系统发出卖出信号时，还贪恋一点点的甜头，让自己深陷险境。

投资者可以根据自己的特点制定符合自身实际情况的交易纪律，但下面这几条却是每个投资者都应该共同遵守的纪律。

第一，建立完整的交易系统。没有完整的交易系统，就是随意的买卖行为，基本等同于自杀。

第二，坚持按照交易系统的指示操作，而不是根据自己的感觉或外界的某些信息随意改变操盘计划。

第三，坚持自己的投资原则。投资者应该选择自己熟悉的股票进行投资。

第四，坚守盈利法则。投资者切勿贪婪，当盈利达到一定幅度时，要考虑止盈卖出。

第五，坚守宁少做勿滥做的原则。不要随意操作任何一只股票。

第六，永远保持一颗平常心。

二、禁止贪婪

贪婪是交易者最大的敌人。特别是在融资融券背景下，很多投资者使用杠杆资金入场交易，这在一定程度上起到了以几何倍数放大投资风险的效果。

正因如此，股市中经常听到这样一句话：牛市就是散户最大的坟墓，每一轮牛市的顶峰都埋葬了很多散户。其实，归根结底，还是这些散户没有战胜自己内心的贪婪。在牛市顶峰阶段，其实很多人已经意识到了风险就在不远处，但总有一些人控制不住自己的贪念，还想搏最后一把，结果不仅将自己先前的所有盈利全部交出，还可能让本金荡然无存。

时至今日，2015年大牛市的教训仍然历历在目。很多散户出于心中的贪念，不惜违规借助大量场外配资入场，形成了5倍甚至10倍的超高杠杆交易，一旦股市出现回调，由于高杠杆资金所能承受的调整空间极小，为了不被套于高位，大家纷纷出逃，导致了严重的踩踏事件。几个交易日内，大盘连续出现暴跌，很多散户不仅颗粒无存，还要倒欠配资机构的钱，这个教训不可谓不深刻！

三、把交易当作一项工作

交易从来都是一件十分严肃的事。作为交易者，更是应该将交易当作一项工作而非娱乐。交易，不仅是一买一卖的问题，而是需要投资者进行大量的事前调研，整合各类信息，选用合适的技术分析指标或方法，直至最终制定交易决策。

如果真的将交易当成一件工作，你会怎么做？

第一，肯定不会随随便便地应付了事。谁都清楚，今天你随便应付工作，明天就可能砸了自己的饭碗。我们对待交易也应该秉持这样的态度，兢兢业业，绝不怨天尤人，努力做好每一笔交易。

第二，不断总结，直至将工作做得更好。我们升值、加薪全部依赖于工作成果，股市盈利就是我们交易的成果。因此，我们需要做好交易总结，不断完善自己的交易系统。

第三，不断寻找工作中的不足，力争做到尽善尽美。在交易中，尽管无法做到每笔交易都盈利，但也要尽量做到降低损失的比例，提升盈利的笔数和幅度。

第二章

经典战法——布林线经典交易含义

布林线指标为股价 K 线的波动划定了一个大致的区域，因而，当股价 K 线与布林线各条指标线之间的相对位置发生变化或运行方向发生改变，就意味着股价运行趋势即将发生某些变化。透过这些变化，投资者可以对股价未来走势做出预测。

第一节　超买与超卖

布林通道为股价 K 线的运行设定了一个信道区间，也就是说，大多数情况下，股价 K 线会运行于整个布林通道之内。若股价 K 线突破了布林通道，则意味着股价进入了非正常的交易区间。按照布林线的设计初衷，任何偏离布林通道的行为最终都会得到修正，即当股价突破布林通道后，最终还会回到布林通道内，但这并不意味着股价突破布林通道就是买入或卖出信号，只能作为一般性的警示信号，即超买或超卖信号。

一、布林线超买信号

布林格一再强调，决不能将股价触及或突破上轨线看成卖出信号。一般情况下，当股价突破上轨线后，经常会出现快速上攻行情，在快速上攻行情结束后，股价K线无一例外地会回归到布林通道内部。从布林线设计的角度来看，股价上升必然会带动中轨线和上轨线上扬。股价突破上轨线，则说明上轨线上移的速度落后于股价上涨的速度，说明短期内买方力量强盛，这种强盛是无法长期持续的，因而属于典型的超买信号。

布林线发出超买信号时，投资者应该注意以下几点。

第一，股价K线突破布林线上轨线，发出超买信号，并不意味着股价会立即反转向下，因此，持股的投资者只需继续持股待涨即可。

第二，由于布林线已经发出超买信号，因此也不建议持币者大量入场。当然，若此时布林通道的喇叭口并未出现明显放大，也可以考虑少量跟进，但必须注意控制风险。

第三，处于布林通道之外的股价K线若出现调整，且回归到布林通道内部，这属于典型的上升趋势停顿信号，但并非彻底的反转信号，因此，投资者可进行减仓操作。

第四，股价K线自上而下回归到布林通道内部时，若其他技术指标同步发出卖出信号，投资者更应该考虑卖出操作。

下面来看一下赛升药业的案例。

如图2-1所示，赛升药业的股价在2019年年底到2020年年初出现了振荡上升走势。2020年6月12日，该股股价在前几个交易日上升的基础上以涨停报收。观察股价K线与布林线的位置可以发现，此时股价K线已经突破了布林线上轨线，这说明股价K线已经进入了超买区间，可能会迎来一波快速上升走势。持股的投资者可以继续持有该股，持币投资者则需谨慎对待，毕竟股价已经超买。

6月17日，该股股价低开高走低收，在K线图上留下了一根带长上影线的阴线，且K线回归至布林通道内部，这说明股价K线已经回归到正常的波动区间，这也是股价上涨乏力的信号，持股投资者可考虑减仓操作，待股价跌破中轨线后可考虑清仓。

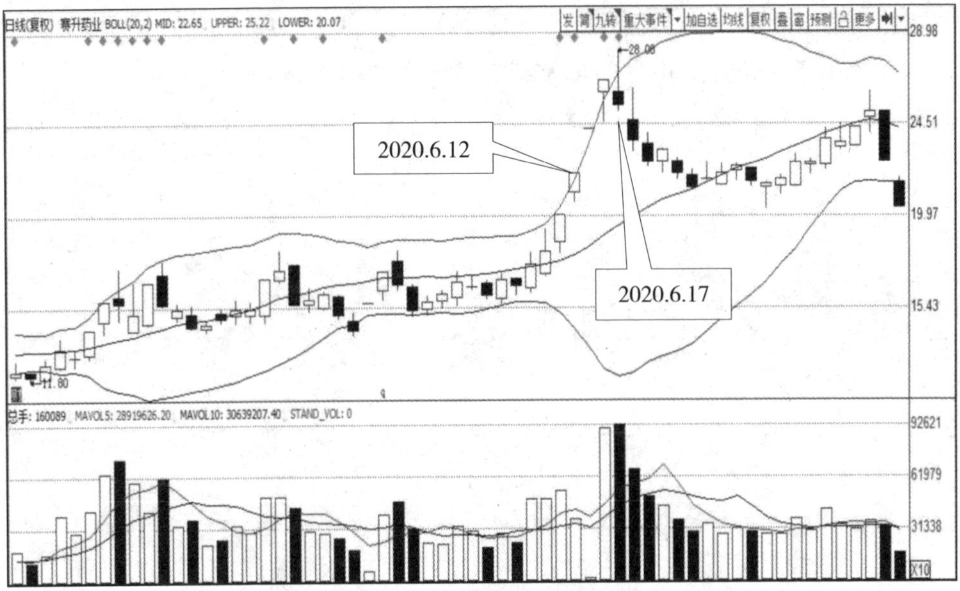

图 2-1　赛升药业（300485）布林线指标走势图

二、布林线超卖信号

超卖信号是与超买信号相对的一个概念。股价 K 线向下跌破布林线下轨线后，往往意味着股价进入了一个由空方主导的行情，即进入超卖区域。此时，并不意味着股价会立即止跌反弹，只是说明股价未来存在反弹进入布林通道的需求，毕竟股价最终还是要回到布林通道的。

布林线发出超卖信号时，投资者应该注意以下几点。

第一，股价 K 线跌破布林线下轨线，发出超卖信号，并不意味着股价会立即反转向上，因此，持币的投资者继续保持观望即可。

第二，处于布林通道之外的股价 K 线若出现调整，且回归到布林通道内部，这属于典型的下跌趋势停顿信号，但并非彻底的反转信号，因此，投资者只可进行适度的建仓操作。

第三，股价 K 线自下而上回归到布林通道内部时，若其他技术指标同步发出买入信号，则投资者更可考虑买入操作。

下面来看一下东方电气的日K线走势图，如图2-2所示。

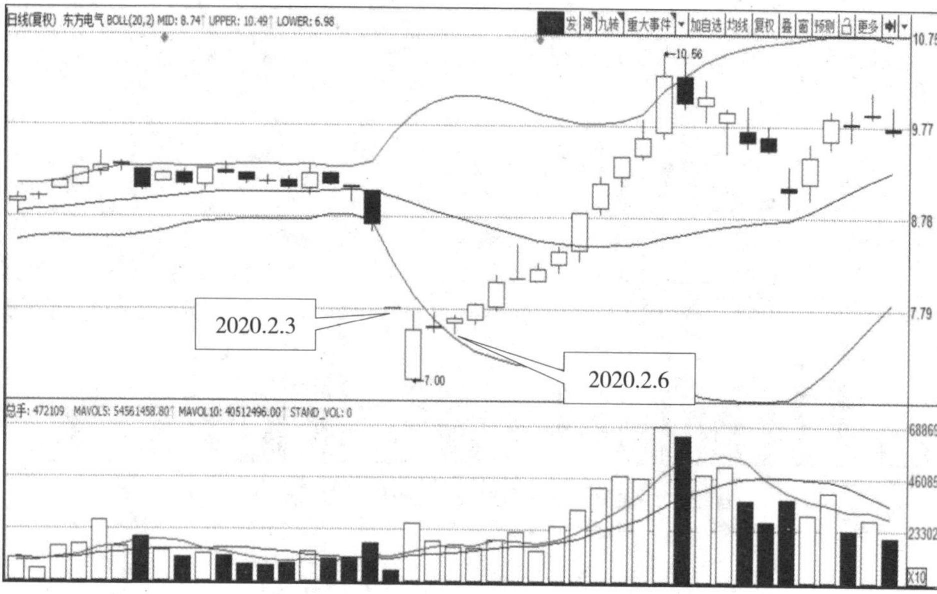

图2-2 东方电气（600875）布林线指标走势图

如图2-2所示，东方电气的股价自2020年年初出现了振荡上升走势，到2020年1月底出现了下跌态势。受春节假期和疫情的影响，大盘在2020年2月3日开盘之后出现大幅下跌走势。

2月3日，该股股价在前几个交易日下跌的基础上直接以跌停报收。观察股价K线与布林线的位置可以发现，此时股价K线跌破了布林线下轨线，这说明股价K线已经进入超卖区间，可能会迎来一波快速下跌走势。持币的投资者可继续观望，毕竟股价已经超卖，不适合入场操作。

2月6日，该股股价小幅高开高走，在K线图上留下了一根带下影线的阳线，且K线回归至布林通道内部，说明股价K线已经回到正常的波动区间，这也是股价下跌即将结束的信号，持股的投资者可以考虑建仓操作，待股价向上突破中轨线后可考虑入场买入。

第二节 阻力与支撑

按照布林线的设计思路，除了以20日均线为中心的中轨线具有较强的支撑与阻力作用外，其他两条指标线本身是不具有支撑或阻力作用的，这一点布林格先生曾经特意强调过。不过，在实战中，由于布林线的应用越来越广泛，加之两条轨道线还具有指示超买超卖的作用，这就使得很多投资者越发觉得布林线的上轨线和下轨线也具有支撑或阻力作用。正由于市场上很多投资者都有这种心理，使得布林线的各条轨道线都具有了阻力与支撑的作用。

一、布林线轨道线的支撑作用

布林线的三条轨道线都具有一定的支撑作用，其中又以中轨线的支撑作用最强。实战中，投资者需要加以区别地分析和应用。

1. 中轨线的支撑作用

由于中轨线本身就是一条20日均线，因此，中轨线的支撑作用是三条指标线中最强的。实战中，当股价K线位于中轨线上方时，若能有效地获得中轨线的支撑，股价上行就是有保障的，投资者大可安心持股待涨。

如图2-3所示，厦门象屿的股价自2020年2月初开始启动了一波振荡上升走势。进入3月份后，该股股价经过一波快速上升后出现回调。股价回调至布林线中轨线位置时，因受中轨线的支撑转而重新上攻。鉴于中轨线对股价具有较强的支撑力，投资者可考虑继续持股待涨。此后，该股股价几次出现回调，均受中轨线的支撑转而重新上攻，由此可见，中轨线对股价具有较强的支撑作用。

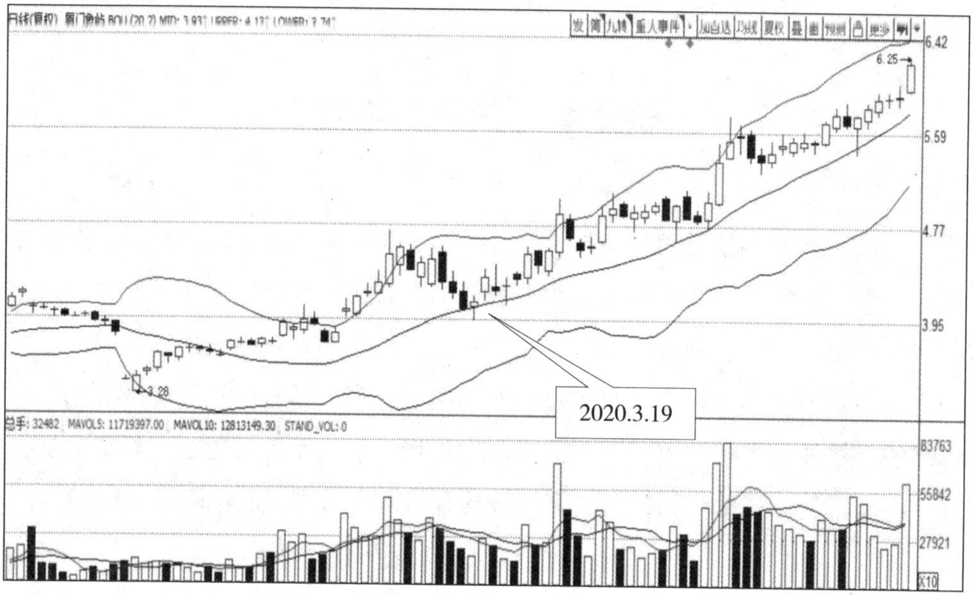

图 2-3　厦门象屿（600057）布林线指标走势图

2. 下轨线的支撑作用

正常情况下，股价下行遇下轨线并不必然会受到支撑，有时甚至可能会跌破下轨线。这只能说明股价进入超卖区域，因此，投资者不能提前预判下轨线对股价的支撑作用。只有在股价 K 线触及下轨线后出现反弹向上的走势时，才能确认下轨线对股价有支撑，投资者可据此入场建仓。

下面来看一下宇通客车的案例。

如图 2-4 所示，宇通客车的股价在 2020 年 2 月底出现了一波杀跌走势，股价 K 线自 2020 年 3 月 13 日跌破了布林线下轨线。此时，布林线下轨线对股价不具有任何支撑作用。此后，该股股价一直沿布林线下轨线下行，这属于典型的空头行情，投资者不宜入场。

3 月 23 日，该股股价在前一交易日横盘的基础上再次收出阴线，该阴线正好踩到布林线下轨线位置。观察前一交易日 K 线与布林线的形态可知，在前一个交易日，股价 K 线已经从布林线下轨的外侧回到布林通道内部，这属于典型的股价企稳信号。此时，投资者需要密切关注下一交易日的股价走势，只要股价反弹向上，就可以确认布林线下轨线对股价存在有效的支撑。

3月24日，该股股价高开高走，收出一根大阳线。由此可以确认，布林线下轨线对股价存在有效的支撑，未来股价有继续上升的可能，投资者可考虑少量入场建仓。

4月21日，该股股价K线再度脚踩布林线下轨线。次日，该股股价再度上行，可进一步确认布林线下轨线对股价有支撑。

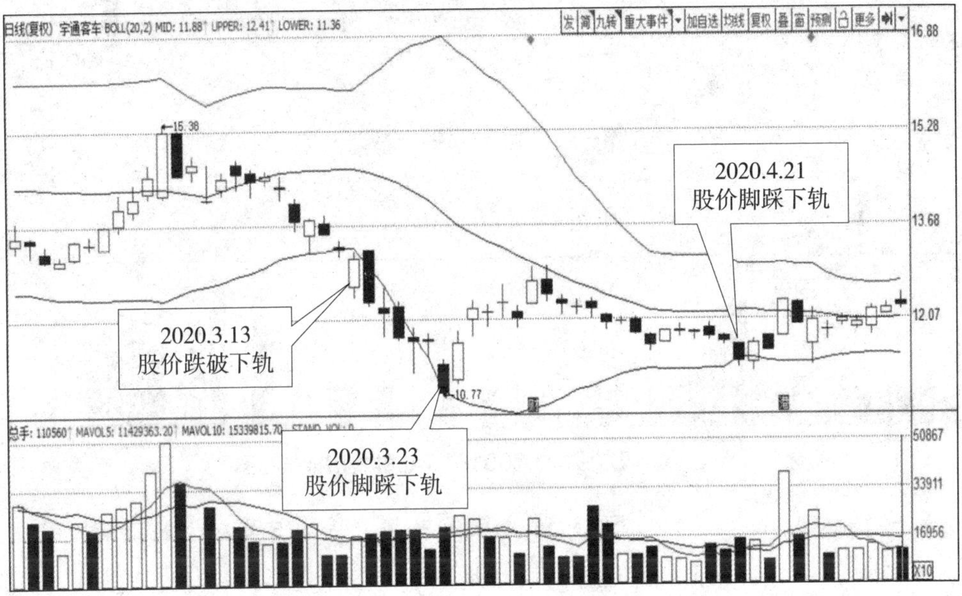

图2-4 宇通客车（600066）布林线指标走势图

通过以上案例的分析可以发现，布林线下轨线对股价支撑作用的确认，更多地属于一种事后确认，并非事先预判。实战中，投资者还可以结合其他技术指标综合判断股价企稳反弹的转折点，如此时K线出现旭日东升、曙光初现、早晨之星等形态，则可以增强买入信号的有效性。

3. 上轨线的支撑作用

一般来说，上轨线对股价是不具有支撑能力的，但是，在极个别的强势股上攻过程中，确实是以上轨线为支撑点的。也就是说，对于强势上攻的个股而言，只要股价还没有回到布林通道内部，那么，这种强势上攻趋势就仍然存在，持股者就可以继续持股待涨。当然，此时并不建议持币者入场追涨，毕竟风险极大。

下面来看一下同方股份的案例，如图 2–5 所示。

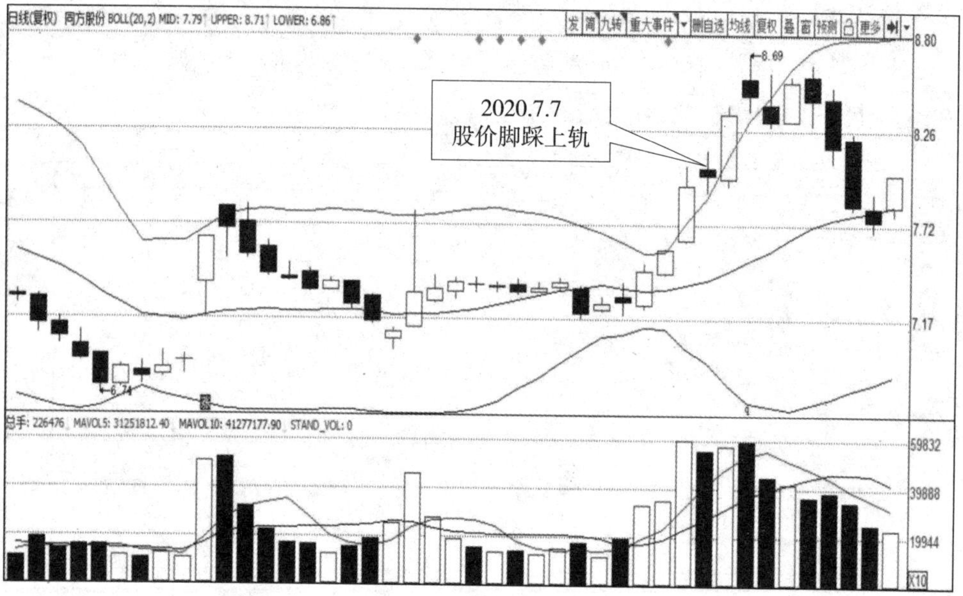

图 2–5　同方股份（600100）布林线指标走势图

如图 2–5 所示，同方股份的股价在 2020 年 7 月 6 日突破上轨线后，自 7 月 7 日起，一直脚踩上轨线运行。从短线来看，布林线上轨线对短线上攻的股价具有一定的支撑作用。只要股价没有回到布林通道内部，投资者就可以放心持股。

当然，一旦布林线上轨线对股价的支撑无效，则意味着股价即将开始一波回调或反转，此时需要投资者及时卖出股票。

二、布林线轨道线的阻力作用

与支撑作用相似，其实也只有中轨线对股价具有特别显著的阻力作用，上轨线和下轨线对股价的阻力作用则需要具体分析。

1. 中轨线的阻力作用

相比较而言，中轨线的阻力作用是显而易见的。当股价运行于中轨线下方，说明股价处于弱势运行区间，投资者一般是不宜入场交易的。与此同时，股价要想向上突破中轨线也是比较困难的，一旦完成突破，则意味着股价运行趋势发生了逆转，属于典型的看多信号。

下面来看一下兰花科创的案例，如图 2-6 所示。

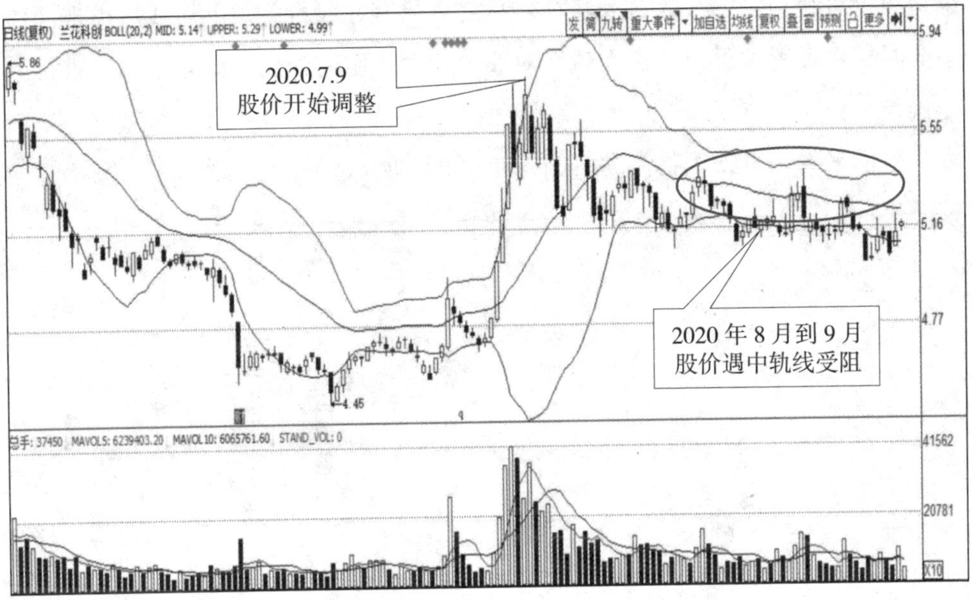

图 2-6　兰花科创（600123）布林线指标走势图

如图 2-6 所示，兰花科创的股价自 2020 年 7 月 9 日开始出现调整，并很快跌破了布林线中轨线。此后，该股股价一直运行于布林线中轨线与下轨线之间，说明该股股价走势较弱，投资者不宜入场交易。

2020 年 8 月到 9 月期间，兰花科创的股价多次出现反弹走势，不过，当股价反弹至布林线中轨线时，均因受布林线中轨线的阻力转而出现下跌走势。由此可见，布林线中轨线对股价具有较强的阻力作用。

2. 上轨线的阻力作用

按照布林线的设计理念，布林线上轨线就是股价上行过程中波动的理论最高点，因此，当股价上行触及上轨线时，投资者的心理或多或少都会有一些波动。有时候，股价很可能会受投资者的心理影响而出现回落，这就是布林线上轨线对股价的阻力作用。当然，与支撑作用相似，投资者也不宜在股价还没有触及上轨线时提前卖出股票。股价向上突破布林线上轨线并脚踩上轨线上行，也是股价短线强势的一个显著特征。总之，只有在股价触及上轨线后出现回落态势时，投资者才可以认定上轨线对股价产生了阻力作用，此时才可以进行减仓操作。

下面来看一下铁龙物流的案例，如图 2-7 所示。

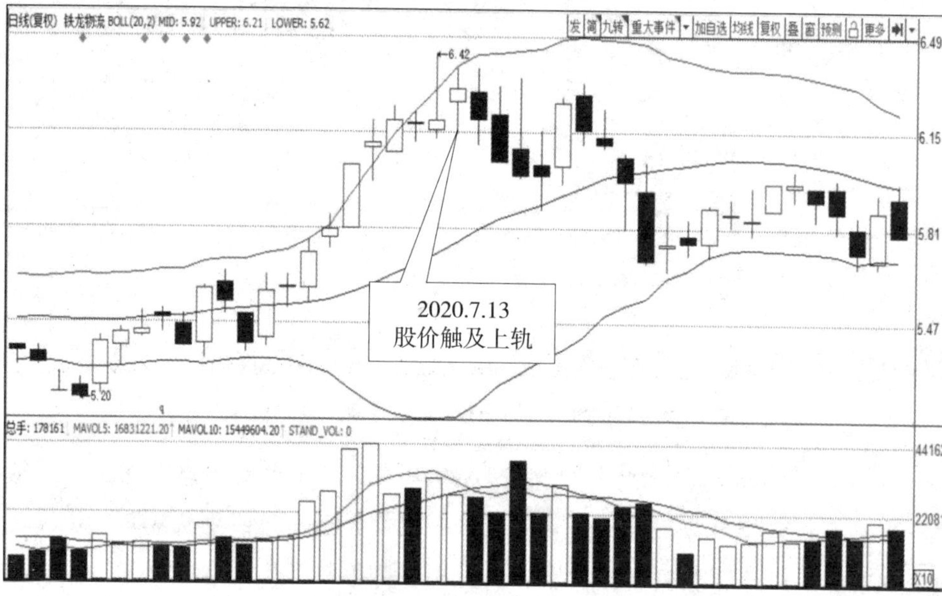

图 2-7　铁龙物流（600125）布林线指标走势图

如图 2-7 所示，铁龙物流的股价在 2020 年 4 月下旬出现了一波振荡上升行情。到了 7 月初，该股股价上涨的速度有所加快，且股价 K 线一度突破了布林线的上轨线。

7 月 13 日，该股股价 K 线的上影线触及布林线上轨线后回落，并收出一根带长影线的小阳线。此时，投资者需要密切关注其后的股价走势，一旦股价回落，则说明布林线上轨线对股价的阻力有效，未来股价存在下行的风险。

其后，该股股价以中阴线报收，说明该股股价可能会迎来一波调整走势，投资者可考虑减仓操作。

在图 2-7 的案例中，股价 K 线自布林通道以外的区域回归通道内部，本身就属于股价上涨势头减弱的信号。股价触及上轨线后回落，则可增强股价回调信号的有效性。投资者据此进行减仓操作是一种非常明智的选择。

3. 下轨线的阻力作用

按照正常的情况，股价跌破布林线下轨线后，回归布林通道是其必然的选择。但是，在极端空头主导的行情中，也可能会出现股价 K 线跌破布林通道下轨线，在回归布林通道时，因受到布林线下轨线的阻力而出现加速下行的走势，这属于典型的看空信号。只要股价没有重新回到布林通道内部，投资者都不宜入场做多。

下面来看一下国网信通的案例，如图 2-8 所示。

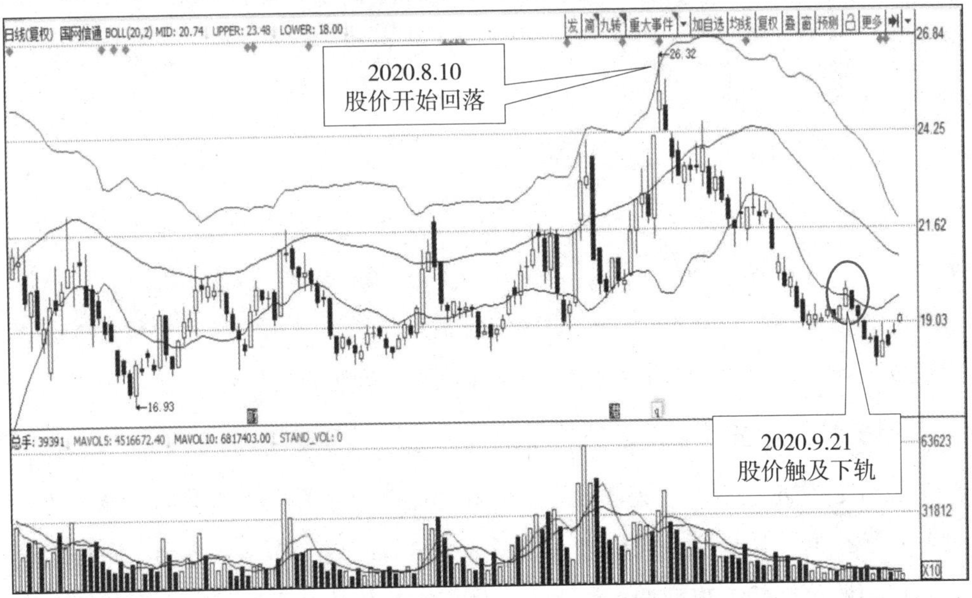

图 2-8　国网信通（600131）布林线指标走势图

如图 2-8 所示，国网信通的股价自 2020 年 8 月 10 日开始回落。此后，该股股价下跌的速度越来越快，且很快跌破了布林线下轨线，说明空头势力非常强劲，持股的投资者宜清仓，持币的投资者保持观望即可。

9 月 21 日，该股股价出现反弹走势。不过，当股价反弹至布林线下轨线位置时，明显受到了下轨线的阻力。次日，该股股价反向下跌，说明股价有重新加速下跌的可能，手中仍有股票的投资者宜出清仓位。

回顾图 2-8 的案例，投资者可以发现，9 月 21 日国网信通的股价触及布林线下轨线当日，我们是无法预判布林线下轨线对股价的阻力作用的，因为股价存在回归布林通道内的可能，只有次日股价出现下跌走势后，才能确认布林线下轨线对股价的阻力作用。

第三节　通道：区间、趋势与方向

尽管布林通道由三条轨道线构成，但通道本身也具有非常重要的交易指示含义。

一、正常与非正常的交易区间

通过均线与标准差，布林格先生将整个 K 线图划分成了两个截然不同的区域，其一为布林通道区域，其二为布林通道以外的区域。正常情况下，股价应该在布林通道区域内运行，一旦股价偏离了布林通道，则意味着股价进入非正常交易区域。此时，投资者需要结合实际情况，确定有针对性的交易策略。

1. 股价上行进入非正常交易区间

股价上行进入非正常交易区间，主要是短期内股价上行速度加快导致的。按照布林线的设计思想，股价进入非正常交易区间后，未来肯定会向布林通道回归，即股价必然会出现调整。不过，短期内股价快速上行并越过布林线上轨线，也是股价短线强势最显著的一个特征，因此，持股的投资者可以耐心持股，等到股价重新回归布林通道时再进行减仓操作。持币的投资者出于安全考虑，尽量不要追涨，以防被套。

下面来看一下兄弟科技的案例，如图 2–9 所示。

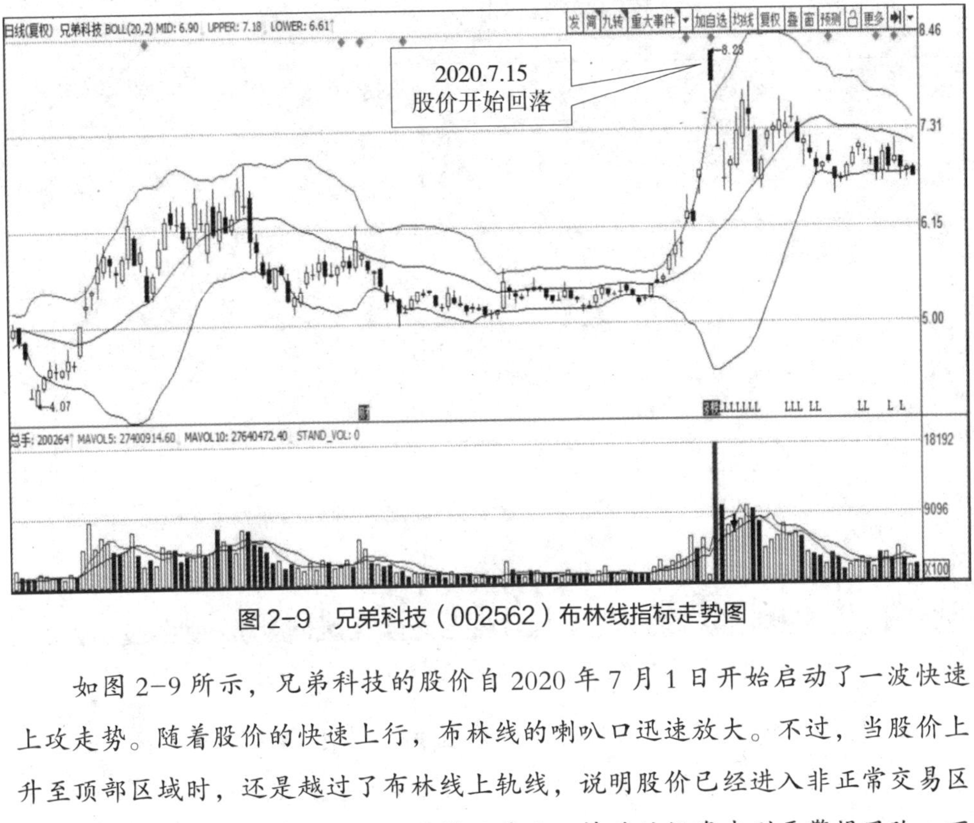

图 2–9　兄弟科技（002562）布林线指标走势图

如图 2–9 所示，兄弟科技的股价自 2020 年 7 月 1 日开始启动了一波快速上攻走势。随着股价的快速上行，布林线的喇叭口迅速放大。不过，当股价上升至顶部区域时，还是越过了布林线上轨线，说明股价已经进入非正常交易区间。此时，持股的投资者可以继续持股待涨，持币的投资者则要警惕风险，不宜再入场追涨。

7 月 15 日，该股股价触顶回落。此后，该股股价重新回到正常的交易区间，这意味着该股股价短线快速上攻行情减弱或终结，持股的投资者可以考虑减仓操作。

2. 股价下行进入非正常交易区间

与股价上行进入非正常交易区间相反，股价下行进入非正常交易区间，往往是由股价加速下跌引发的。股价下行，布林线喇叭口同步放大。但股价下跌速度过快，导致喇叭口放大的速度难以跟上股价下行的速度，使股价越过了布林线下轨线，这标志着股价进入了非正常交易区间。通常情况下，此时投资者只需保持观望，不宜入场操作。

下面来看一下姚记科技的案例，如图 2–10 所示。

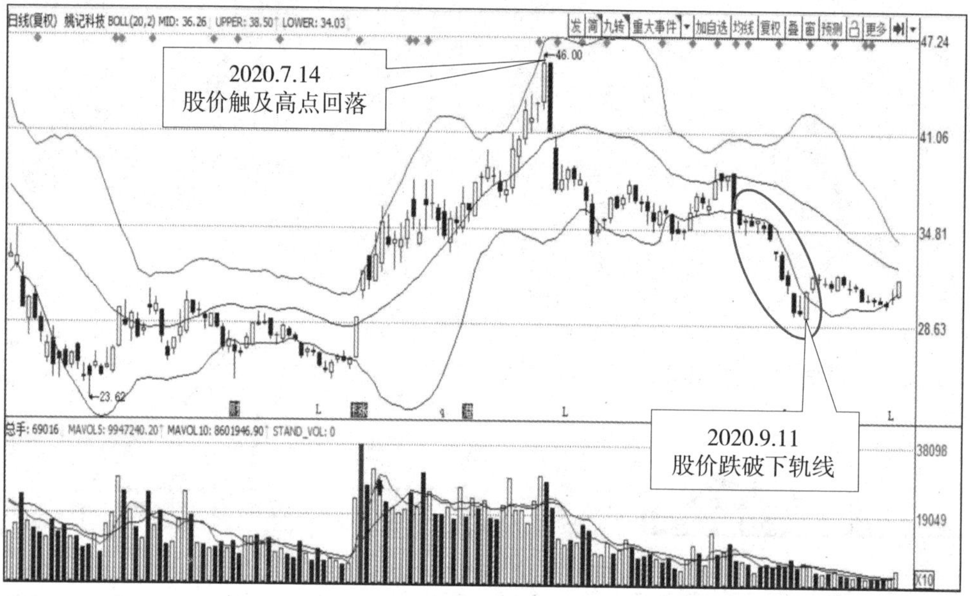

图 2–10　姚记科技（002605）布林线指标走势图

如图 2–10 所示，姚记科技的股价自 2020 年 7 月 14 日触及阶段高点后，出现了大幅下跌走势。该股股价在下跌过程中连续跌破了布林线的中轨线和下轨线，进入了非正常交易区间。按照布林线的设计原理，股价在非正常交易区间并不会长久，未来一定会重新回归到布林通道之内。不过，此时投资者也不宜盲目入场，毕竟这并不属于买入信号。

该股股价连续多日处于布林通道之外，9 月 11 日收出一根大阳线，股价重新进入布林通道区间，说明股价存在企稳的可能，投资者可密切关注该股其后的走势。

二、作业区与非作业区

股市中有一句这样的谚语：会休息的人才能赚到钱。也就是说，只有股价处于上行趋势时，投资者入场交易，才会拥有更大的赚钱机会；反之，若股价处于下行趋势，投资者赚钱是十分困难的。布林线的三条指标线将整个股价的波动趋势进行了划分：其一为操作作业区，即中轨线以上区域；其二为非作业区，即中轨线以下区域。

一般情况下，只有股价进入操作作业区，投资者入场交易才是明智的选择。而当股价处于非作业区时，投资者还是以持币观望为宜。

1. 非作业区，禁止入场

股价处于非作业区，意味着股价处于下行趋势。熟悉道氏理论的投资者应该清楚，逆势交易是被严格禁止的。

来看一下爱康科技的案例，如图 2–11 所示。

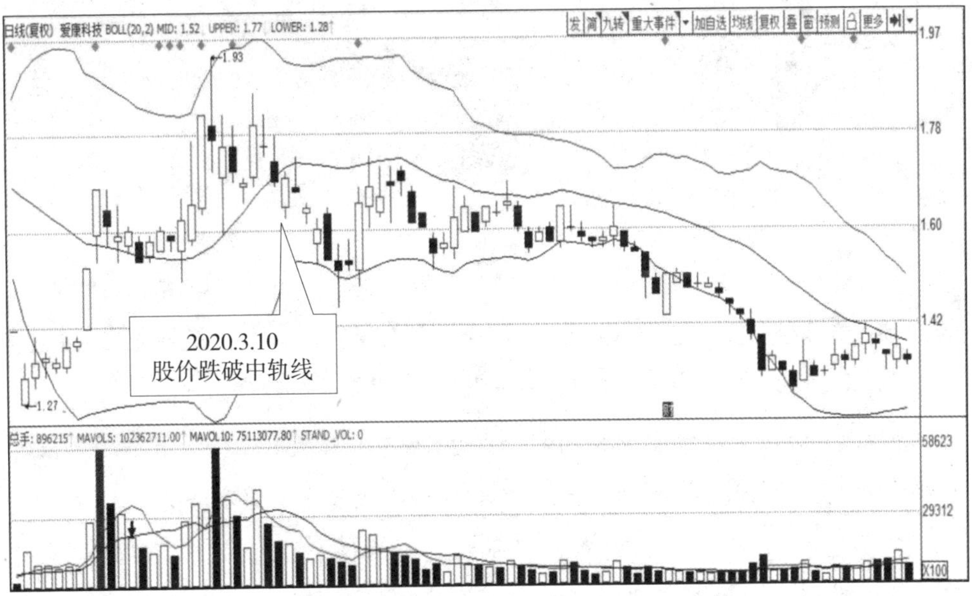

图 2–11　爱康科技（002610）布林线指标走势图

如图 2–11 所示，爱康科技的股价在 2020 年 3 月 10 日跌破布林线中轨线之后，进入了非作业区域，这就意味着投资者不宜进场买入。

从图 2-11 中可以看出，该股股价在其后出现了振荡下行走势，其间，该股股价也曾出现反弹，但反弹至中轨线位置后，因受中轨线的阻力转而重新下跌，这说明该股股价并未脱离非作业区，投资者不宜入场做多。

在实际交易中，有些股票的股价长期处于非作业区，股价进入极低位置，布林线通道的喇叭口由放大转为收缩，同时其他技术指标也发出了明确的反转信号，这时投资者可入场少量建仓，但必须做好风险防控准备。

下面来看一下艾格拉斯的案例，如图 2-12 所示。

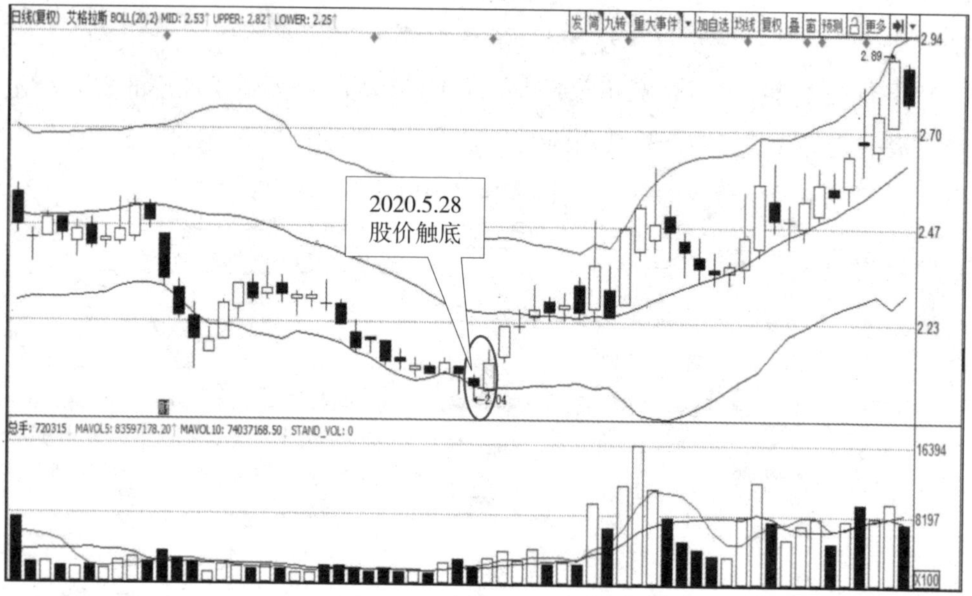

图 2-12　艾格拉斯（002619）布林线指标走势图

如图 2-12 所示，艾格拉斯的股价在 2020 年 5 月底之前一直运行于布林线中轨线以下区域，这说明股价处于非作业区域，投资者不宜入场交易。

到了 5 月 28 日和 5 月 29 日，该股股价的两根 K 线形成了典型的阳包阴形态，且阳线出现时，成交量明显放大。再观察此根阳线可知，该阳线的最低价正位于布林线下轨线位置，也就是说，该股股价很可能会脚踩下轨线出现反弹。

激进型投资者可少量入场建仓，待股价向上突破中轨线，即进入操作作业区后再执行加仓操作。

2. 操作作业区，择机做多

当股价处于布林线中轨线以上区域时，投资者可选择的操盘策略就会多很多。一般来说，投资者可选择的交易策略包括以下三种。

第一，中线持股策略。

第二，波段交易策略。

第三，短线追涨策略。

（1）中线持股策略。

只要股价处于布林线中轨线上方，就坚决持股不动，直至股价跌破中轨线。该策略可能会错过股价波动带来的收益，但是收益非常稳定。

下面来看一下仁东控股的案例，如图 2-13 所示。

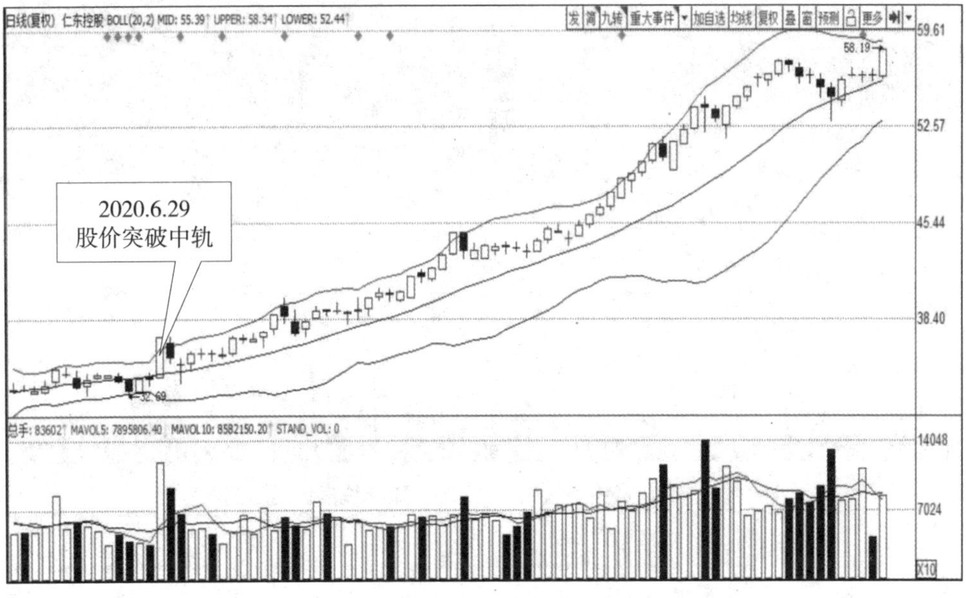

图 2-13　仁东控股（002647）布林线指标走势图

如图 2-13 所示，仁东控股的股价自 2020 年 6 月 29 日突破中轨线后，一直运行在中轨线与上轨线之间的区域，说明该股一直处于正常的操作作业区。同时，该股股价振荡上行过程中，虽然曾经出现过几次回调整理，但整体上调整的幅度和空间都不大，而且该股股价一直处于上升趋势中，投资者不宜卖出股票。投资者采用中线持股策略，即可稳定获取股价上涨带来的收益。

（2）波段交易策略。

即在股价突破或回调至中轨线位置执行买入，待股价上涨至上轨线后回落时执行卖出，如此往复。该策略适合股价波动较大的个股。尽管该策略可能会将投资收益最大化，但也可能存在交易失败而错失股价大幅上升带来的收益。

下面来看一下黄山胶囊的案例，如图 2–14 所示。

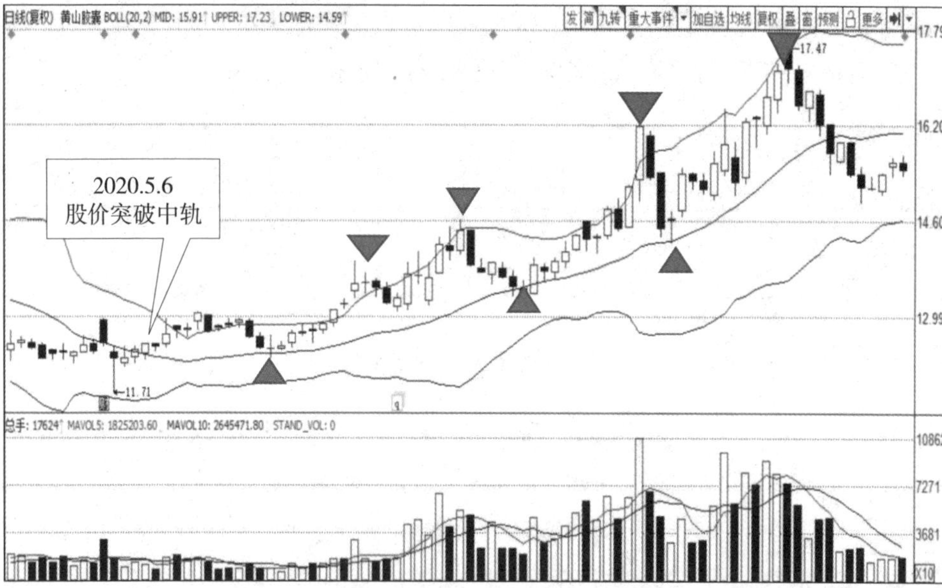

图 2–14　黄山胶囊（002817）布林线指标走势图

如图 2–14 所示，黄山胶囊的股价自 2020 年 5 月 6 日向上突破布林线中轨线后，一直运行于中轨线和上轨线之间的区域。投资者可根据股价波动的特点，结合自身实际情况制定合理的交易策略。

喜欢波段交易的投资者，可以考虑在股价回调至中轨线位置时买入，并在股价触及布林线上轨线回落时卖出。如此循环交易，在一定程度上可以将此阶段的收益做到最大化。

当然，这种操作方法也容易将自己置于危险之中。比如，当股价回调至中轨线时，执行买入操作后，股价可能会进一步走低，此时投资者应该执行止损操作，撤出资金。后面章节还会详细介绍布林线的波段操作技法。

（3）短线追涨策略。

即只在股价突破上轨后，进入加速上涨周期时入场追高。这类策略比较适合超短线投机者，风险和收益都比较大，并不建议普通投资者执行此类交易策略。

下面看一下周大生的案例，如图 2-15 所示。

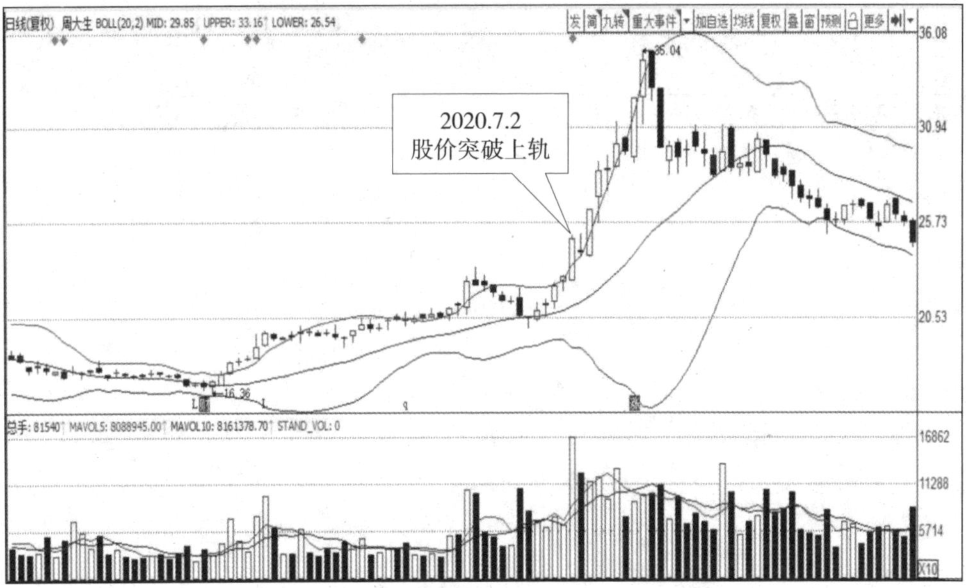

图 2-15　周大生（002867）布林线指标走势图

如图 2-15 所示，周大生的股价在 2020 年 4 月底出现了振荡上升走势，此后，该股股价一直运行于布林线中轨线上方。不过，对于喜欢短线追涨的投资者来说，小幅振荡也许并非最佳的入场时机。

7 月 2 日，该股股价大幅走高，并向上突破了布林线上轨线，预示着股价即将进入加速上涨区间。喜欢短线追涨的投资者可考虑追涨入场，不过，此时入场将面临较大的风险，投资者宜做好风险防控准备。

三、通道方向与股价运行趋势

事实上，由三条指标线构筑的布林通道，对股价走势同样具有重要的影响。一般而言，布林通道倾斜的方向能够反映出股价中长线运行的趋势。

1. 识别通道上倾与上升趋势

随着股价的波动，布林通道的喇叭口会不断地呈现放大与收缩的态势。若布林通道向右上方倾斜，说明布林通道正运行于上升趋势中。此时，长线投资者可坚定持股待涨，短线投资者可择机入场交易。

下面来看一下华能水电的案例，如图 2-16 所示。

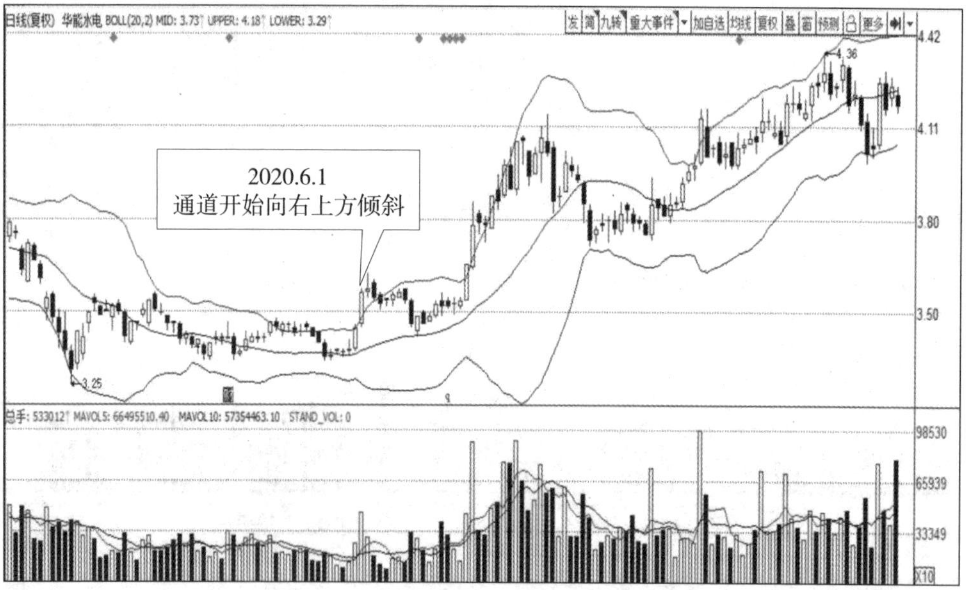

图 2-16　华能水电（600025）布林线指标走势图

如图 2-16 所示，华能水电的股价在 2020 年 6 月初启动了一波上涨行情，布林通道同步出现了敞口形态，且通道有向右上方倾斜的态势。股价上涨一段时间后出现回调，布林通道同步收缩，但是布林通道向右上方倾斜的态势并未改变，中长线投资者可以耐心持股待涨。

2. 识别通道下倾与下降趋势

随着股价的波动，布林通道的喇叭口也会不断地呈现放大与收缩的态势。若布林通道向右下方倾斜，说明布林通道正运行于下降趋势中，此时投资者宜持币观望。只有布林通道运行态势出现转向，才能入场交易。

下面来看一下中国石化的案例，如图 2-17 所示。

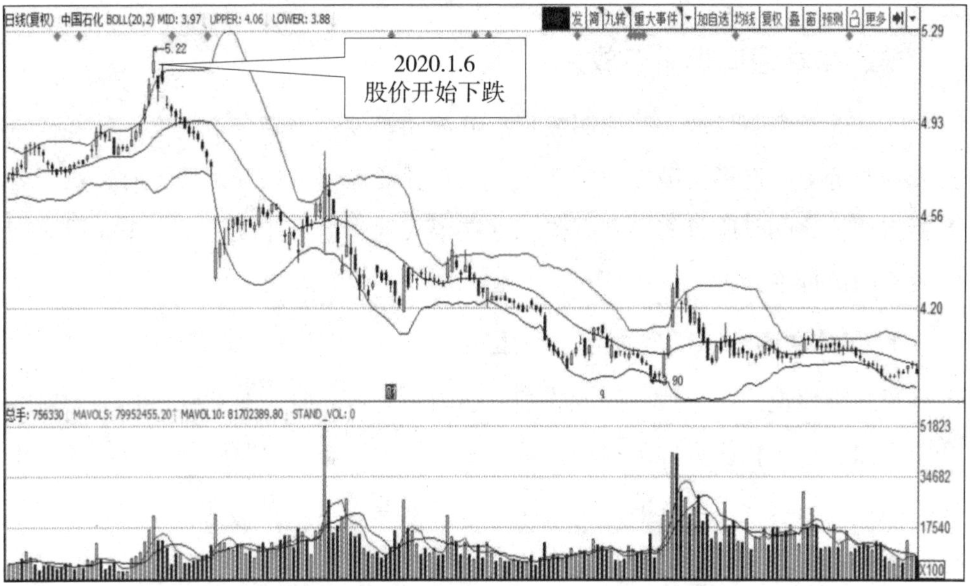

图 2-17 中国石化（600028）布林线指标走势图

如图 2-17 所示，中国石化的股价在 2020 年年初启动了一波下跌行情，布林通道同步出现了敞口形态，说明股价波动性加大，未来下跌趋势明显。此后，随着股价不断振荡下行，布林通道一直呈现向右下方倾斜的态势，说明该股股价中长线处于下降趋势，投资者不宜入场交易。

第四节　喇叭口：趋势终结与转向

按照布林线设计原理，布林线的上轨线与下轨线会随着股价波动幅度的变化不断调整，当布林通道喇叭口出现放大与缩小时，往往意味着股价的运行态势可能会发生某种变化。

一、布林通道喇叭口放大

布林通道喇叭口放大，说明股价从低波动幅度转为高波动幅度，这往往也会成为股价重新选择突破方向的契机。当布林通道喇叭口开始放大时，投资者需要密切关注此时股价的突破方向，这在很大程度上可能决定了未来一段时间内股价的运行趋势。

1. 布林通道喇叭口放大与股价上行

当布林通道经过一段时间的收缩，逐渐转为敞开时，布林线指标的上轨线会向上移动，下轨线会向下移动，呈现敞口喇叭形态，表明股价的波动幅度正在增大，会引发一波较大的行情。此时，投资者应注意观察股价与中轨线的方向。如果股价与中轨线同步向上，而且成交量同步放大，表示股价进入上涨行情，是买入信号。

下面来看一下古越龙山的案例。

如图 2-18 所示，古越龙山的股价于 2020 年 3 月到 4 月初一直在低位振荡，布林通道随之出现放平和收缩形态，说明股价正在选择突破方向，投资者只需密切关注其后的股价走势即可。

4 月 20 日，古越龙山的股价背靠中轨线大幅放量上攻，中轨线同步出现拐头向上态势，这属于典型的股价启动信号。与此同时，布林通道的喇叭口开始呈现放大态势，投资者可以预判股价进入上行通道的概率极高，可积极入场建仓。

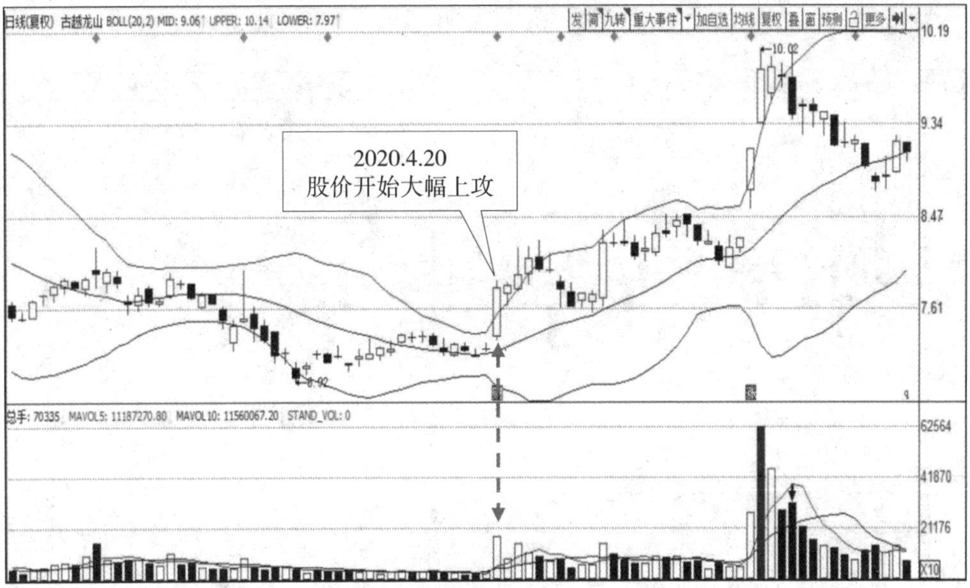

图 2-18　古越龙山（600059）布林线指标走势图

当然，主力有时候也可能反向利用上述技法。在布林通道喇叭口放大时，股价先上攻，但很快反向向下打压股价，致使追涨的投资者被套于高位。

下面来看一下海信视像的案例。

如图 2-19 所示，2020 年 8 月，海信视像的股价一直在处于振荡盘整之中，布林通道随之出现放平和收缩形态，说明股价正在选择突破方向，投资者只需密切关注其后的股价走势即可。

9 月 1 日，海信视像的股价背靠中轨线大幅放量上攻，中轨线同步出现上倾动作，布林通道喇叭口同步放大，给人一种股价即将上行的感觉。不过，当日股价触及布林线上轨线后，次日立即回落。熟悉布林线上轨线特征的投资者都清楚，这种情况说明股价有回调的可能，暂时并不适合入场。

接着，该股股价连续向下打压，并迅速跌破了中轨线，说明该股股价下跌趋势已经确立，持股投资者宜清仓。

对于投资者来说，能否准确识别庄家的陷阱，是关系交易成败的关键。现实中，虽然没有人能够做到百分之百地识别庄家的诱多陷阱，但是下面讲述的这些方法，也许对投资者操盘有所帮助。

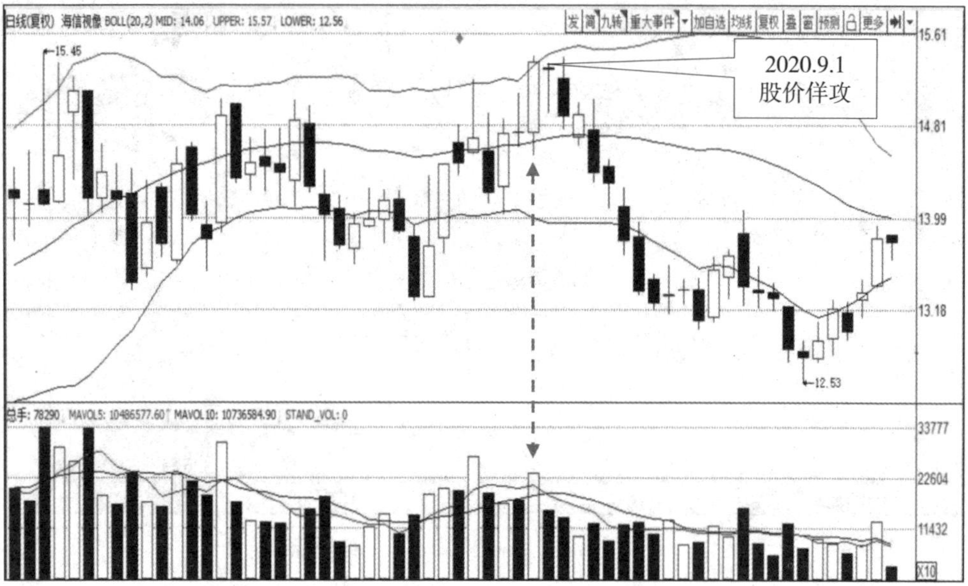

图 2-19　海信视像（600060）布林线指标走势图

第一，配合其他技术指标研判股价趋势，包括 KDJ 指标、MACD 指标和成交量指标等。在图 2-19 中，当股价上升至上轨线位置时，尽管成交量出现放大，但相比其他时段，量柱放大并不明显，这可以说明股价上攻的真实性存疑。

第二，若投资者感觉自己无力识别庄家的陷阱时，可以耐心等待，直到股价运行趋势明朗后再入场不迟。通常情况下，布林通道由收缩到放大所产生的趋势，都会持续相对较长的时间，所以投资者根本不用担心自己踏空行情。

第三，中轨线就是自己的生命线。投资者买入股票后，如果发现自己掉进了庄家的陷阱，或者担心自己中了圈套，可以通过中轨线进行确认，即当股价跌破中轨线时，投资者应该坚决止损。

第四，仓位控制是投资者在股市能否长期生存的关键。股价出现启动信号时，投资者初次投入的仓位不能过大，且必须严格设置止损。

2. 布林通道喇叭口放大与股价下行

当布林通道经过一段时间的收缩，逐渐转为敞开时，布林线指标的上轨线会向上移动，下轨线会向下移动，呈现敞口喇叭形态，表示股价的波动幅度正在增大，会引发一波较大的行情。此时，投资者应该注意观察股价与中轨线的方向，如果股价与中轨线同步向下，表示股价很可能会进入下降行情，是卖出信号。

下面来看一下凤凰光学的案例，如图 2–20 所示。

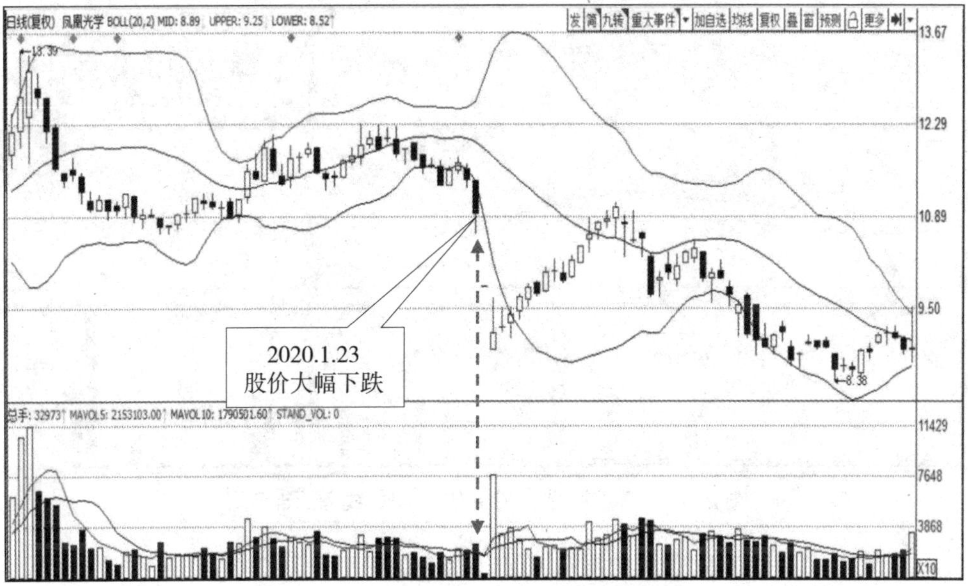

图 2–20　凤凰光学（600071）布林线指标走势图

如图 2–20 所示，凤凰光学的股价在 2019 年年底到 2020 年年初的一段时间内出现了横向盘整走势，股价波动幅度减小，布林通道喇叭口同步开始收缩。

2020 年 1 月中旬，凤凰光学的股价跌破了中轨线，开始向下轨线靠拢，布林通道喇叭口逐渐放大，给人一种股价即将走低的感觉，此时投资者宜进行减仓操作。

1 月 23 日，该股股价放量下跌，布林通道喇叭口开始放大，说明该股很有可能会进入下行通道，投资者宜清仓离场。

当然，主力有时候也可能反向利用上述技法设置诱空陷阱，在布林通道喇叭口放大时，股价先下跌，但很快反向向上拉升股价，致使抛出股票的投资者踏空行情。

下面来看一下武汉控股的案例，如图 2–21 所示。

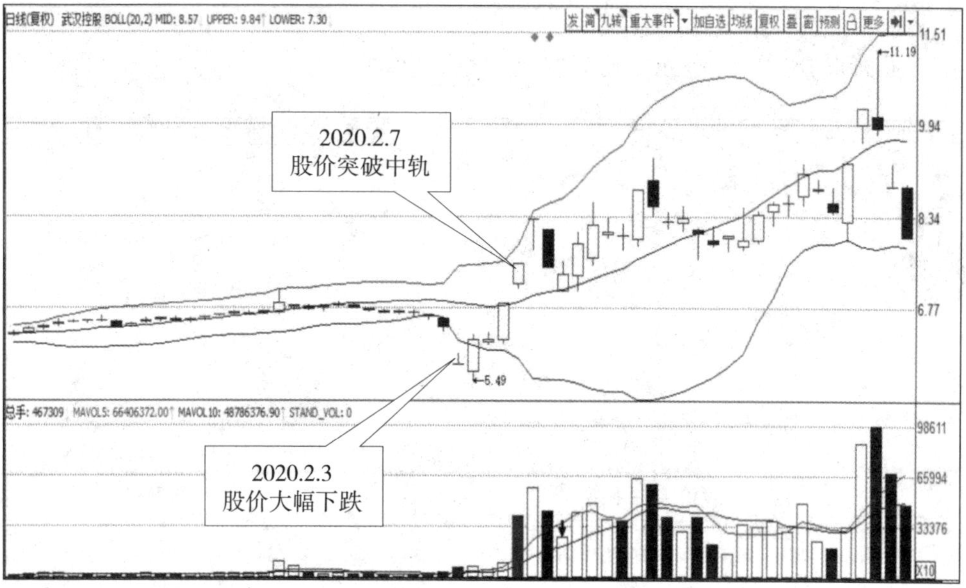

图 2–21 武汉控股（600168）布林线指标走势图

如图 2–21 所示，武汉控股的股价在 2019 年年底到 2020 年年初的一段时间内出现了横向盘整走势，股价波动幅度减小，布林通道的喇叭口同步开始收缩。

2020 年 2 月初，受疫情影响，武汉控股的股价大幅下跌，并向下轨线靠拢，布林通道喇叭口开始放大，给人一种股价即将走低的感觉，此时投资者宜进行减仓操作。

此后，该股股价不跌反涨，并于 2 月 7 日重新向上突破中轨线，说明该股股价已经重新进入上升通道。也就是说，先前的下跌只是主力借助外围利空给投资者设置的一个诱空陷阱，目的是让投资者交出手中的“筹码”。

当然，当股价出现大幅下跌时，投资者的第一应对方案永远是离场保命。实战中，面对股价假跌，投资者一定要做好以下几项工作。

第一，配合其他技术指标研判股价的趋势，发现主力在洗盘吸筹时，迅速进行少量补仓。

第二，若投资者感觉自己无力识别主力设置的陷阱时，可以耐心等待，直到股价运行趋势明朗后，再入场不迟。通常情况下，布林通道由收缩到放大所产生的趋势，都会持续相对较长的时间，所以投资者不用担心自己踏空行情。

第三，中轨线就是自己的出击线。投资者卖出股票后，若股价不跌反涨，可以以中轨线为参照基准，一旦股价重新站到中轨线上方，则可考虑重新入场。

二、布林通道喇叭口收缩

布林通道喇叭口收缩，通常是由股价波动幅度减小引发的。随着股价上涨或下跌趋势减弱，布林通道的上轨线和下轨线开始收缩，这往往属于对先前某种运行趋势的修正和调整。当布林通道喇叭口重新放大时，就是股价重新选择突破方向的时候。

一般情况下，布林通道的喇叭口开始收缩，投资者很难预判股价是会延续先前的行情，还是出现与之相反的走势，投资者需要在喇叭口重新放大时再进行判断。

1. 上升趋势终结与喇叭口收缩

通常情况下，股价处于上涨趋势时，布林线的上轨线和下轨线会呈现发散状态，布林通道的喇叭口会敞开。不过，随着股价逐渐接近于顶峰，上涨势能逐渐减弱，布林通道的喇叭口就会逐渐收缩。这属于典型的股价上攻乏力现象，未来股价出现调整的概率极高，投资者可考虑减仓或清仓操作。

下面来看一下东安动力的案例，如图 2-22 所示。

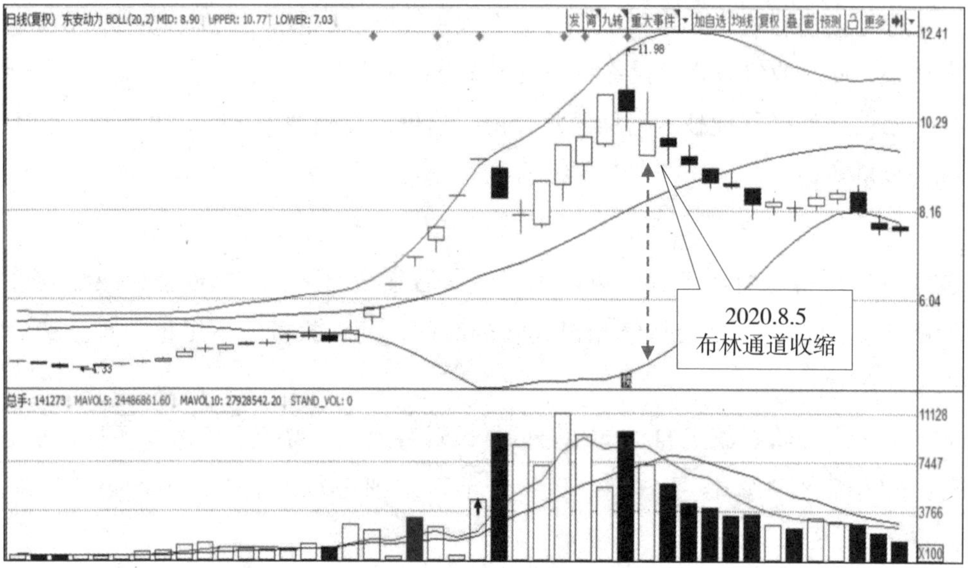

图 2-22 东安动力（600178）布林线指标走势图

如图 2-22 所示，东安动力的股价在 2020 年下半年启动一波上涨行情。在股价上涨过程中，布林线的喇叭口越开越大，说明股价波动幅度逐渐拉大。鉴于股价处于上涨途中，投资者可判断股价持续上升的可能性较大。

2020 年 8 月 5 日，该股股价低开高走，收出一根假阳线。与此同时，布林线喇叭口越来越小，说明布林通道开始收缩，股价很有可能在回调整理后重新选择突破方向。

此后，该股一直进行横盘调整，股价波动范围极为有限。此时投资者可耐心观望，静待股价选择突破方向后再入场。

2. 下降趋势终结与喇叭口收缩

与上涨情形相似，股价处于下降趋势时，布林线的上轨线和下轨线会呈现发散状态，布林通道的喇叭口会敞开。不过，随着股价逐渐接近于底部，下跌势能逐渐减弱，布林通道的喇叭口就会逐渐收缩。这属于典型的股价下跌动力不足的迹象，未来股价出现调整的概率极高。当然，这种情况只能说明股价下跌趋势有所缓解，至于能否出现反转，还需要其他买入信号来确认。

下面来看一下全信股份的案例，如图 2-23 所示。

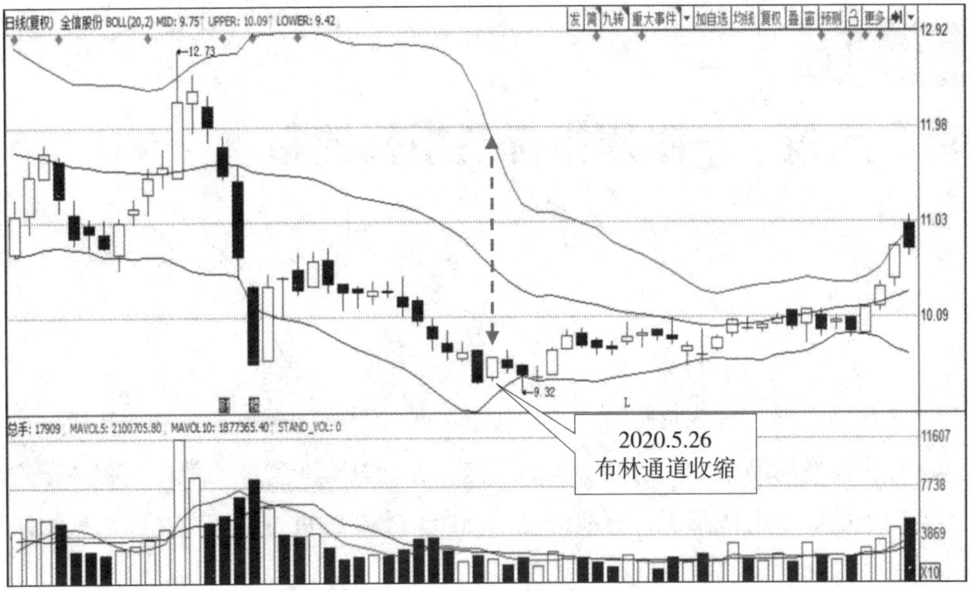

图 2-23　全信股份（300447）布林线指标走势图

如图 2-23 所示，全信股份的股价自 2020 年 4 月下旬出现了振荡下跌走势。到了 5 月下旬，该股股价的下跌态势有所减弱。

5 月 26 日，该股股价收出一根中阳线，与此同时，布林通道的喇叭口开始收缩，说明股价的下跌态势有可能终结，未来存在进入区间盘整的可能，投资者可密切关注其后的走势。

对于持币的投资者来说，布林通道喇叭口收缩并非买入信号，只是股价下跌趋缓的信号。有时候，这种收缩还可能只是股价下跌途中的短暂停歇。股价经历短暂修正后，有重新进入下降通道的可能，此时布林通道的喇叭口又会重新敞开。

总之，在没有明确的买入信号出现时，投资者都不宜入场交易。

第三章

黄金配角——附属指标及指标调整

布林格发明布林线指标时，也附带开发了布林通道宽度指标和 %B 指标，这两种指标在辅助布林线研判股价运行趋势方面具有非常好的效果。布林格先生到访中国时，也谈及了布林线的变形问题。本章将重点讲解布林线指标的两种辅助指标和布林线的变形以及相关程序代码。

第一节　通道宽度指标

前面介绍布林通道收缩时，曾经提及：布林通道宽度的变化源于股价波动幅度的变化，因此，通过追踪布林通道宽度的变化，自然也可以更加清晰地掌握股价的波动情况。按照布林格先生设计布林线的初衷，布林通道宽度指标可以告诉我们以下两点。

第一，股价波动幅度的变化情况。

第二，识别挤压形态，判断股价趋势的变化。当带宽出现大幅变化时，往往属于股价运行趋势发生变化的时刻。

一、通道宽度指标的参数及公式编写

通道宽度指标是以布林线上轨、下轨与中轨为核心构筑的一个指标。该指标的具体计算公式如下。

$$\text{通道宽度}=\frac{\text{上轨线}-\text{下轨线}}{\text{中轨线}}$$

目前，在大多数证券交易软件中，并未提供布林通道宽度指标。投资者若要使用该指标，可以尝试通过自行编写公式的方法添加该指标。一般来说，自行编写公式，由于应用的人数较少，往往更容易达到预期的效果。

下面以同花顺软件为例，介绍自行编写通道宽度指标的步骤。

第一步，点击炒股软件【工具】菜单中的【公式管理】，会弹出如下对话框，如图 3–1 所示。

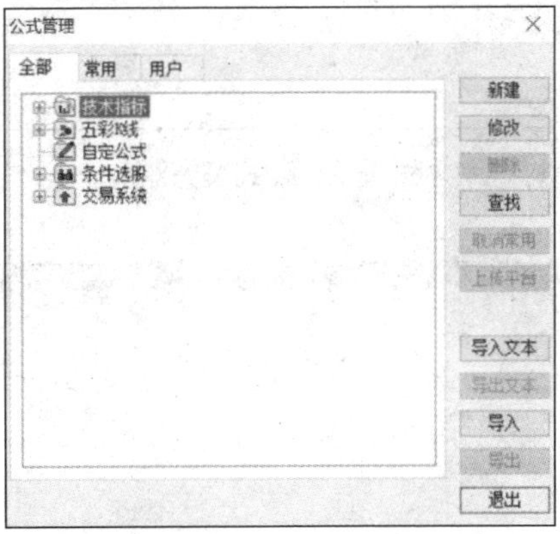

图 3–1　公式管理对话框

第二步，点击【新建】按钮，选择【技术指标】后，就会弹出一个【公式编辑器】，如图 3–2 所示。

第三步：输入信息。

具体内容如下。

（1）名称：布林通道宽度（可按照个人喜好填写，只要自己知道就可以）。

（2）如果公式中涉及具体的变量，则需要填写参数，若不涉及可忽略（本公式需要填写变量 P 和变量 N）。

（3）公式内容编写（公式的编写方法有很多种，这里介绍的仅供读者参考，如图 3-3 所示）。

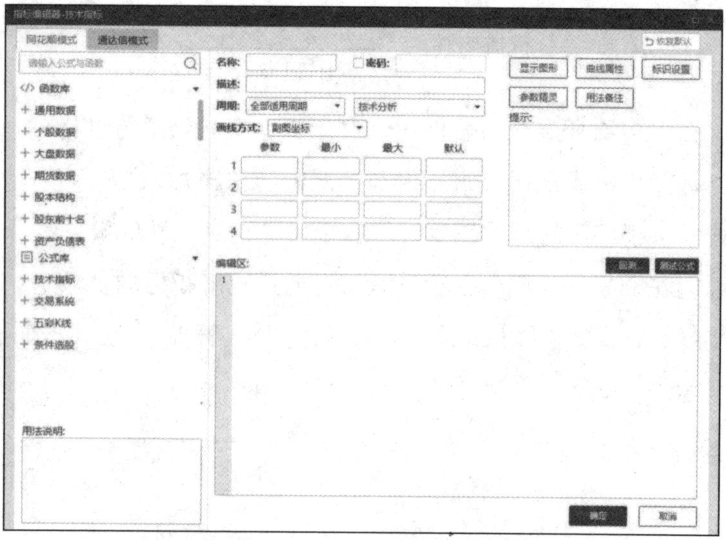

图 3-2　公式编辑器

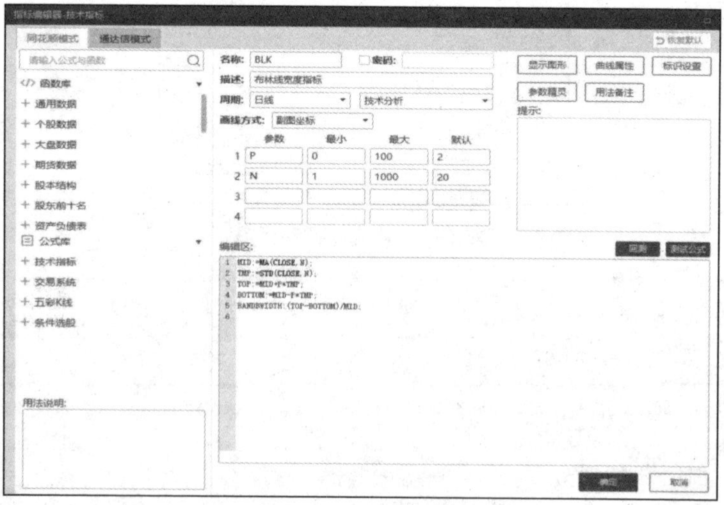

图 3-3　公式内容示范

其中，MID——20 日均线。

TMP——标准差。

TOP——布林线上轨线。

BOTTOM——布林线下轨线。

BANDBWIDTH——布林通道宽度。

第四步，点击【确定】后，系统会自动保存进入自定指标。如图 3-4 所示。

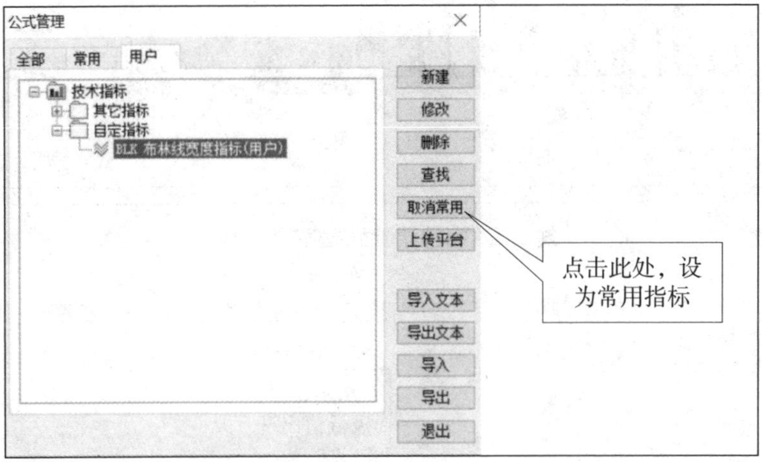

图 3-4　【公式管理】中的【自定指标】

第五步，使用“布林线（BOLL）指标”时，投资者可在炒股软件界面点击右键，选择【常用指标】，调出【布林通道宽度】指标，如图 3-5 所示。

二、通道宽度低位反弹

通道宽度指标创下阶段新低时，往往预示着股价原有的运行趋势将会终结，新的运行趋势即将出现。当然，通道宽度指标只能提示投资者股价运行趋势可能发生改变，但改变的方向，还需要结合其他技术指标进行分析。

下面来看一下建科院的案例，如图 3-6 所示。

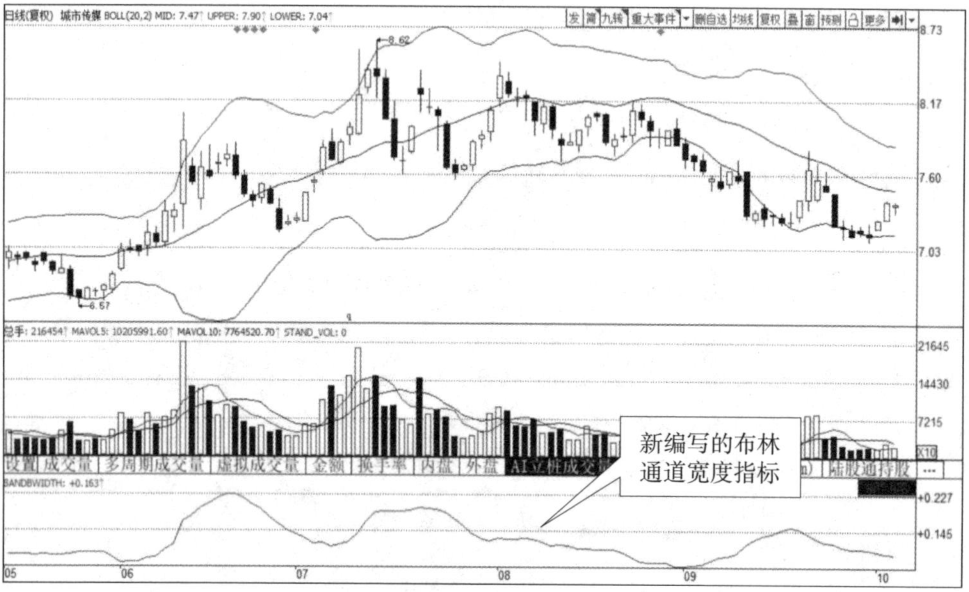

图 3-5　布林通道宽度指标示意图

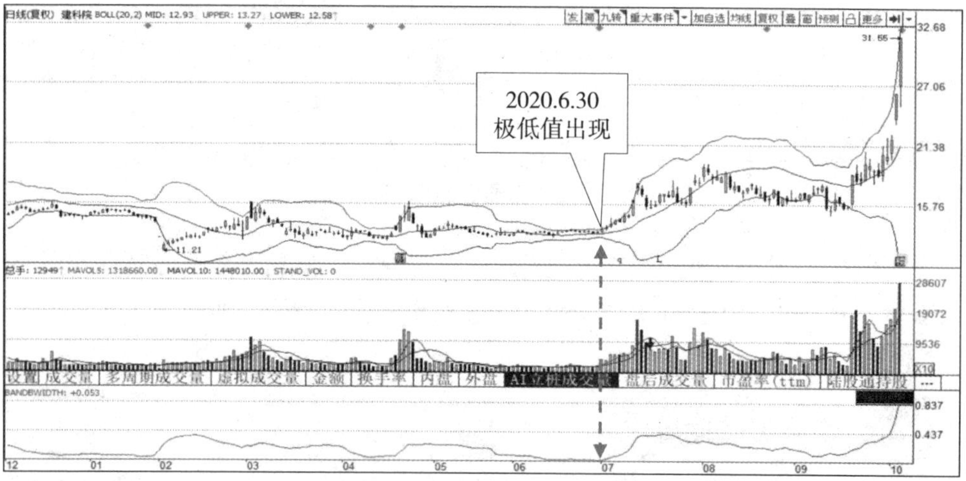

图 3-6　建科院（300675）布林线指标走势图

如图 3-6 所示，进入 2020 年之后，建科院的股价一直处于横向振荡盘整趋势中。观察该股的布林线通道可知，布林通道的喇叭口随着股价的波动时而放大，时而收缩，投资者很难识别股价运行趋势是否会发生变化。

2020年6月30日，该股股价延续了之前的小幅波动态势，不过，观察此时的布林通道宽度指标可知，此时的布林通道宽度处于阶段极低值，这说明股价的运行趋势即将迎来某种变化，投资者需要密切关注盘面的变化。

此后，该股股价很快结束盘整，并启动了一波快速上涨走势。

三、通道宽度逐渐变宽

股价波动逐渐增强时，股价振荡的高点或低点就会逐渐远离，从而导致布林通道逐渐变宽，这说明股价即将迎来一波幅度较大的上涨或下跌行情。当布林通道宽度指标突然出现拐头时，往往意味着股价上涨或下跌行情终结。

下面来看一下吉林森工的案例，如图3-7所示。

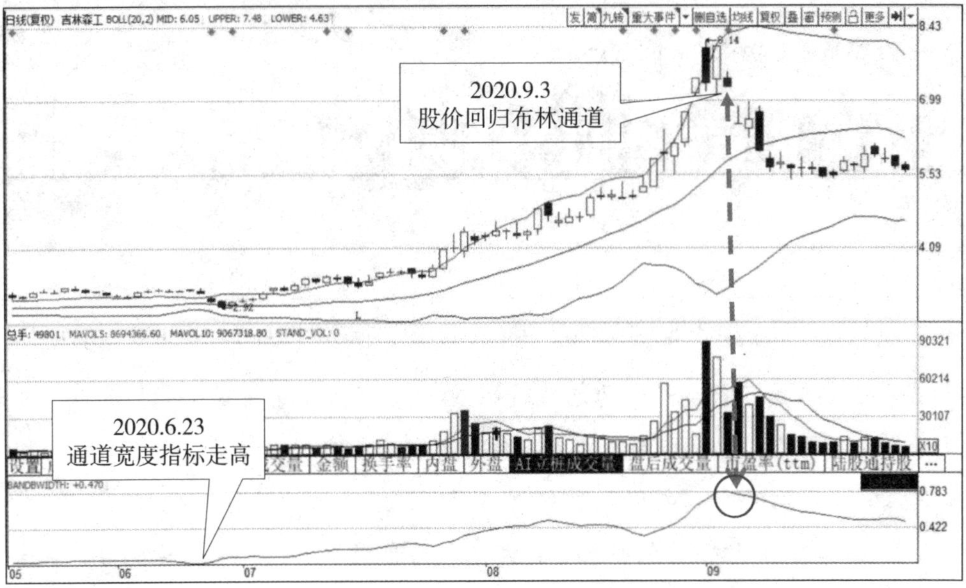

图3-7 吉林森工（600189）布林线指标走势图

如图3-7所示，吉林森工的股价在2020年6月中旬进入了振荡上行周期，股价波动幅度逐渐增加，布林通道宽度指标逐渐放大。此时，持股投资者可以耐心持有股票，坐收股价上涨带来的红利。

9 月 3 日，吉林森工的股价自布林通道外回归到通道内部，与此同时，布林通道宽度指标出现拐头向下迹象，说明布林通道存在收缩迹象，也意味着股价波动幅度将会减弱。结合布林线上轨线分析方法可知，此时股价出现回调或反转下跌的概率较大，投资者宜减仓或清仓。

下面再来看一下春风动力的案例，如图 3-8 所示。

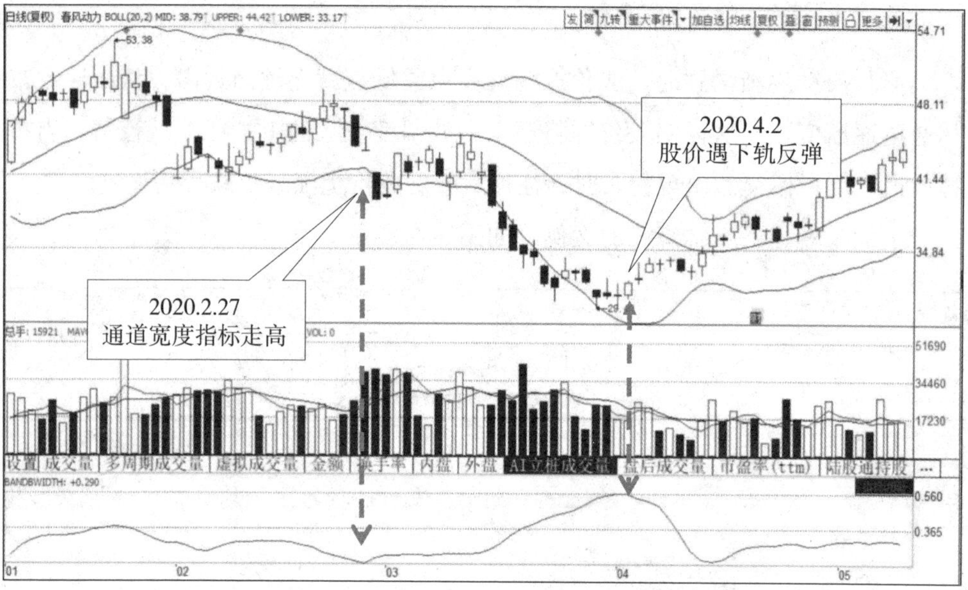

图 3-8　春风动力（603129）布林线指标走势图

如图 3-8 所示，春风动力的股价在 2020 年 2 月下旬出现了明显的加速下跌迹象，股价波动幅度逐渐增加，布林通道宽度指标逐渐放大。此时，持币投资者只需保持观望，不宜入场。

4 月 2 日，春风动力的股价在前两个交易日遇下轨后出现反弹走势，且当日收出一根中阳线。与此同时，布林通道宽度指标出现拐头向下迹象，说明布林通道存在收缩迹象，也意味着股价波动幅度将会减弱。结合布林线下轨线分析方法可知，此时股价出现反弹或反转上涨的概率较大，出于投资安全考虑，投资者可少量入场建仓，待股价完成对中轨线的突破后再行加仓。

四、通道宽度逐渐变窄

股价的波动逐渐减弱时，股价振荡的高点或低点就会逐渐拉近，从而导致布林通道的宽度逐渐变窄，股价波动幅度减小，甚至出现横盘整理行情，股价未来走势具有极大的不确定性。处于上涨或下跌趋势中的股票，若布林通道宽度指标持续走低，则意味着股价当前的运行趋势即将终结或迎来短暂的修正。

下面来看一下西藏药业的案例，如图 3-9 所示。

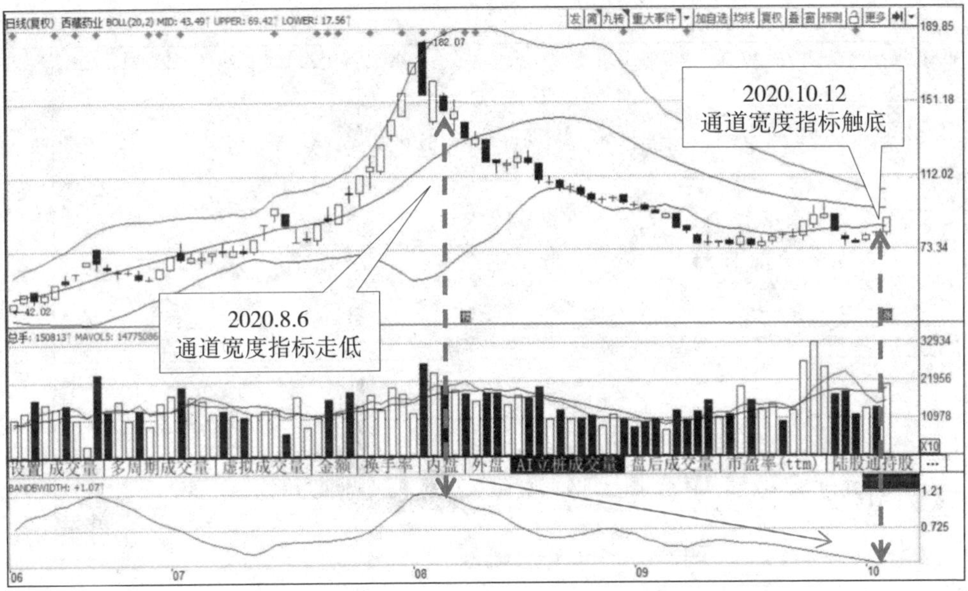

图 3-9　西藏药业（600211）布林线指标走势图

如图 3-9 所示，西藏药业的股价在 2020 年 8 月初完成筑顶后出现了暴跌行情，随后股价一路走低，波动幅度也由剧烈转为温和，布林通道喇叭口逐渐收缩，布林通道宽度指标逐渐走低。

到了 10 月 12 日，布林通道指标触及了短期内的极低值，这属于典型的行情终结信号，即股价下跌行情将会终结或迎来短暂的休整。投资者可密切关注该股其后的走势，一旦股价发出买入信号，则可考虑入场建仓。

下面再来看一下西藏天路的案例。

如图 3-10 所示，西藏天路的股价经过一段时间的上涨，在 2020 年 8 月进入顶部区域，其后股价振荡幅度减弱，布林通道宽度指标随之不断走低。这通常属于股价筑顶阶段的一个典型特征，投资者可考虑执行逐渐减仓的操作。

9 月 1 日，该股股价突然大幅走低，布林通道指标触底后反弹向上，这属于典型的行情终结信号，即股价上涨行情将会终结或迎来短暂的休整，投资者宜执行减仓或清仓操作。

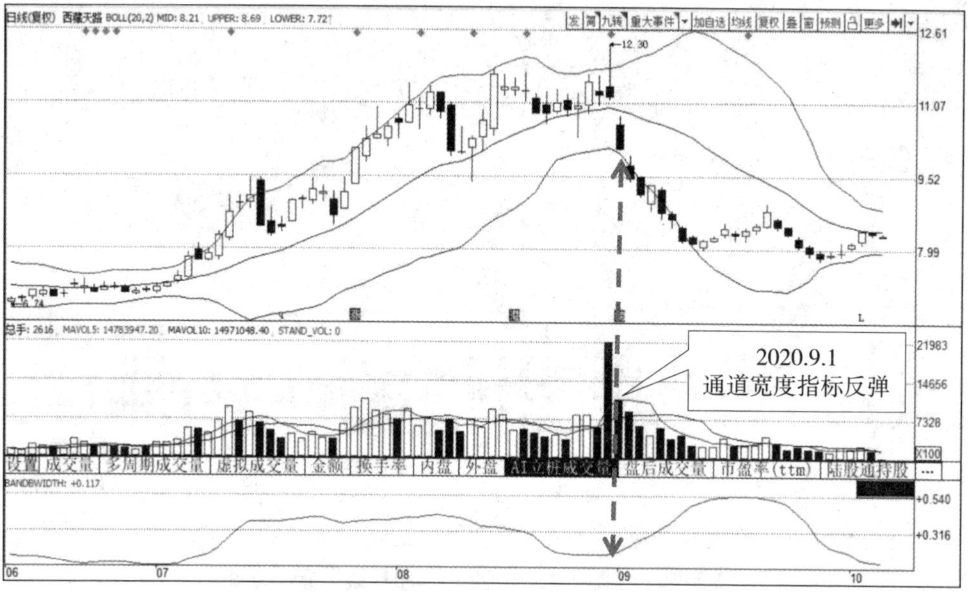

图 3-10　西藏天路（600326）布林线指标走势图

第二节　%B 指标

%B 指标是布林格在《布林线》一书中给出的另外一个布林线衍生指标。%B 指标可以告诉投资者当前股价在布林通道内所处的位置，同时还可以辅助识别价格形态。在有些资料中，该指标也叫做布林极限指标（BB 指标）。

一、%B 指标的参数及公式编写

%B 指标是一个反映股价 K 线在布林通道内相对位置的指标，因而该指标的计算与布林线上轨线、下轨线以及最新股价有直接关系。

%B 指标的计算公式如下。

$$\%B=\frac{最新价格-下轨线}{上轨线-下轨线}$$

当最新价格超过上轨线时，%B 指标就会大于 1；当最新价格低于下轨线时，%B 指标就会小于 0。

目前，大多数证券交易软件均未提供 %B 指标，投资者若要使用该指标，可以尝试通过自行编写公式的方法添加该指标。

下面以同花顺软件为例，介绍自行编写 %B 指标的步骤。

第一步，点击炒股软件【工具】菜单中的【公式管理】，就会弹出如图 3–1 的对话框。

第二步，点击【新建】按钮，选择【技术指标】后，就会弹出一个【公式编辑器】，如图 3–2 所示。

第三步：输入信息。

具体内容如下。

（1）名称：%B 指标（投资者可按照个人喜好填写，只要自己能分清就可以）。

（2）如果公式中涉及具体的变量，则需要填写参数，若不涉及可忽略。

（3）公式内容编写（公式的编写方法有很多种，这里介绍的仅供读者参考，如图 3–11 所示）。

其中，MID——20 日均线。

TMP——标准差。

TOP——布林线上轨线。

BOTTOM——布林线下轨线。

CLOSE——最新收盘价。

BOLLB——%B 指标值。

BOLLB1——0 线。

BOLLB2——1 线。

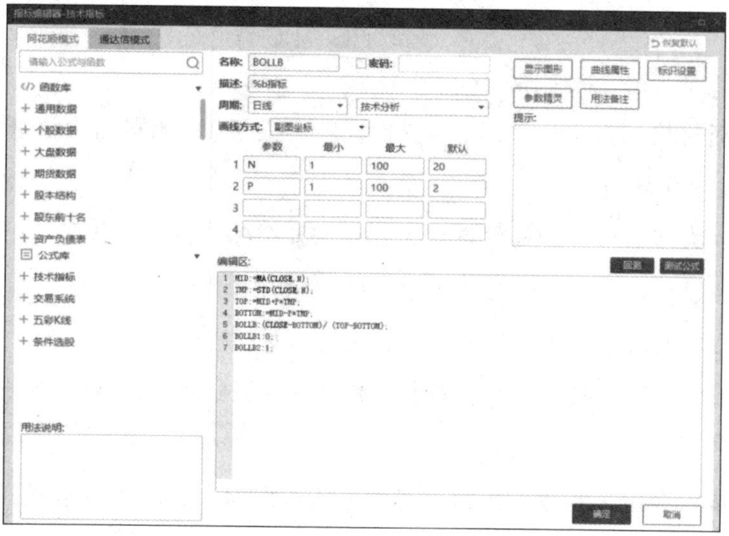

图 3-11　公式内容示范

编辑的公式保存后，投资者可在 K 线图界面调出相应的指标，如图 3-12 所示。

借助这个公式，投资者可以非常准确地了解股价与布林通道的相对位置关系。同时，利用 %B 指标与股价的背离关系，并结合股价 K 线顶部与底部形态，能够更加准确地识别买点与卖点。

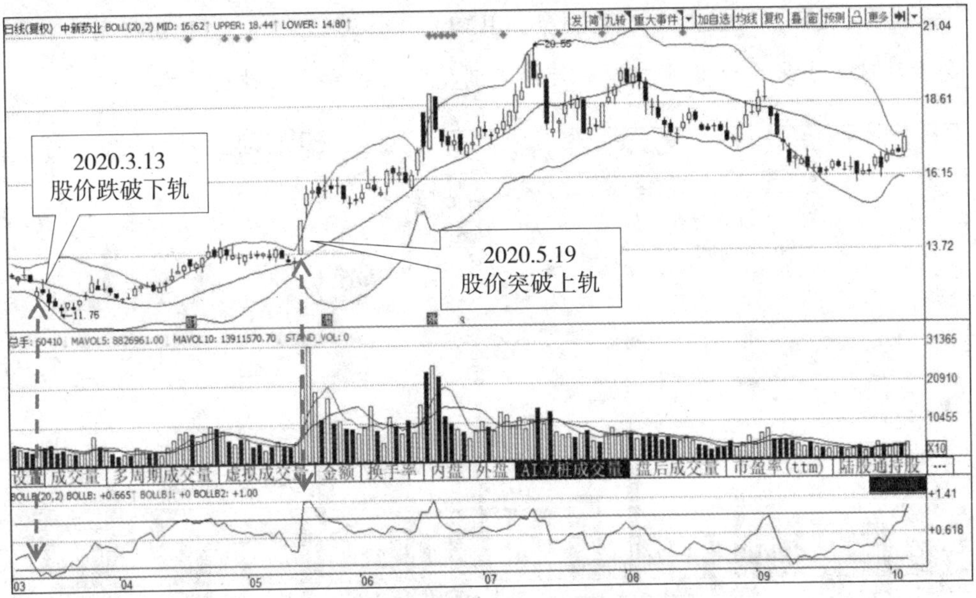

图 3-12　布林线通道与 %B 指标走势图

二、%B 指标超过 1 线回撤

%B 指标本质上是一个反映股价与布林通道位置关系的指标。当 %B 指标超过 1 时，表示股价已经越过了布林线上轨线。按照之前的布林线上轨线分析方法可知，此时股价事实上已经进入了超买区域，因此，当 %B 指标回撤到 1 以内时，意味着股价的回调或回落已经展开，投资者宜采取减仓或清仓操作。

下面来看一下天奈科技的案例。

如图 3-13 所示，天奈科技的股价自 2020 年 6 月启动了一波快速上涨行情。到了 7 月初，这种上涨势头得到加强。

7 月 6 日，该股股价大幅上攻，%B 指标同步向上穿越 1 线，这是股价进入超买区域的信号，也是股价短线急攻的信号。此后的几个交易日，该股股价大幅上攻后出现乏力迹象。

7 月 10 日，该股股价出现调整，且回到布林通道内部，%B 指标同步拐头向下跌破了 1 线，这属于典型的行情走弱信号，投资者可执行减仓操作。

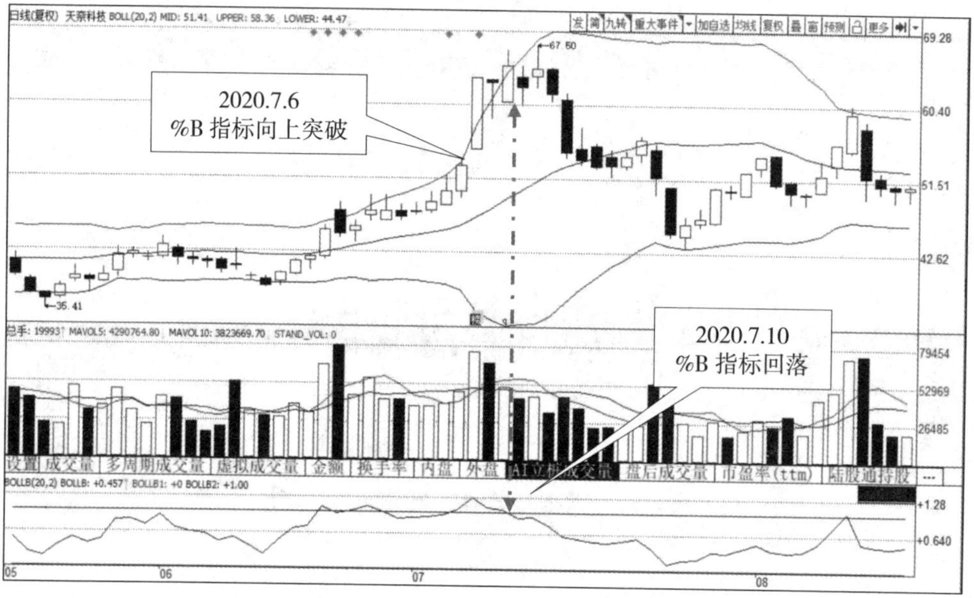

图 3-13　天奈科技（688116）布林线指标走势图

三、%B 指标跌破 0 线反弹

与 %B 指标越过 1 线相似，当 %B 指标跌破 0 线时，表示股价已经越过了布林线下轨线。按照之前的布林线下轨线分析方法可知，此时股价事实上已经进入了超卖区域，因此，当 %B 指标反弹到 0 以内时，则意味着股价的反弹或修复已经展开，激进型投资者可考虑少量建仓。

下面来看一下科华生物的案例。

如图 3-14 所示，科华生物的股价自 2020 年 8 月初启动了一波振荡下跌行情。到了 9 月初，这种下跌势头得到加强。

9 月 4 日，该股股价大幅下跌，%B 指标同步向下穿越 0 线，这是股价进入超卖区域的信号，也是股价短线急跌的信号。此后的几个交易日，该股股价大幅下跌后出现乏力迹象。

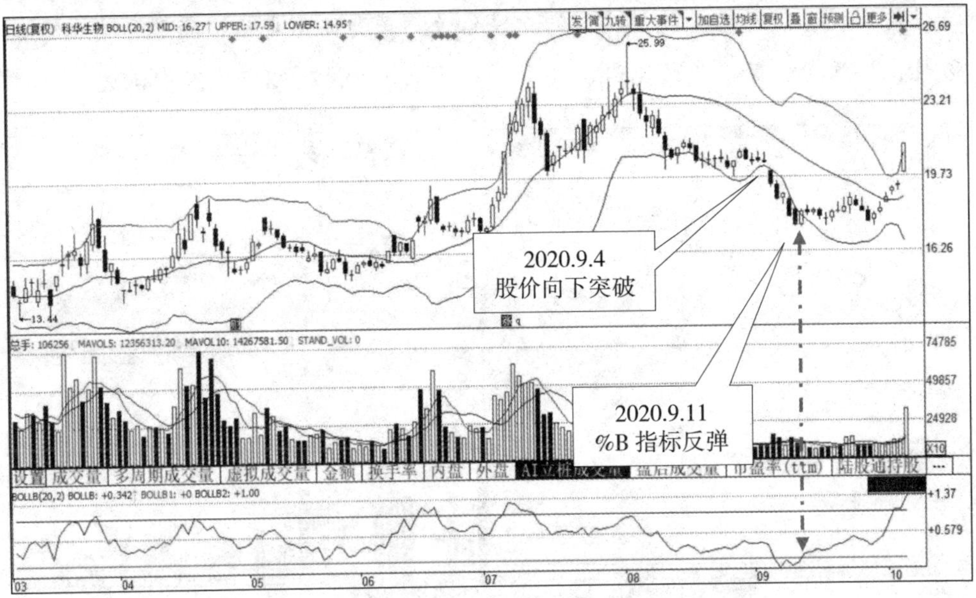

图 3-14　科华生物（002022）布林线指标走势图

9 月 11 日，该股股价出现反弹，回到布林通道内部，%B 指标同步拐头向上突破了 0 线，这属于典型的行情企稳信号，激进型投资者可少量建仓，保守型投资者可继续等待更为明显的买入信号出现。

四、%B 指标与股价顶背离

%B 指标顶背离，是指股价接连创出新高时，% 指标并没有随之创出新高，说明 %B 指标与股价形成了顶背离。当 %B 指标与股价出现顶背离时，若股价 K 线同步出现顶部形态，则说明股价未来下跌的概率很高。

下面来看一下金达威的案例。

如图 3-15 所示，金达威的股价在 2020 年下半年出现了大幅上涨走势。进入 7 月中旬，该股股价出现了明显的加速上攻迹象，且连续拉出多个涨停板。其后，该股股价出现了明显的筑顶迹象。

7 月 16 日和 8 月 3 日，该股股价分别创下了两个高点，且后一个高点高于前一个。与此同时，%B 指标却出现了一波比一波低的走势，这说明 %B 指标与股价出现了顶背离，属于典型的看跌信号。顶背离形成后，当股价自高点回落时，投资者就可以开始卖出股票了，无须等到股价跌破布林线中轨线。

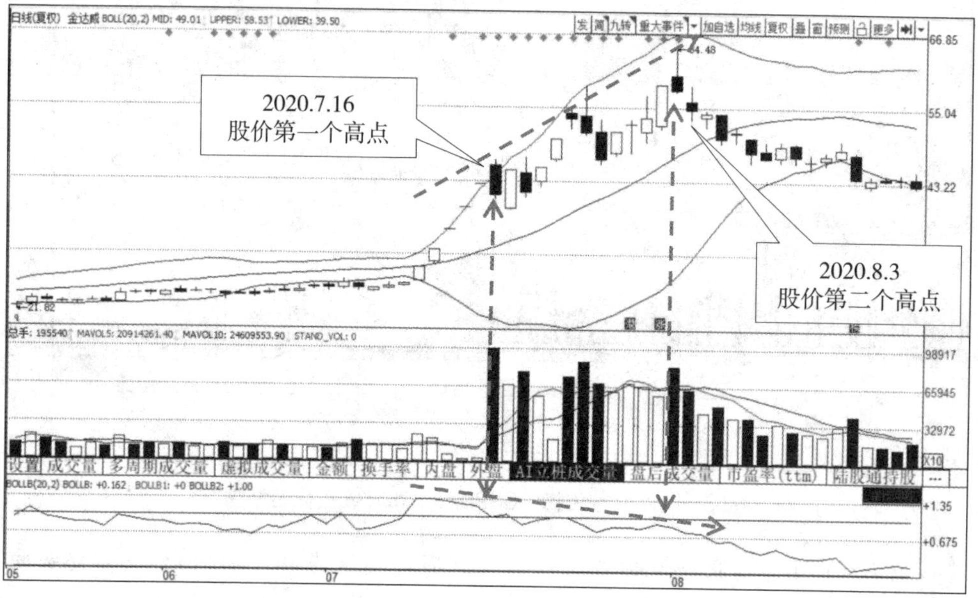

图 3-15　金达威（002626）布林线指标走势图

五、%B 指标与股价底背离

%B 指标底背离，是指股价接连创出新低时，%B 指标并没有随之创出新低，说明 %B 指标与股价形成了底背离。当 %B 指标与股价出现底背离时，若股价 K 线同步出现底部形态，则说明股价未来反弹的概率很高。

下面来看一下安洁科技的案例。

如图 3-16 所示，安洁科技的股价自 2020 年 2 月随着大盘的调整出现了一波下跌走势。从 3 月底到 4 月底，该股股价出现了明显的筑底迹象。

3 月 30 日和 4 月 28 日，该股分别创下了两个低点，且后一个低点低于前一个。与此同时，%B 指标却出现了一波比一波高的走势，这说明 %B 指标与股价出现了底背离，这也属于典型的看涨信号。底背离形成后，当股价自低点反弹时，投资者就可以开始买入股票了。

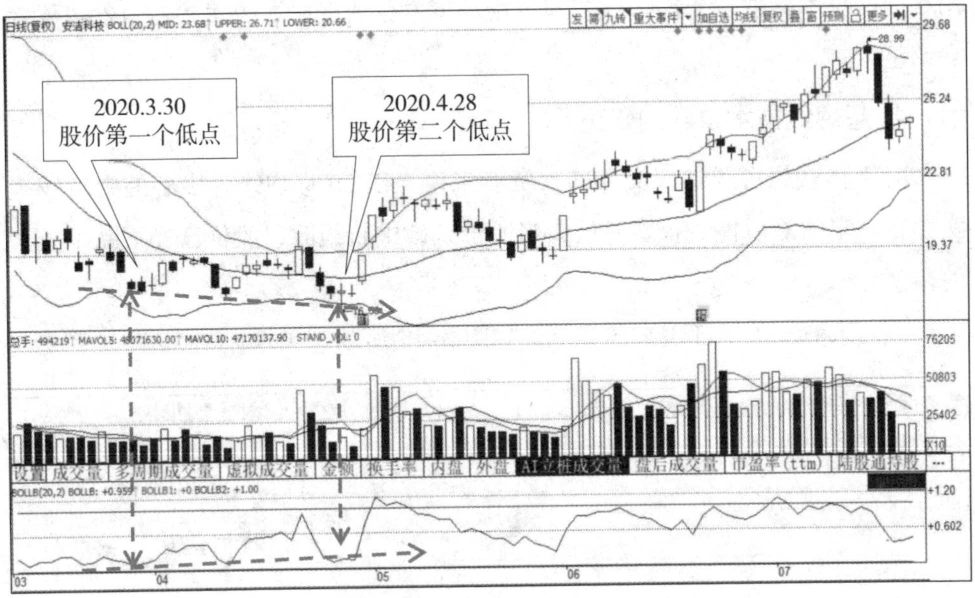

图 3-16　安洁科技（002635）布林线指标走势图

第三节　布林线指标的调整

实战中，为了让技术指标与股价走势的契合度更高，可以尝试对布林线指标的技术参数进行调整，以使其更加符合 K 线走势和实战的需要。

一、技术参数的修正

布林格先生在谈及布林线的技术参数时曾经表示，他并不喜欢调整技术参数。但是，他自己使用的布林线技术参数也并非大多数交易软件给出的（20,2），而是（10,1.5）以及（10,1.9）等。

其实，布林格强调的不变，是希望投资者在一种操盘模式和市场环境下使用相同的技术参数，当操作模式和市场环境发生改变时，技术参数自然也要随之调整。

1. 超短线技术参数的修正

对于喜欢超短线追涨交易的投资者来说，以 20 日均线为中心的中轨线确实存在一定的滞后性，很多时候，当股价跌破中轨线时，股价已经下跌了较大的幅度。

下面来看一下浙江美大的案例，如图 3-17 所示。

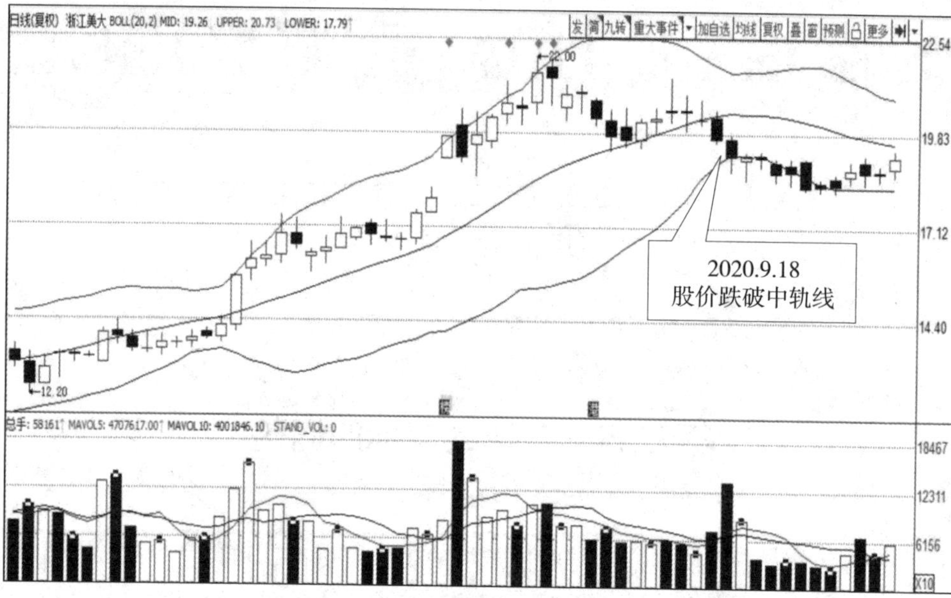

图 3-17　浙江美大（002677）布林线指标走势图

如图 3-17 所示，浙江美大的股价自 2020 年 7 月开始启动了一波快速上涨行情。进入 9 月份，该股股价上涨的势能有所减弱。

此后，该股股价出现了振荡回调，9 月 18 日，该股股价跌破了布林线中轨线。按照布林线指标的交易指示，此时就是最佳的卖出点。不过，此时距离股价启动回调时的价位已经很远了。

投资者可将布林线的技术参数调整一下，使其更加符合短线交易的需求。调整后的布林线指标必须满足以下两个条件。

其一，必须能够符合股价短线大幅波动的要求。事实上，很多短线投资者在追击强势股时，使用的均线多为 10 日均线，甚至是更为激进的 5 日均线，因而布林线中轨线的参数也需要进行相应的调整。

其二，止损位的设置不能距离股价高点太近，否则股价稍稍调整，就可能被主力洗盘出局，因而布林线的标准差不能太小，当然也不能太大，一般 1.5 左右即可。

综合以上分析，投资者可将布林线短线追涨的技术参数调整为（10,1.5），调整方法前面已经讲过，这里不再赘述。

下面看一下调整技术参数之后的布林线指标走势图，如图 3–18 所示。

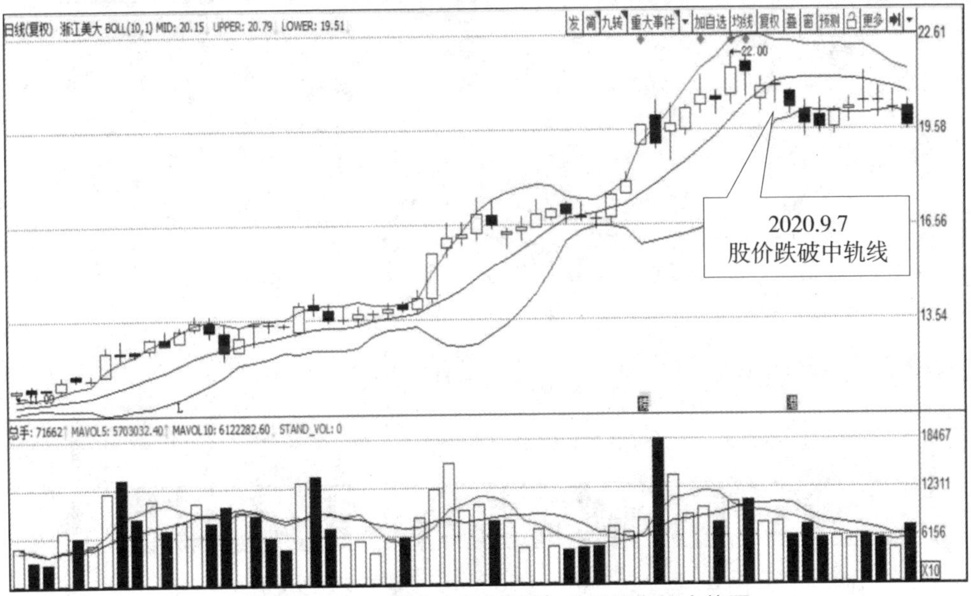

图 3–18　浙江美大（002677）布林线指标走势图

如图 3–18 所示，2020 年 9 月初，浙江美大的股价经过几个交易日的顶部振荡后，于 9 月 7 日跌破了中轨线。按照布林线指标的交易含义，此时就是一个较佳的短线卖点。通过图 3–18 与图 3–17 的对比可知，将布林线技术参数调整之后，技术指标对股价波动的反应更为灵敏，也更容易发出短线交易信号。对于短线交易者来说，信号的及时性是至关重要的。

当然，实战中，投资者也可以根据个股的不同以及个人操盘计划的不同，对技术指标参数进行适当的调整和修正，我们给出的（10,1.5）也仅仅是举个例子。

2. 中长线技术参数的修正

按照系统默认的技术参数，布林线实质上是一种以 20 日均线为中心的交易带，因此，20 日均线就是整个技术指标的核心，很多交易信号都是由 20 日均线发出的。不过，对于很多中长线趋势交易者来说，20 日均线显然是过于灵敏了。

来看一下长青集团的案例，如图 3–19 所示。

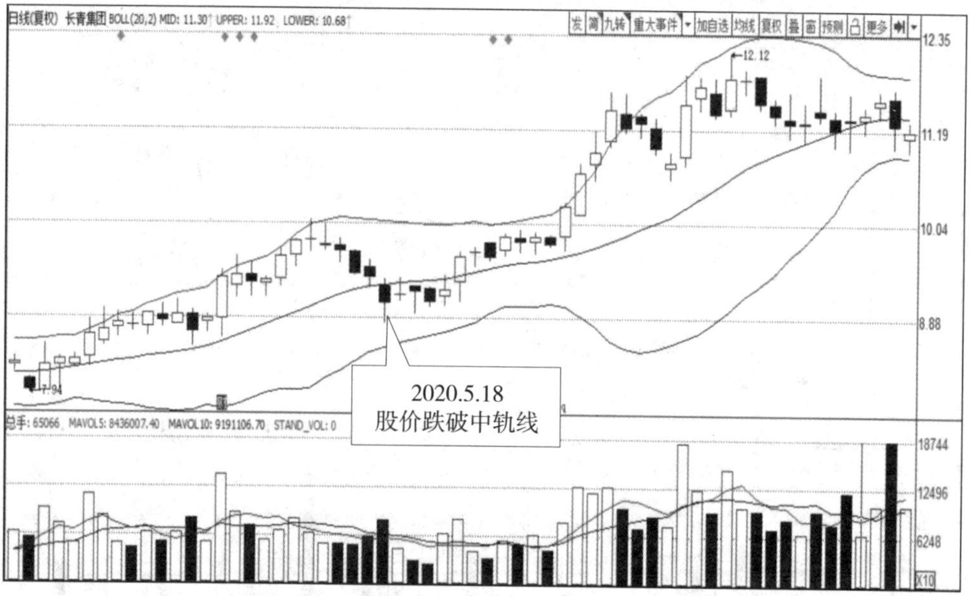

图 3–19 长青集团（002616）布林线指标走势图

如图 3–19 所示，长青集团的股价自 2020 年 4 月初开始启动了一波快速上涨行情。进入 5 月份，该股股价上涨的势能有所减弱。

此后，该股股价出现了振荡回调，5 月 18 日，该股股价跌破了布林线中轨线。按照布林线指标的交易指示，此时就是最佳的卖出点。不过，对于中长线交易者来说，20 日均线太过灵敏，此时也许仅为股价上涨行情中的一个回调和小插曲。

在这种情况下，投资者可将布林线的技术参数调整一下，使其更符合中长线交易的需求。调整后的布林线指标必须满足以下两个条件。

其一，必须能够符合股价中长线波动的要求。事实上，很多中长线交易者都希望获得更为稳定的交易系统，避免因股价波动而频繁交易，使用的均线多为 30 日均线，甚至是更稳定的 60 日均线。

其二，止损位的设置不能离股价高点太近，否则股价稍稍调整，就可能被主力洗盘出局，因而布林线的标准差不能太小，当然也不能太大，一般 3 或 2.5 左右即可。

综合以上分析，投资者可将布林线中长线追涨的技术参数调整为（30,2.5），调整方法前面已经讲过，这里不再赘述。

下面看一下调整技术参数之后的布林线指标走势图，如图 3–20 所示。

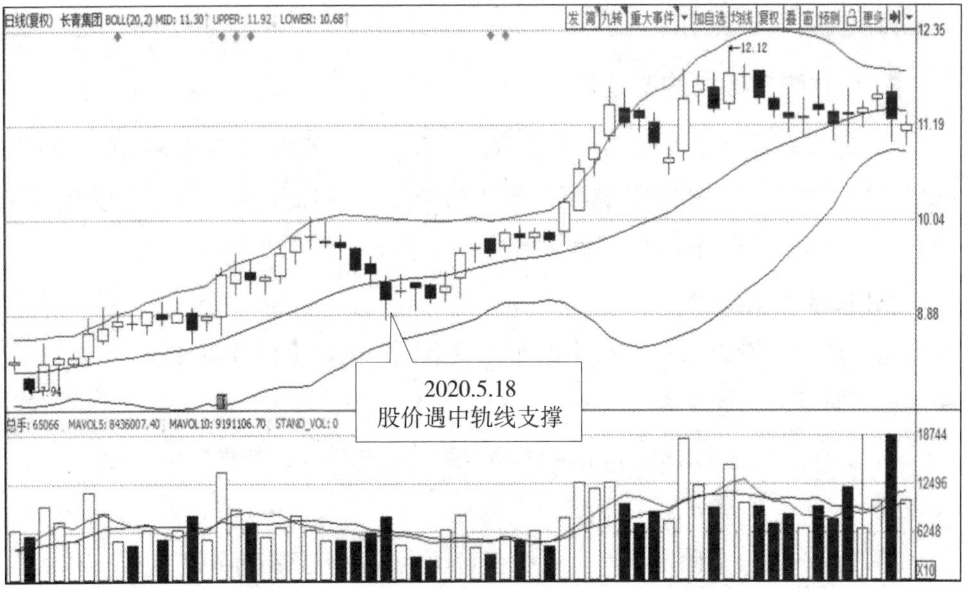

图 3–20 长青集团（002616）布林线指标走势图

如图 3-20 所示，长青集团的股价自 2020 年 4 月初开始启动了一波快速上涨行情。进入 5 月份，该股股价上涨的势能有所减弱。

此后，该股股价出现了振荡回调，5 月 18 日，该股股价触及布林线中轨线后，因受布林线中轨线的支撑重新上攻，这说明之前的回调只是主力在股价上涨途中的一次洗盘而已。通过重新设计布林线技术参数，投资者就可以巧妙地躲开主力的“洗盘”。

当然，实战中，投资者也可以根据个股的不同以及个人操盘计划的不同，对技术指标参数进行适当的调整和修正，我们给出的（30,2.5）仅仅是举个例子。

二、指标线数量调整——五轨布林线设置

布林格到访中国，在接受采访时，曾经谈及一种布林线的变形，即将原来由三条布林轨道线构筑的布林通道，改成由五条轨道线组成的布林通道。通过增加轨道线的数量，可以进一步压缩股价在不同阶段的波动空间，从而更加及时地做出交易调整计划。

1. 布林线指标线的调整方法

目前，系统默认的布林线技术参数为（20,2），投资者若要增加两条指标线，最好对原有的技术参数进行调整，比如调整为（20,1.5），这样就可以在原有的布林线上轨线和下轨线外，再增加两条轨道线，如（20,2.5）。

具体调整方法如下。

第一步，右键点击 K 线图中的布林线指标，选择【修改布林线】，系统会跳出如下对话框，如图 3-21 所示。

第二步，调整布林线指标的技术参数。图 3-22 为调整的示例，仅供参考。

第三步，点击【确定】后，系统会自动生成由五条指标线组成的布林线指标系统，如图 3-23 所示。

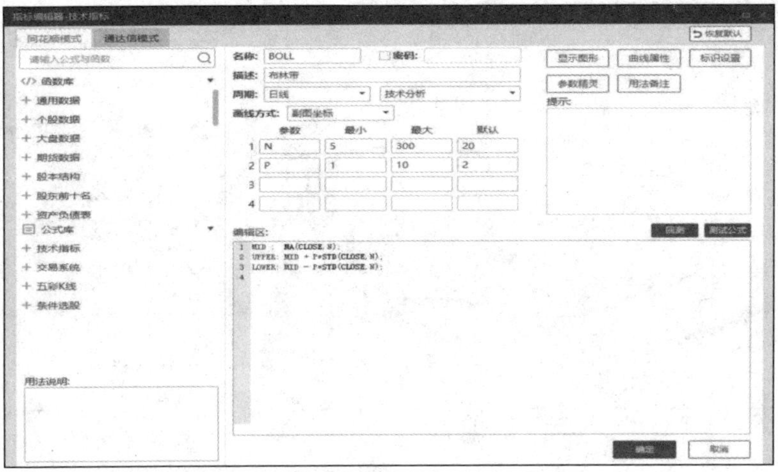

图 3-21　系统默认的布林线指标参数

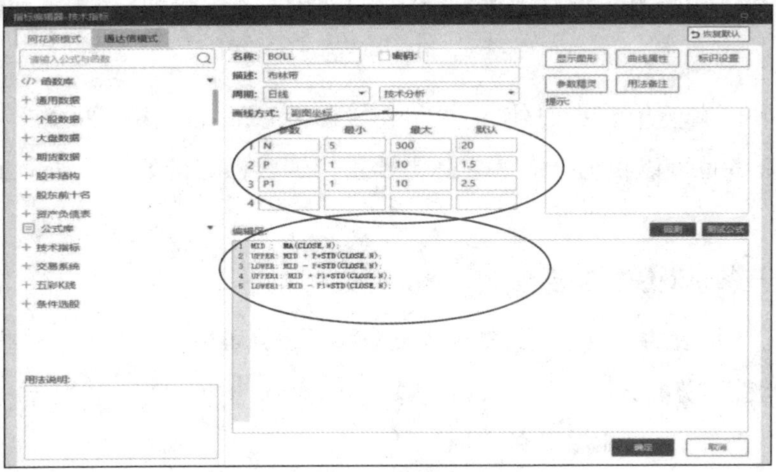

图 3-22　调整后的布林线指标参数

在由五条轨道线构成的布林线指标系统中，投资者可将交易区间进一步细化，将原上轨线上方到新增上轨线之间的区域划定为强势区间；将原下轨线下方到新增下轨线之间的区域划定为弱势区间。

当股价进入强势区间，意味着股价上涨动能得到极大的强化，属于短线追涨的最佳时机，当然，此时的风险也是极高的；反之，当股价离开强势区间，则意味着股价短线存在回调的风险，短线追涨资金可采取撤出策略。

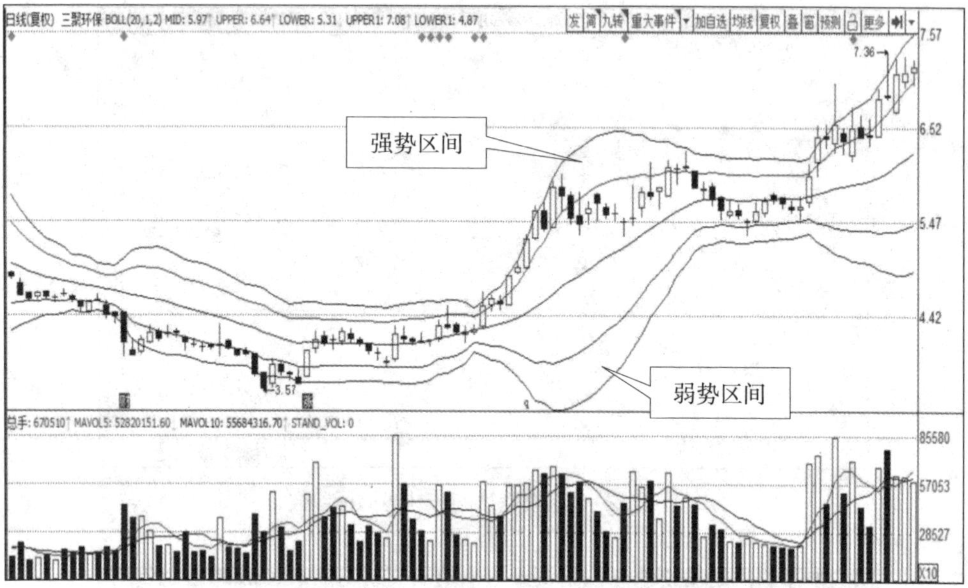

图 3-23　五根轨道线的布林线指标

在上述案例中，我们使用的技术参数为（20,1.5）和（20,2.5）。实战中，投资者也可以根据个人的实际需要适当调整参数的取值，如（20,2）和（20,3）等。

2. 五条轨道线的交易含义

通过将原有的三条轨道线扩展为五条轨道线，可以压缩股价的波动空间，在追涨短线强势股方面具有很大的优势。

下面来看一下卓越新能的案例。

如图 3-24 所示，卓越新能的股价自 2020 年 7 月底回调至布林线下轨线后，出现反弹向上的走势。

8 月 4 日，卓越新能的股价放量上攻，并进入强势区间，说明该股股价很可能会出现短线急攻的走势，激进型投资者可积极入场追涨。此后，该股股价一直在强势区间上行，持股的投资者可耐心持股。

8 月 25 日，该股股价跌破了强势区间，说明该股短线存在调整的可能，短线追涨者可考虑止盈撤出。

至此，一波短线追涨操作顺利完成。

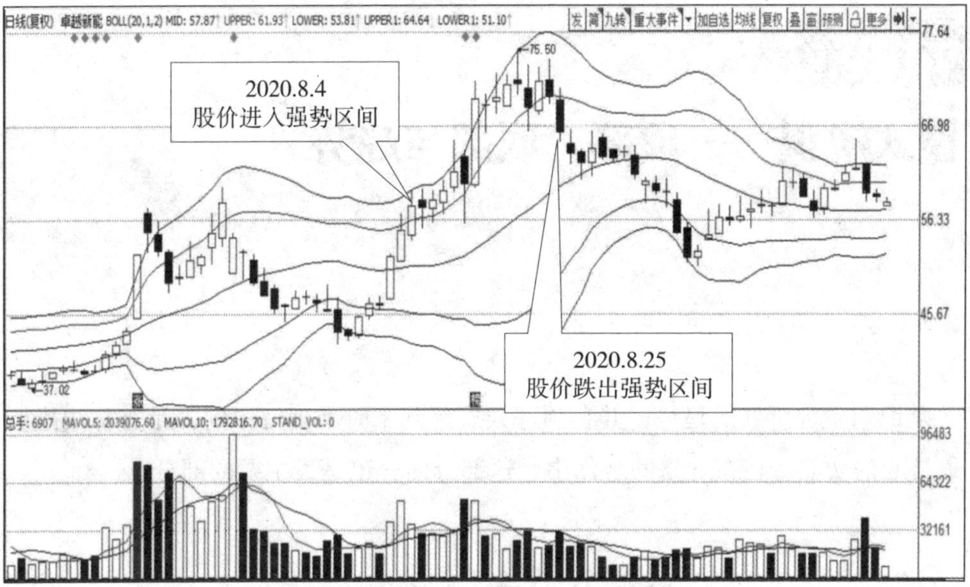

图 3-24　卓越新能（688196）布林线指标走势图

第四章

模式辨识——顶部、底部与趋势

识别股价所处的趋势，并在顶部或底部到来时准确地识别，是布林线指标最核心的功能。在布林格的著作中，这部分内容也是最主要的部分。

第一节　顶部模式识别

股价 K 线经过一段时间的上涨后，就会进入顶部区域。大家知道，主力运作股票与普通散户炒股是完全不同的概念，他们的资金量非常庞大，想要安全撤出并非易事。正因如此，当股价进入顶部区域，即主力开始陆续出货时，K 线、技术指标、成交量就会显示出某些特殊的形态。通过识别这些特殊形态，往往能够相对容易地判断股价进入顶部区域。

一、股价 K 线顶部模式

事实上，大部分股价 K 线的顶部都不是一蹴而就的，而是要经过反复的振荡。当然，这种振荡与股价上涨途中的回调有时确实难以区分。主力也是利用了这一点，让投资者误将反转当成回调，待主力出货完毕后，再将散户套于高位。

1. 股价 K 线的顶部特征

筑顶过程一般会经过如图 4-1 所示的过程。

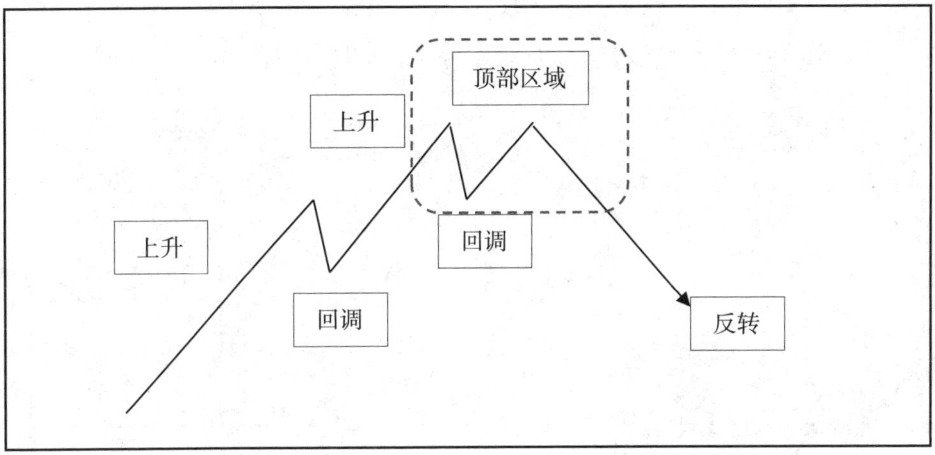

图 4-1　简化版的顶部模式

从图 4-1 中可以看出，股价 K 线上行过程中，都会经历上升，回调，再上升，再回调，直至最后反转的过程。在此期间，一般又会出现以下几个典型特征。

第一，股价上涨势能出现不足。股价 K 线再也不像之前上涨的那么猛烈了，这是多方实力不足的一个标志。

第二，放量滞涨，是顶部与中期回调的显著区别。股价进入顶部区域后，主力的首选目标是出货，因此，在股价振荡过程中，成交量会出现显著放大，股价有时可能会出现小幅上涨，有时甚至是振荡走低的，量价顶背离也多在此阶段出现。

第三，经典顶部形态，如 M 顶、三重顶、头肩顶等形态会频频出现。当然，在顶部形态出现时，投资者也不能用经典形态的走势去对照现实中 K 线的走势。实战中，有些 K 线完成的顶部形态并不标准，有时候甚至是四不像，但仍不妨碍我们对股价进入顶部区域的预判。

第四，不只是成交量，其他技术指标，包括本书所讲的布林线指标，也会在顶部区域形成某些特殊的形态，比如股价 K 线与技术指标出现顶背离等。

2. 借助布林线指标分析 K 线顶部特征

与其他技术指标相似，当股价 K 线进入顶部区域后，布林线指标也会发出异常交易信号，这就为投资者辨识股价顶部提供了重要参考。

下面来看一下古越龙山的日 K 线走势图，如图 4–2 所示。

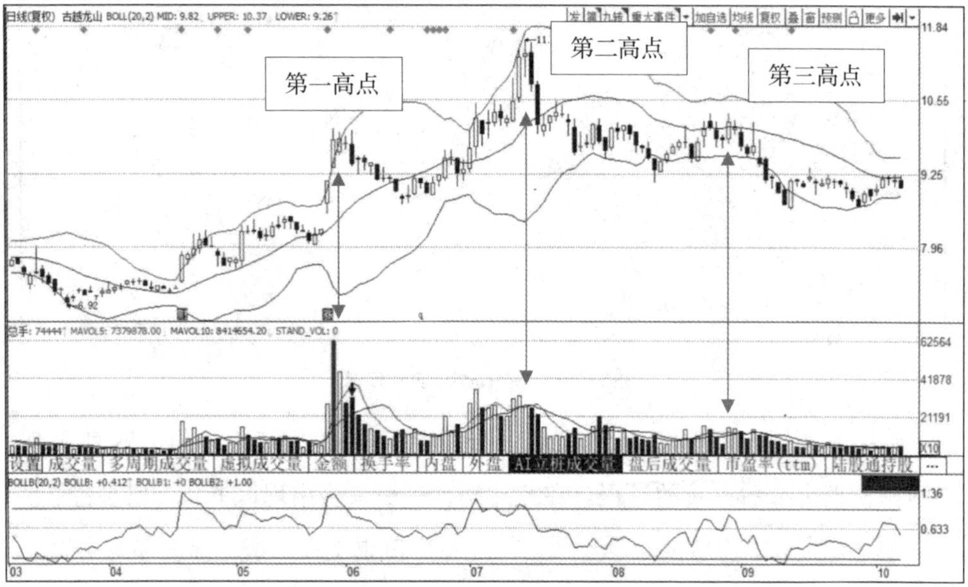

图 4–2　古越龙山（600059）布林线指标走势图

从图 4–2 中可以看出，古越龙山的股价 K 线在 2020 年 5 月到 9 月期间形成了三个明显的短期高点，其中中间的高点明显高于其他两个。从 K 线形态上来看，这属于典型的头肩顶形态。观察布林线指标以及 %B 指标，在 K 线出现头肩顶形态时，也出现了某些比较有代表性的特征。通过对上述典型特征的总结，有利于投资者以后更加准确地判断 K 线顶部区域。

第一，从 K 线三个高点与布林线上轨线的位置关系可以看出，K 线出现第一个高点时，股价 K 线已经收在了上轨线外。第二个高点尽管绝对位置要高于第一个高点，但其却收于布林线上轨线内。第三个 K 线高点尽管绝对位置仍然高于第一个高点，但其连布林线中轨线都没有站稳。也就是说，从与布林线指标的相对位置关系来看，K 线形成的三个高点，其实是一个比一个低的。这也是 K 线进入顶部后，布林线指标显现的一个典型特征。

第二，从 %B 指标来看，K 线三个高点对应的 %B 指标的高点是一个比一个低的，这与之前股价与布林线上轨线之间的位置关系直接关联。同时，%B 指标的走势事实上与股价 K 线形成了明显的顶背离态势，这也是股价 K 线进入顶部区域的一个典型特征。

第三，布林线中轨线出现放平或拐头向下迹象，且布林通道开始由发散转为收缩，这也是股价即将结束上涨趋势的一个典型特征。

总之，投资者通过识别布林线指标上述典型特征，可在股价 K 线没有形成典型的顶部形态时，及早对股价触顶作出预判。

3. 布林线指标顶部特征

在识别股价 K 线顶部模式方面，布林线指标除了与股价 K 线结合分析外，还可以通过布林通道形态判断股价已经筑顶。

下面来看一下光莆股份的案例，如图 4-3 所示。

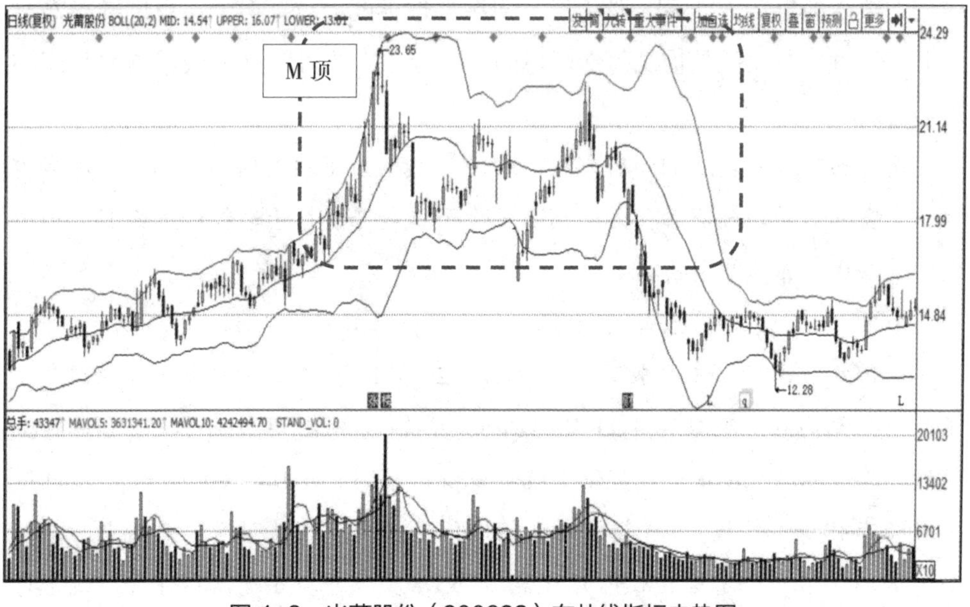

图 4-3　光莆股份（300632）布林线指标走势图

从图 4-3 中可以看出，2019 年年底到 2020 年年初期间，光莆股份的布林通道形成明显的 M 顶形态。事实上，股价 K 线在顶部区域构筑的形态更近似于一个三重顶结构，不过，这个顶部区域构筑的时间相对较长一些。同时，布林通道在走出 M 顶结构时，成交量同步出现萎缩现象。

通过上述案例，可以归纳出以下几点。

第一，布林通道可以像股价 K 线一样走出经典的顶部形态，这些顶部形态在预示股价未来走势方面同样比较准确。

第二，通常情况下，布林通道形成顶部形态持续的时间相对较长，更适合中长线交易者，但不适合短线交易者。

第三，随着布林通道顶部形态构筑完成，成交量一般都会呈现萎缩态势，这属于顶部形态的共同特征。

二、布林线识别 K 线 M 顶模式

通常情况下，经过一段时间的快速上涨后，股价 K 线经常会呈现突破布林线上轨线的走势。此后，股价经过回调整理再度上攻，但无法再度突破布林线上轨线时，往往就是构筑顶部区域的一个标志，此时股价 K 线经常会呈现 M 顶形态。

按照布林线上轨线的分析方法，股价 K 线触及上轨线后出现回落，本身也是一个看跌信号。投资者在无法判断股价 K 线与布林线上轨线的关系时，也可以借助 %B 指标辅助判断。

下面来看一下中公教育的案例。

如图 4-4 所示，中公教育的股价在 2020 年 8 月 11 日和 9 月 4 日分别创下了两个短期高点。观察 8 月 11 日的高点可知，股价 K 线已经突破了布林线上轨线，这一点从 %B 指标的数值上就可以看出。到了 9 月 4 日，股价 K 线却没有触及布林线上轨线，%B 指标的数值远低于 1 线，这说明第二个高点的势能要远远弱于第一个。结合股价 K 线构筑的 M 顶形态，可以预判股价短线下行

将会成为大概率事件。

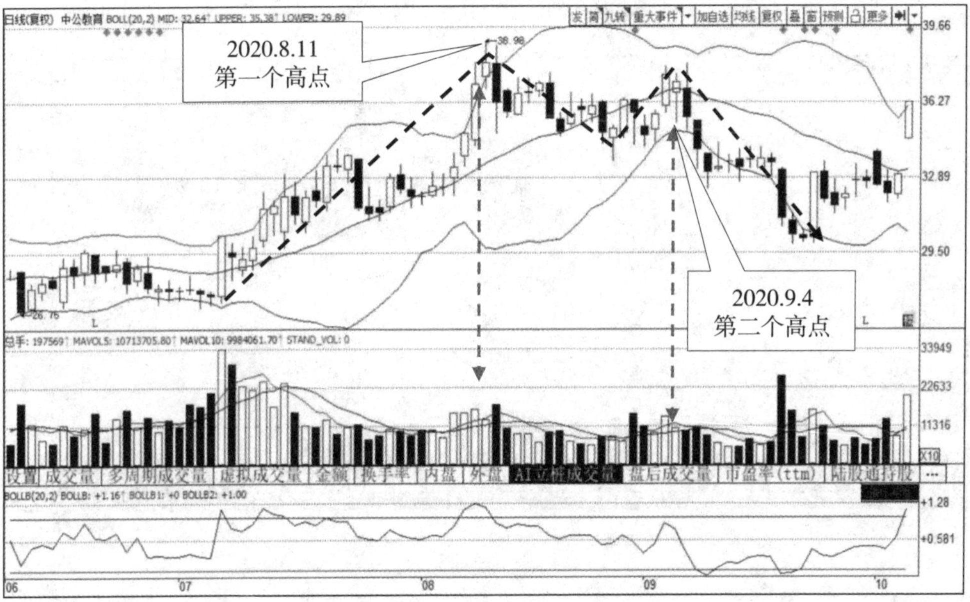

图 4-4　中公教育（002607）布林线指标走势图

三、布林线识别 K 线头肩顶模式

从某种意义上来说，头肩顶形态更像是 M 顶形态的一种扩展。其实，其他很多顶部形态，也可以看成是 M 顶形态的一种变形和延续。因此，在分析这类股价 K 线形态与布林线的关系时，也存在某些相近的地方。

经过一段时间的快速上涨后，股价 K 线经常会呈现突破布林线上轨线的情况。此后，股价经过回调整理再度上攻时，股价 K 线可能已经创下新高，但没有再突破布林线上轨线，从布林线指标的角度（相对高度）来分析，此高点其实并未创新高。此后，股价经历一波调整后再度创出阶段高点，这个高点要低于前一个高点，从布林线指标的角度来看，可能此时股价 K 线连布林线中轨线都没有突破。也就是说，从布林线指标的角度来看，头肩顶的“右肩”本身就是一个没有多大意义的反弹。按照布林线指标的操作要求，当股价自高点回落时，若已经跌破了布林线中轨线，那么投资者就应该离场了。

下面来看一下顺网科技的案例，如图 4–5 所示。

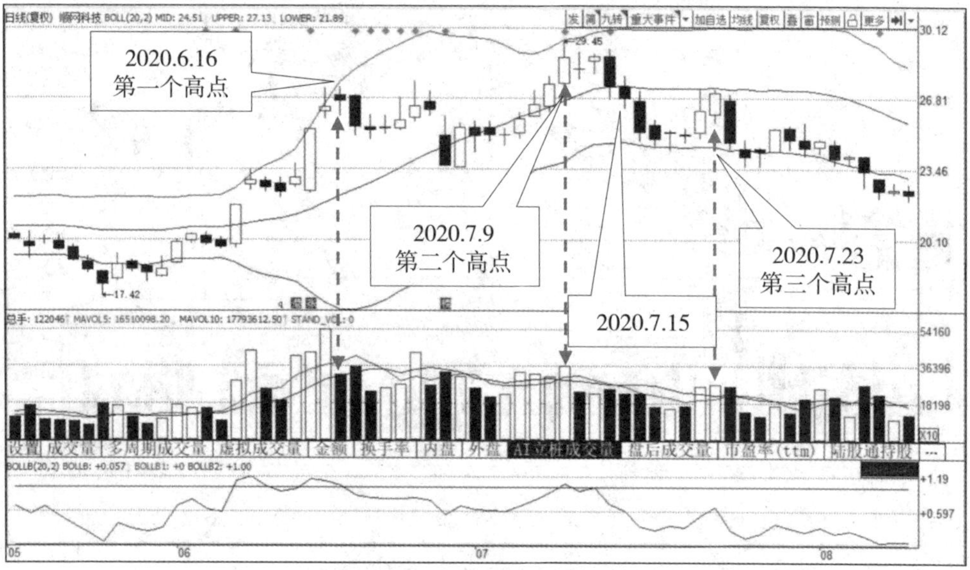

图 4–5　顺网科技（300113）布林线指标走势图

如图 4–5 所示，顺网科技的股价在 2020 年 6 月 16 日、7 月 9 日和 7 月 23 日分别创下了三个短期高点。观察 6 月 16 日的高点可知，股价 K 线一度突破了布林线上轨线，这一点从 %B 指标的数值上就可以看出。7 月 9 日，股价 K 线刚刚触及布林线上轨线就出现了回落，尽管股价 K 线要比 6 月 16 日的高点更高。到了 7 月 23 日，该股股价再次创出一个反弹高点，不过，该高点并未突破布林线中轨线，这属于典型的行情走弱信号，投资者宜卖出手中的股票。

其实，细心的投资者可以发现，顺网科技的股价在 7 月 15 日（创出新高不久）就已经跌破了中轨线，这已经属于看空信号了，保守型投资者此时就应该开始减仓甚至清仓了，无须等到头肩顶的右肩成立后再卖出股票。对此，布林格曾经说过，最理想的模式就是头肩顶的左肩形成时，股价 K 线已经突破了布林线上轨线，而右肩则落于布林线上轨线之内。当然，若股价 K 线落于布林线中轨线之下更佳。

也就是说，通过布林线指标与头肩顶形态结合分析，投资者可以先一步预判股价下跌行情是否启动，有助于锁定投资收益。

第二节　底部模式识别

股价 K 线经过一段时间的下跌后，就会进入底部区域。这个时候，主力往往会开始进场，但其肯定不想让其他投资者发现自己正在进场。正因如此，当股价进入底部区域，即主力开始陆续建仓时，K 线、技术指标、成交量就会显示出某些特殊形态。通过识别这些特殊形态，往往能够较容易地识别股价 K 线的底部形态。

一、股价 K 线底部模式

事实上，大部分股价 K 线形成底部都不是一蹴而就的，而是要经过反复的振荡。待散户对股价上涨已经不再抱有信心时，主力才会启动拉升。当然，这种上涨与股价下跌途中的反弹有时确实难以区分。主力也是利用了这一点，让投资者误把反转当成反弹。主力稍稍拉升股价后反手洗盘，很多投资者就会交出手中的筹码，其后主力才会放心大幅拉升股价。

1. 股价 K 线的底部特征

筑底过程一般会经过如图 4–6 所示的过程。

从图 4–6 中可以看出，股价 K 线下跌过程中，大都会经历下跌，反弹，再下跌，再反弹，直至最后反转的过程。在此期间，一般又会表现出以下几个典型特征。

第一，股价下跌势能出现不足。股价 K 线再也不像之前下跌得那么猛烈了，这是空方实力不足的一个标志。

第二，缩量止跌，是底部与中期反弹的显著区别。股价进入底部区域后，很多投资者不愿意继续卖出手中的股票，主力为了低成本建仓，也不愿意大幅拉升股价，因此，在股价振荡过程中，成交量会出现一定的萎缩，有时股价可能会出现小幅下跌，有时候甚至是振荡走高的，量价底背离也多在此阶段出现。

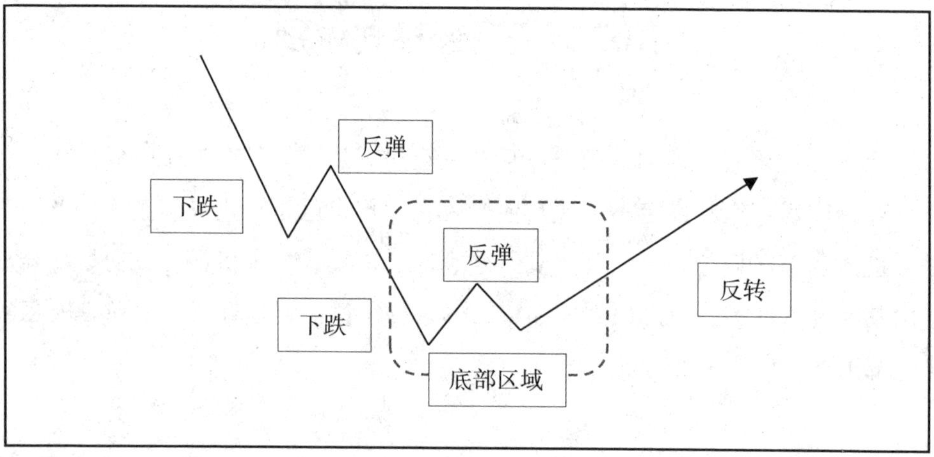

图 4-6　简化版的底部模式

第三，经典底部形态，如 W 底、三重底、头肩底等形态会频频出现。当然，出现底部形态时，投资者也不能用经典形态的走势去对照现实中的 K 线走势。实战中，有些 K 线构筑的底部形态并不标准，有时候甚至是四不像，但仍不妨碍我们对股价进入底部区域的预判。

第四，不只是成交量，其他技术指标，包括本书所讲的布林线指标，也会在底部区域形成某些特殊的形态，比如股价 K 线与技术指标出现底背离等。

2. 借助布林线指标分析 K 线底部特征

与其他技术指标相似，当股价 K 线进入底部区域后，布林线指标也会发出异常交易信号，这就为投资者辨识股价底部提供了重要参考。

下面来看一下通化东宝的日 K 线走势图。

从图 4-7 中可以看出，2020 年 3 月到 4 月期间，通化东宝的股价 K 线形成了两个明显的短期低点，其中第一个低点明显低于另外一个。从 K 线形态上来看，这属于典型的 W 底形态。观察布林线指标以及 %B 指标，在 K 线出现

W 底形态时，也显现了某些比较有代表性的特征。通过对上述典型特征的总结，有利于投资者更加准确地判断 K 线底部区域。

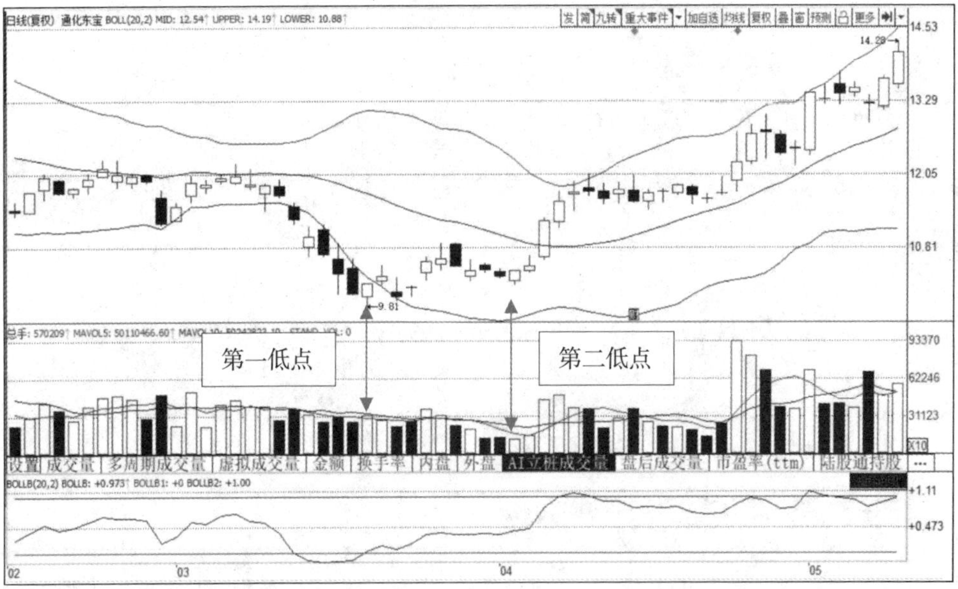

图 4-7　通化东宝（600867）布林线指标走势图

第一，从 K 线两个低点与布林线下轨线的位置关系可以看出，出现第一个低点时，股价 K 线已经收在了下轨线外。第二个低点不仅在位置上要高于第一个，与布林线下轨线的距离也要远远大于第一个，这也是 K 线进入底部后布林线指标呈现的一个典型特征。

第二，从 %B 指标来看，K 线两个低点对应的 %B 指标的低点一个比一个高，这与之前股价与布林线下轨线之间的位置关系直接关联，也是股价 K 线进入底部区域的一个典型特征。有时甚至可能出现股价一个比一个低，%B 指标却一个比一个高的情况，这属于 %B 指标与股价出现了底背离，也是一种股价见底的信号。

第三，布林线中轨线出现放平或拐头向上迹象，且布林通道开始由发散转为收缩，这也是股价即将结束下跌趋势的一个典型特征。

总之，通过识别布林线指标上述典型特征，投资者可在股价 K 线形成典型的底部形态之前，及早对股价触底作出预判。

3. 布林线指标底部特征

在识别股价 K 线底部模式方面，布林线指标除了与股价 K 线结合分析外，还可以通过布林通道形态判断股价是否已经触底。

下面来看一下常熟银行的案例，如图 4–8 所示。

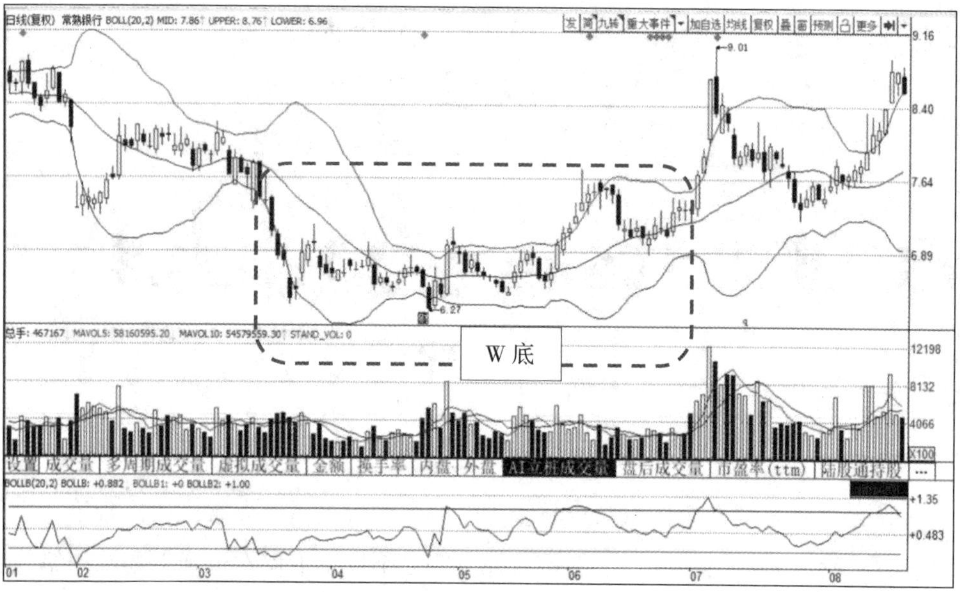

图 4–8　常熟银行（601128）布林线指标走势图

从图 4–8 中可以看出，2019 年年底到 2020 年年初期间，常熟银行的布林通道形成了明显的 W 底形态。事实上，股价 K 线在底部区域构筑的更近似于一个三重底或者头肩底的结构，不过，这个底部区域构筑的时间相对较长一些。同时，在布林通道走出 W 底结构时，成交量同步出现萎缩态势。

通过上述案例，可以归纳出以下几点。

第一，布林通道可以像股价 K 线那样走出经典的底部形态，这些底部形态在预判股价未来走势方面同样比较准确。

第二，通常情况下，布林通道形成的底部形态在时间上相对较长，更适合中长线交易者，不适合短线交易者。

第三，随着布林通道底部形态的完成，成交量一般都会呈现萎缩态势，这属于底部形态的共同特征。

二、布林线识别 W 底模式

通常情况下，经过一段时间的快速下跌后，股价 K 线经常会呈现突破布林线下轨线的走势。此后，股价经过反弹整理再度下跌，无法向下突破布林线下轨线时，往往就是底部区域构筑完成的一个标志，此时，股价 K 线经常会呈现 W 底形态。

按照布林线下轨线的分析方法，股价 K 线触及下轨线后出现反弹，本身就是一个看涨信号。投资者如无法判断股价 K 线与布林线下轨线的相对位置关系时，可以借助 %B 指标辅助判断。

下面来看一下天齐锂业的案例，如图 4–9 所示。

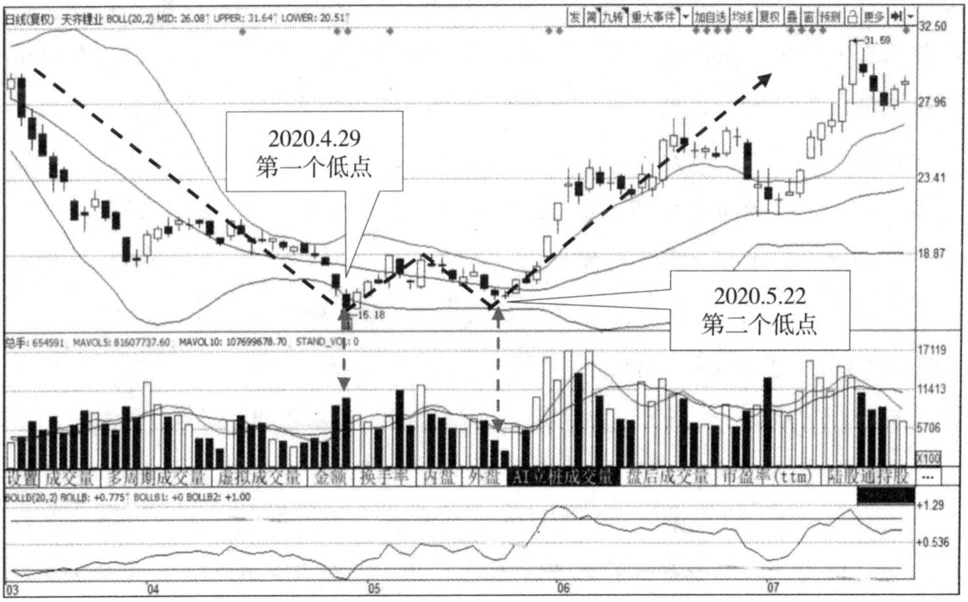

图 4–9　天齐锂业（002466）布林线指标走势图

如图 4-9 所示，天齐锂业的股价在 2020 年 4 月 29 日和 5 月 22 日分别创下了两个短期低点。观察 4 月 29 日的低点可知，股价 K 线已经向下突破了布林线下轨线，这一点从 %B 指标的数值上就可以看出。而到了 5 月 22 日，股价 K 线却没有触及布林线下轨线，%B 指标的数值远高于 0 线，说明下跌势能不足。结合股价 K 线构筑的 W 底形态，可以预判股价短线上行将会是大概率事件。

三、布林线识别头肩底模式

从某种意义上来说，头肩底形态更像是 W 底形态的一种扩展。其实，其他很多底部形态，也可以看成是 W 底形态的一种变形和延续。因此，在分析这类股价 K 线与布林线的关系时，也存在某些相近的地方。

股价经过一段时间的快速下跌后，股价 K 线经常会呈现突破布林线下轨线的情况，此后，股价经过反弹整理再度下跌时，股价 K 线可能已经创下新低，但没有再突破布林线下轨线，从布林线指标的角度（相对高度）来分析，此低点其实并未创新低。此后，股价经历一波调整后，再度创出阶段低点，这个低点要高于前一个低点，从布林线指标的角度来看，可能此时股价 K 线连布林线中轨线都没有跌破。也就是说，从布林线指标的角度来看，头肩底的“右肩”本身就是一个没有多大意义的回调。按照布林线指标的操作要求，当股价自低点启动时，若已经向上突破了布林线中轨线，那么投资者就可以进场了。

下面来看一下嘉化能源的案例。

如图 4-10 所示，嘉化能源的股价在 2020 年 4 月 28 日、5 月 25 日和 6 月 12 日分别创下了 3 个短期低点。观察 4 月 28 日的低点可知，股价 K 线一度跌破了布林线下轨线，这一点从 %B 指标的数值上就可以看出。而到了 5 月 25 日，股价 K 线刚刚触及布林线下轨线就出现了反弹，且股价 K 线要比 4 月 28 日的低点更低。到了 6 月 12 日，该股股价再次创出一个回调低点，不过该低点并未有效跌破布林线中轨线，这属于典型的行情走强信号，投资者宜及早进场建仓该股。

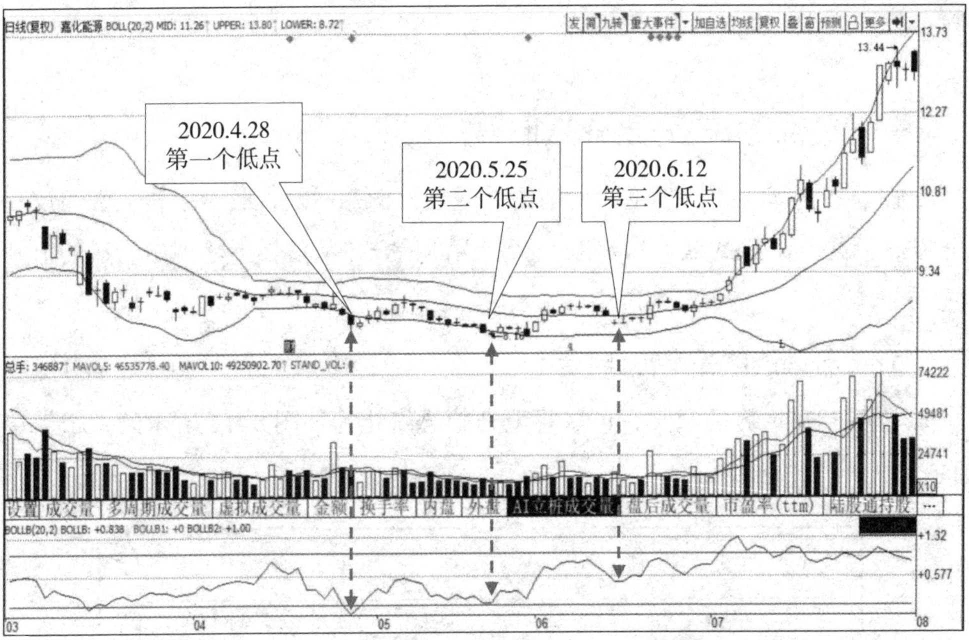

图 4-10　嘉化能源（600273）布林线指标走势图

细心的投资者可以发现，嘉化能源的股价事实上在 5 月 25 日（创出新低不久）就已经向上突破了中轨线，这已经属于看多信号了，激进型投资者此时就可以开始建仓，无须等到头肩顶的右肩成立后再买入股票。此后，若股价 K 线落于布林线中轨线之上更佳。

也就是说，通过布林线指标与头肩底形态结合分析，投资者可以先一步预判股价上涨行情启动，有助于锁定投资收益。

第三节　价格运行趋势识别

按照基本的趋势交易理论来说，股价运行趋势主要分为三类：上升趋势、下降趋势和横向趋势。由于横向趋势很少出现，且持续时间较短，未来一定会演变为上升趋势或下降趋势，因此，在分析价格运动趋势时，以上升趋势和下降趋势为主。

一、股价基本运行趋势：上升趋势

按照查尔斯·道的理论，所谓的上升趋势，并不是说股价一直上涨而没有下跌，而是其下跌的低点和上涨的高点逐渐抬升，从整体上呈现出明显的上升态势。

1. 上升趋势的基本特征

按照上升趋势的定义，可以将上升趋势简化为如图 4-11 所示的一个简单的模式。

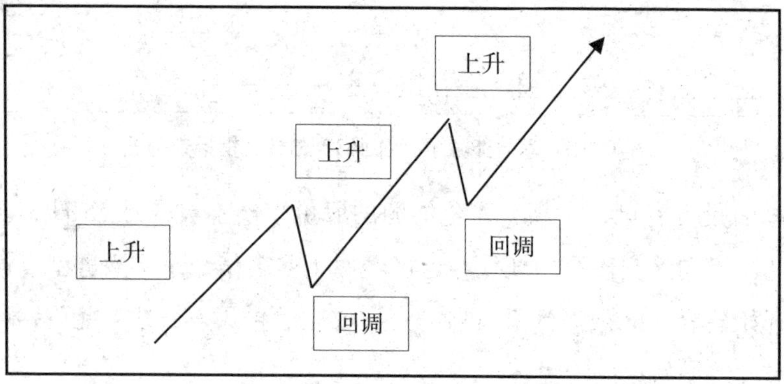

图 4-11　上升趋势简化模式

从图 4-11 中可以看出，一个完整的上升趋势中，包含了若干次上升与回调，且每次上升都会将股价推向更高的高点，在股价回调时，一般不会跌破上一次回调的低点。

上升趋势存在这种基本的结构，往往有其必然的原因。

第一，当股价出现一定幅度的上涨后，很多持股者由于要兑现已经获得的利润，便会选择卖出部分或全部股票，因此，在股价上涨一段时间之后，股价回调是不可避免的。

第二，股价自高点回调时，很多之前错过该股的投资者就会在股价回调至一定点位后纷纷入场建仓，从而推动股价重新上涨。

第三，投资者的心理作用与股价运行趋势往往是相辅相成的。越来越多的投资者认可了股价的上升趋势，那么股价的上涨就会更快，回调则会更加短促，因为很多场外的投资者都会担心抢不到廉价的筹码。

第四，由于投资者的心理作用和先前很多未成交买盘的存在，使得处于上升趋势中的股价在回调至某一重要支撑位时，往往更容易受到支撑转而重新上升。

2. 借助布林线指标分析上升趋势

与其他技术指标相似，当股价 K 线进入上升趋势后，布林线指标也会发出顺势交易的信号，这就为投资者辨识股价运行趋势提供了重要的参考。

下面以法拉电子为例进行讲解，如图 4–12 所示。

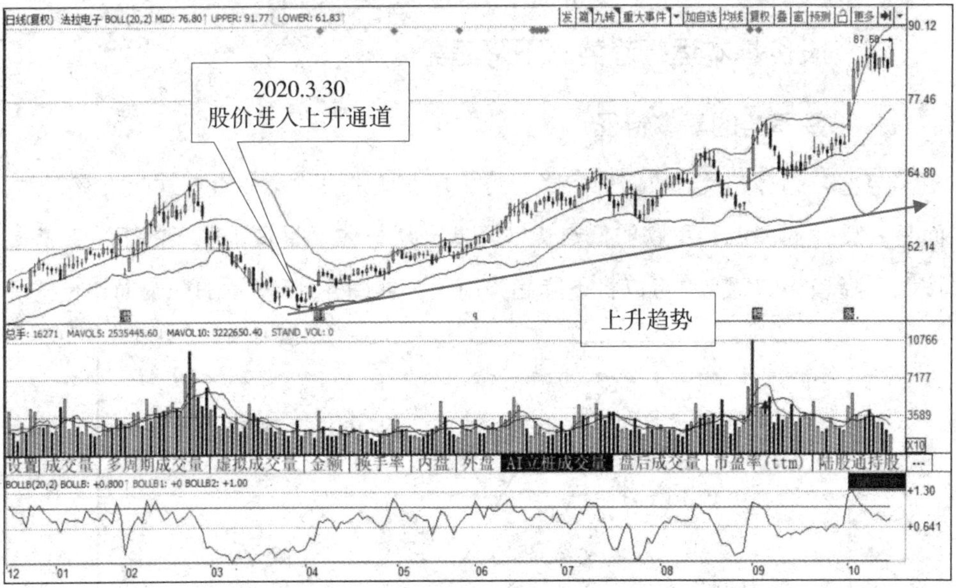

图 4–12　法拉电子（600563）布林线指标走势图

从图 4–12 中可以看出，股价 K 线大部分时间都在中轨线与上轨线之间的区域运行，股价在振荡上升过程中可能会触及上轨线，但并不能作为卖出信号。同时，根据股价 K 线与布林通道之间的关系，可以总结出以下几个特征。

第一，股价沿着布林通道振荡上行，且通道方向向右上方倾斜，这是股价处于上升趋势的最显著特征。

第二，在股价振荡上行过程中，当触及布林线上轨线时，投资者不应将其看成是卖出信号，除非有其他卖出信号出现。

第三，股价处于中轨线上方，但出现顶部形态（如 M 顶、头肩顶）时，若股价 K 线没有跌破中轨线，则不宜将其看成是趋势反转信号。只有股价跌破了中轨线，甚至是中轨线已经开始拐头向下了，才能认定顶部成立。

第四，通常情况下，随着股价进入高位，其振荡幅度很可能会加大，布林通道的喇叭口也会越来越大，这往往属于股价进入快速上涨阶段的信号，也是股价上升趋势即将结束的信号。当有明确的趋势反转信号出现时，投资者就可以执行卖出操作了。

二、股价基本运行趋势：下降趋势

1. 下降趋势的基本特征

与上升趋势相反，所谓的下降趋势，并不是说股价会一直下跌而没有上涨，而是其反弹的高点和下跌的低点逐渐降低，从整体上呈现出明显的下降态势。按照下降趋势的定义，可以将下降趋势简化为如图 4-13 所示的一个简单模式。

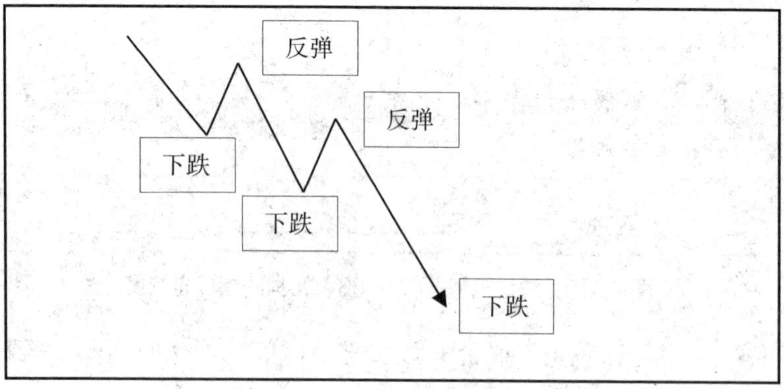

图 4-13　下降趋势简化模式

从图 4-13 中可以看出，一个完整的下降趋势中，包含了若干次的下跌与反弹，且每次下跌都会将股价推向更低的低点，股价反弹时，一般不会突破上一次反弹的高点。

下降趋势存在这种基本结构，往往也有其必然的原因。

第一，当股价出现一定幅度的下跌后，很多持币者将当前价位看成是理想的入场点（毕竟与下跌起始点位相比已经有了较大的跌幅），于是纷纷入场买入股票，促使股价出现了反弹向上的走势。

第二，股价自低点反弹时，很多之前没有卖出该股的投资者，就会在股价反弹至一定点位后抛出手中的筹码，从而推动股价重新下跌。

第三，投资者的心理作用与股价运行趋势往往是相辅相成的。越来越多的投资者认可了股价的下跌趋势，那么股价的下跌速度就会更快，反弹则会更加短促。很多场外的投资者都会担心股价难以形成反弹或上升走势，就会选择持币观望，其实这也是熊市持续的时间往往长于牛市的原因所在。

第四，由于投资者的心理作用和先前很多套牢盘的存在，使得处于下跌趋势中的股价反弹至某一重要阻力位时，更容易因受到阻力转而重新下跌。

2. 借助布林线指标分析下行趋势

与其他技术指标相似，当股价进入下行趋势后，布林线指标也会发出异常交易信号，这就为投资者辨别下降趋势以及趋势终结提供了参考。

下面来看一下康恩贝的案例。从图 4-14 中可以看出，在下降趋势中，股价 K 线大部分时间都在中轨线与下轨线之间的区域运行，股价在振荡过程中可能会触及下轨线，但并不能作为买入信号。

根据股价 K 线与布林通道之间的关系，可以总结出下降趋势以下几点特征。

第一，股价沿着布林通道振荡下行，且通道方向向右下方倾斜，这是股价处于下跌趋势的最显著特征。

第二，股价振荡下行过程中，触及布林线下轨线时，投资者不应将其看成是买入信号，除非有其他买入信号出现。

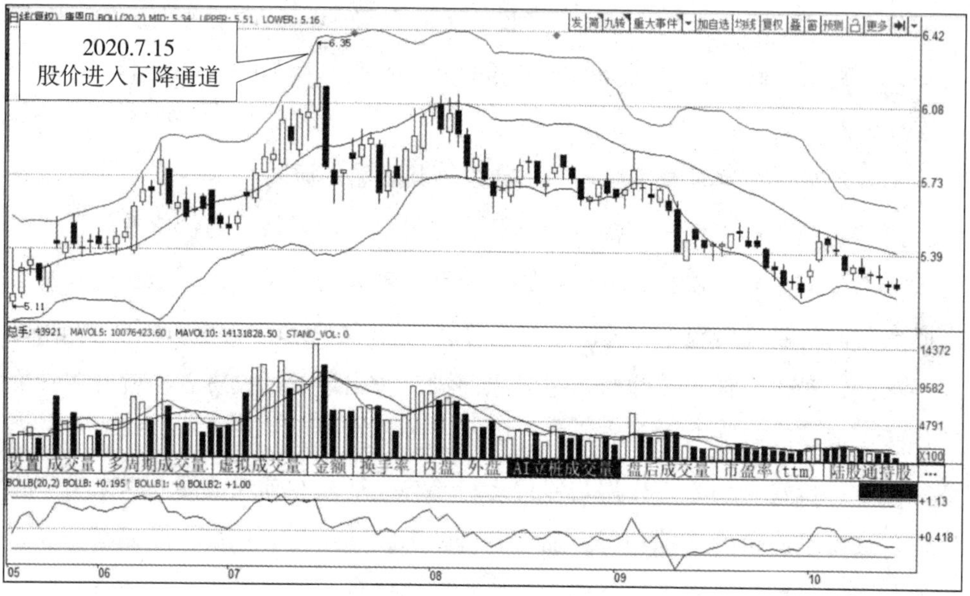

图 4-14　康恩贝（600572）布林线指标走势图

第三，股价处于中轨线下方，但出现底部形态（如 W 底、头肩底）时，若股价没有突破中轨线，则不宜将其看成是趋势反转信号。只有股价向上突破了中轨线，甚至是中轨线已经开始拐头向上了，才能认定底部成立。

第四，通常情况下，随着股价进入低位，其振荡幅度很可能会减小，布林通道的喇叭口也会越来越小，这往往属于股价进入筑底阶段的信号，也是股价下降趋势即将结束的信号。当有明确的趋势反转信号出现时，投资者就可以执行买入操作了。

第五章

短线追涨——布林线上轨线战法

通过前面的介绍，大家对布林线的特征应该已经有所了解。从本质上来说，布林线上轨线就是一条对股价波动上限进行界定的标尺，但在实战中，却经常成为短线交易者判断股价短线暴涨启动的重要依据。

第一节　上轨线追涨基础战术

上轨线追涨战术，是指股价依托布林线上轨线短线展开一波大幅上涨行情，通常情况下，当股价突破布林线上轨线后，意味着股价进入高风险区域，但这种高风险往往也伴随着高收益，对于短线交易者来说，这个阶段往往是博取短线收益的最佳时刻。

从布林线的设计角度来看，上轨线本身只是一条界定股价波动上限的曲线。正常情况下，股价都应该在该范围内波动。不过，当股价突破布林线上轨线，则意味着股价短线已经进入了一个快速上涨的阶段，这也是很多短线交易者喜欢追涨这类股票的原因所在。同时，由于股价的运行存在惯性，因而，当股价进入快速上升通道后，这种上涨趋势还能持续若干个交易日，这就为短线交易者赢得了足够的交易时间和空间。

如图 5-1 所示，金种子酒的股价在 2020 年 6 月 23 日向上突破了布林线上轨线，此后，该股股价出现了连续上攻走势。

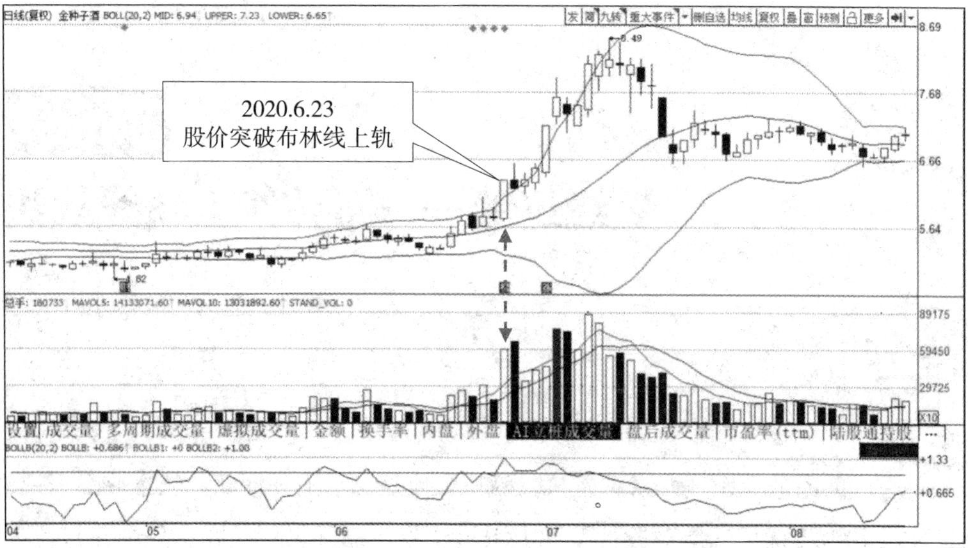

图 5-1　金种子酒（600199）布林线指标走势图

结合该股 K 线、成交量形态，可以对股价沿布林线上轨线运行的一些特点进行分析。

第一，股价向上突破上轨线，当然，有时也可能没有完成对上轨线的突破，但股价沿布林线上轨线运行是其最显著的特征。

第二，随着股价的上攻，布林通道的喇叭口会越来越大，这是股价波动范围扩大的一个典型特征，也是股价启动上升的典型特征。

第三，随着股价向上突破布林线上轨线，成交量放大也是一个典型特征，量价齐升才是股价上攻的保障。

第四，与其他技术指标组合分析，投资者可能会发现，很多具有超买超卖功能的技术指标此时可能会发出超买信号，这也是股价进入强势运行区间的一个典型特征。

一、股价翻身上攻突破上轨线

股价翻身突破，是指股价从下跌（或假跌）状态突然转为强势上攻状态的一种形态，这是黑马股启动上涨行情的一种常见运行态势。很多投资者还没有从股价下行的态势中回过神来，股价已经进入了强势上攻区间。如图 5–2 所示。

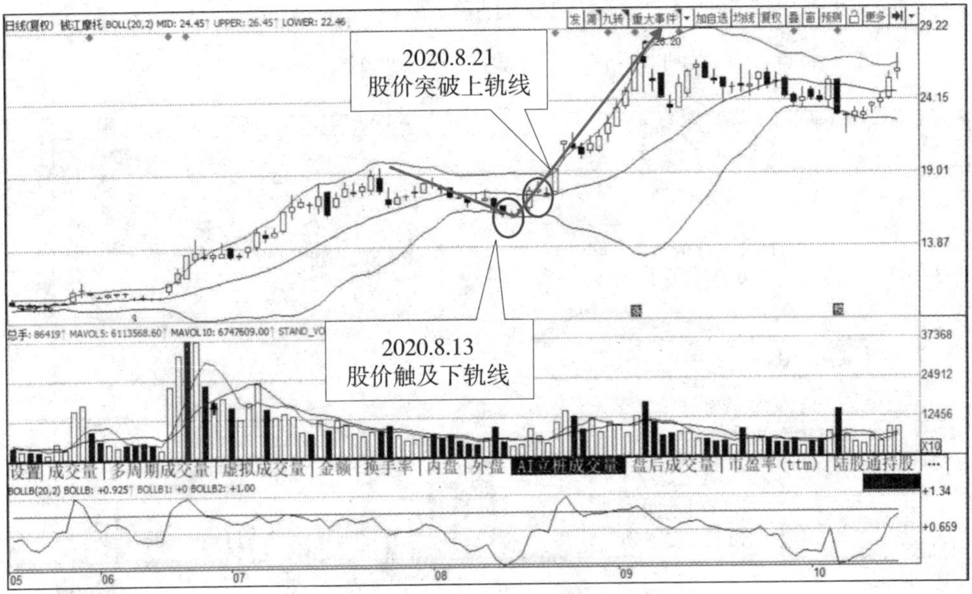

图 5–2　股价翻身上攻突破上轨线形态

从图 5–2 中股价 K 线与布林线之间的位置关系，可以看出如下几个特征。

第一，股价经过一段时间的横向盘整后，出现了一波下行走势，给人一种即将向下突破的感觉。股价 K 线甚至已经触及了布林线下轨线，这是典型的行情转弱信号，投资者是不应该入场的。

第二，当投资者对走势不抱希望时，股价突然反向上攻，连续向上突破布林线中轨线和上轨线，强势特征一览无余。

第三，当股价反向上攻后，布林通道的喇叭口迅速放大，这也是股价进入高波动区间的一个显著特征。

第四，股价 K 线从下轨线到突破上轨线所用的时间非常短（一般在 5 个交易日以内），也是这类股票走势的一个典型特征。若持续时间过长，则无法体现股价短线运行的强势。

第五，从成交量方面来看，当股价向上突破时，成交量出现了明显放大，这也是股价进入上行通道的显著特征。

基于以上判断，投资者可在股价向上突破中轨线时建仓买入，激进型的短线交易者可以在股价向上突破上轨线时进行加仓。

下面再来看一下皮阿诺的案例，如图 5-3 所示。

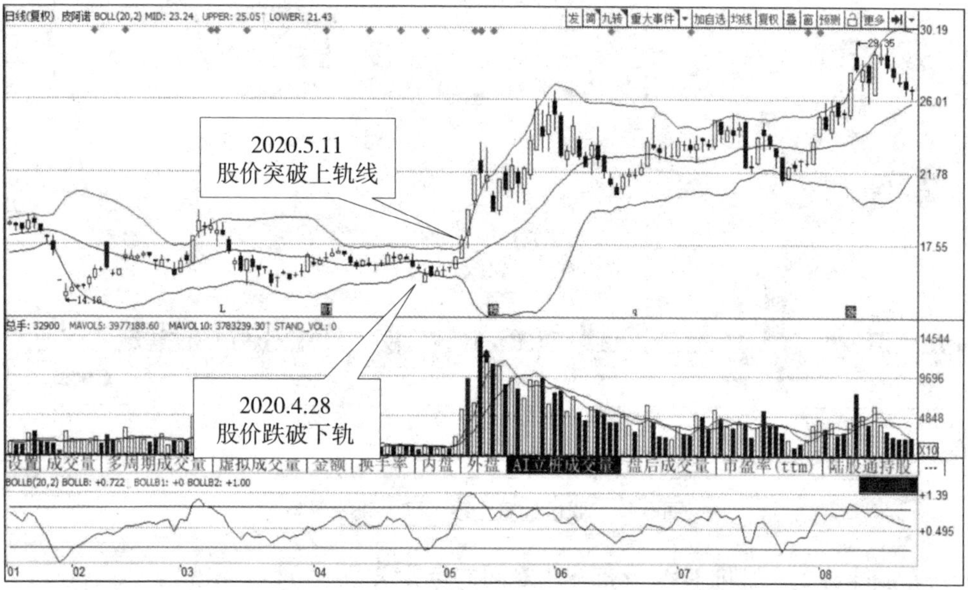

图 5-3　皮阿诺（002853）布林线指标走势图

如图 5-3 所示，2020 年 2 月到 4 月期间，皮阿诺的股价出现了一波振荡盘整走势。该股在股价振荡过程中，布林通道的喇叭口越来越窄，说明股价波动幅度越来越小，正在选择未来的突破方向，投资者宜密切关注该股其后的走势。

2020 年 4 月下旬，该股股价出现了下跌走势。4 月 28 日，该股股价更是跌破了布林线的下轨线，弱势尽显，给人一种股价即将启动快速下跌的感觉。与此同时，该股成交量出现了连续萎缩态势。

其后，该股股价振荡回升，在回到布林线下轨之上后，很快向上突破了布林线中轨线。5 月 11 日，该股股价更是向上突破了布林线上轨线，强势股特征开始显现。观察布林通道可知，此时布林通道的喇叭口开始放大，且成交量也同步放大。以上诸多信号都说明该股即将进入快速上升通道，激进型短线交易者可迅速入场买入该股。当然，由于此时该股股价已经向上突破上轨线，因此，投资者宜保持合理仓位，控制风险。

此后，该股股价沿布林线上轨线运行，投资者可在股价回归布林通道内部时减仓，并在股价跌破布林线中轨线时清仓。

二、股价脚踩上轨线上行

在布林线指标体系中，股价 K 线向上突破布林线上轨线，是一个重要的信号，表明股价进入强势上攻区间。此后，若股价能够脚踩上轨线上行，说明股价处于强势上攻状态，很多短线牛股都具备这一典型的特征。如图 5-4 所示。

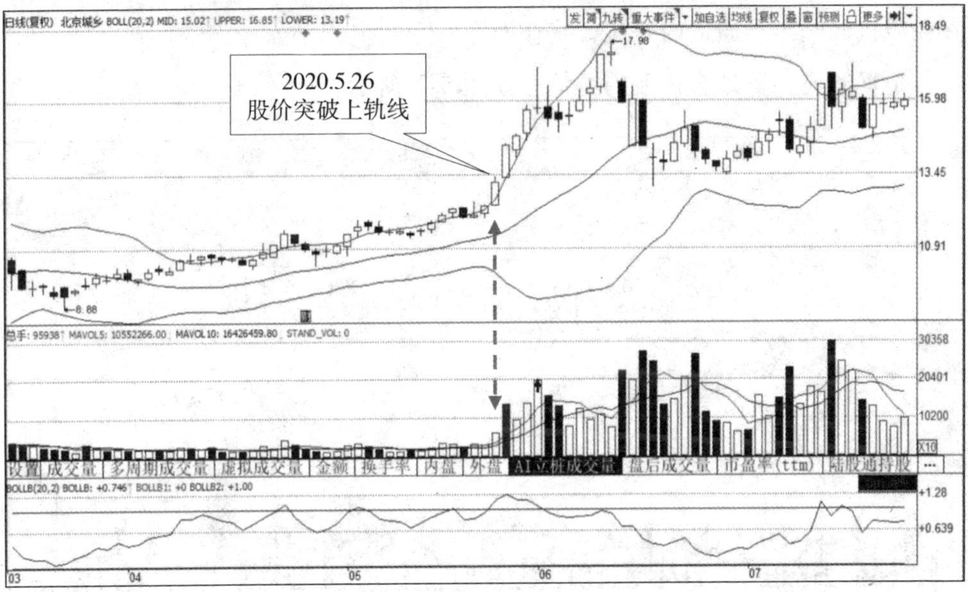

图 5-4　股价脚踩上轨线形态

从图 5-4 中股价 K 线与布林线之间的位置关系，可以看出如下几个特征。

第一，股价经过一段时间的振荡上升后，出现了加速上攻态势。从 K 线形态上来看，这属于典型的慢牛加速形态，因为股价的上涨趋势非常明显。

第二，股价 K 线突破布林线上轨线之前，已经在很长时间内保持了沿上轨线运行的态势，这本身也是一种强烈的看涨信号。5 月 26 日股价对上轨线的突破，只是股价短线冲锋的一个信号。

第三，当股价加速上攻后，布林通道喇叭口迅速放大，这也是股价进入高波动区间的一个显著特征。

第四，从成交量方面来看，当股价向上突破时，成交量出现了明显放大，这也是股价进入上行通道的显著特征。

第五，股价脚踩布林线上轨线固然是走势强势的重要特征，但也很可能属于最后的疯狂上涨阶段。一旦股价重回布林通道内部，则很可能会出现一波调整，甚至是趋势反转。

基于以上判断，激进型短线交易者可以在股价向上突破上轨线时入场追涨，并在股价回归布林通道内时执行减仓操作。

下面来看一下紫金矿业的案例，如图 5–5 所示。

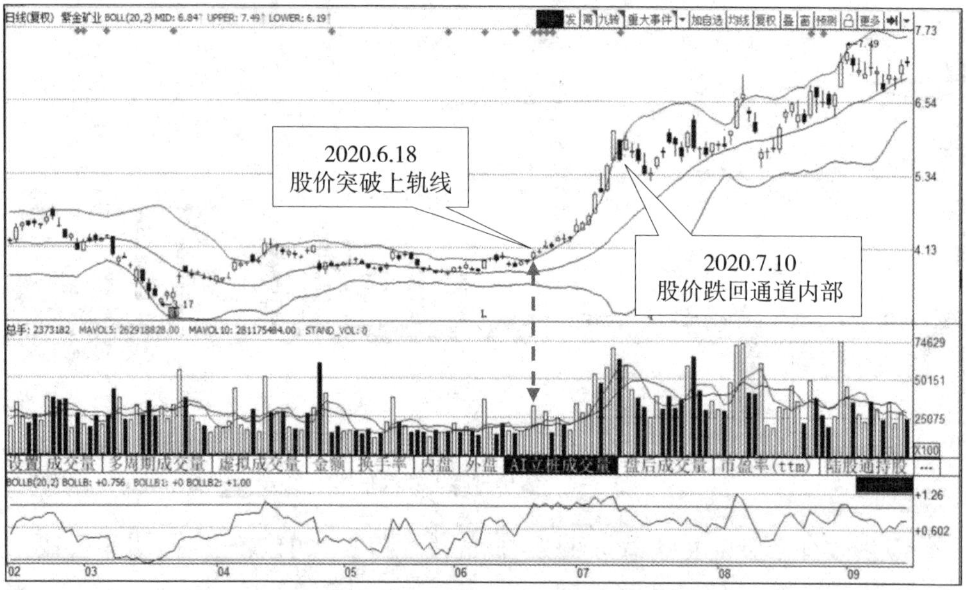

图 5–5　紫金矿业（601899）布林线指标走势图

如图 5–5 所示，2020 年 4 月到 6 月期间，紫金矿业的股价出现了一波横向盘整走势。在股价振荡过程中，布林通道的喇叭口越来越窄，说明股价波动幅度越来越小，正在选择未来的突破方向，投资者宜密切关注该股其后的走势。

2020 年 6 月 18 日，该股股价在前几个交易日振荡上行的基础上再度上攻，并顺利突破布林线上轨线，说明股价进入了快速上涨区间。观察当日的成交量可知，当日成交量明显放大，这也是股价即将启动大幅上攻的迹象。

此后，该股股价一直脚踩布林线上轨线（从 %B 指标线的走势可以更加清晰地看出股价与布林线上轨的位置关系）运行，这是典型的持续强势信号，持股投资者只需持股待涨。

7 月 10 日，紫金矿业的股价正式跌回布林通道内部，投资者可考虑适当减仓。若其后股价跌破中轨，则宜清仓。

三、中轨线支撑再破上轨线

强势股自有强势股的走法。股价自下而上突破中轨线，说明股价已经开始显露出走强的迹象，其后股价出现回调，且在回调至中轨线位置时受到中轨线支撑转而重新上攻，并且进一步突破了布林线上轨线，标志着股价进入了强势上攻周期。如图 5-6 所示。

从图 5-6 中股价 K 线与布林线之间的位置关系，可以看出如下几个特征。

第一，股价突破中轨线后经过了一段时间的振荡回调，回调过程中成交量出现了萎缩态势，这是调整的基本属性。

第二，股价 K 线回调至中轨线位置时，因受中轨线的支撑转而重新上攻，这属于典型的股价走强信号。

第三，股价获得中轨线支撑后不久，就向上突破了上轨线，意味着股价进入强势上涨区间，激进型短线交易者可入场建仓。

第四，当股价加速上攻时，布林通道的喇叭口迅速放大，这也是股价进入高波动区间的一个显著特征。

第五，从成交量方面来看，当股价向上突破时，成交量出现了明显放大，这也是股价进入上行通道的显著特征。

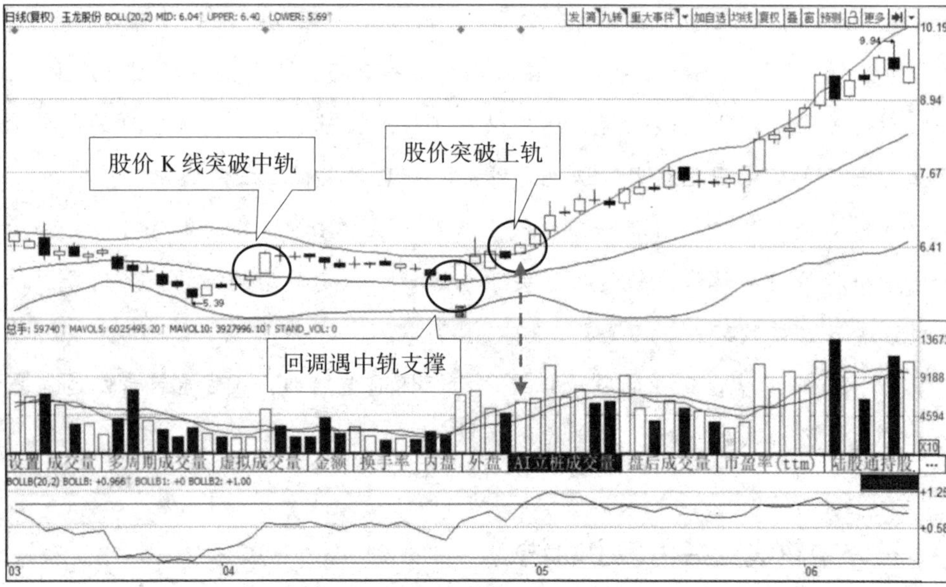

图 5-6　股价突破并回踩中轨线后突破上轨线形态

基于以上判断，激进型短线交易者可以在股价向上突破上轨线时入场追涨，并在股价重新回到布林通道内部时择机减仓。

下面再来看一下江苏租赁的案例。

如图 5-7 所示，2020 年 4 月到 6 月期间，江苏租赁的股价出现了一波振荡盘整走势。在股价振荡过程中，布林通道的喇叭口越来越窄，说明股价波动幅度越来越小，正在选择未来的突破方向，投资者宜密切关注该股其后的走势。

2020 年 6 月 18 日，该股股价向上突破了布林线中轨线，这是一个股价转强的信号。不过，鉴于此时布林通道的喇叭口还处于收缩状态，投资者可少量建仓。

其后，该股股价出现了调整走势。6 月 30 日，江苏租赁的股价回调至布林线中轨线时，因受中轨线的支撑转而重新上攻，并于 7 月 2 日向上突破了布林线上轨线，标志着股价已经转入强势上攻状态。

观察布林通道可知，此时布林通道的喇叭口开始放大，成交量也同步放大，以上诸多信号都说明该股已经进入快速上升通道，激进型短线交易者可迅速入场买入该股。

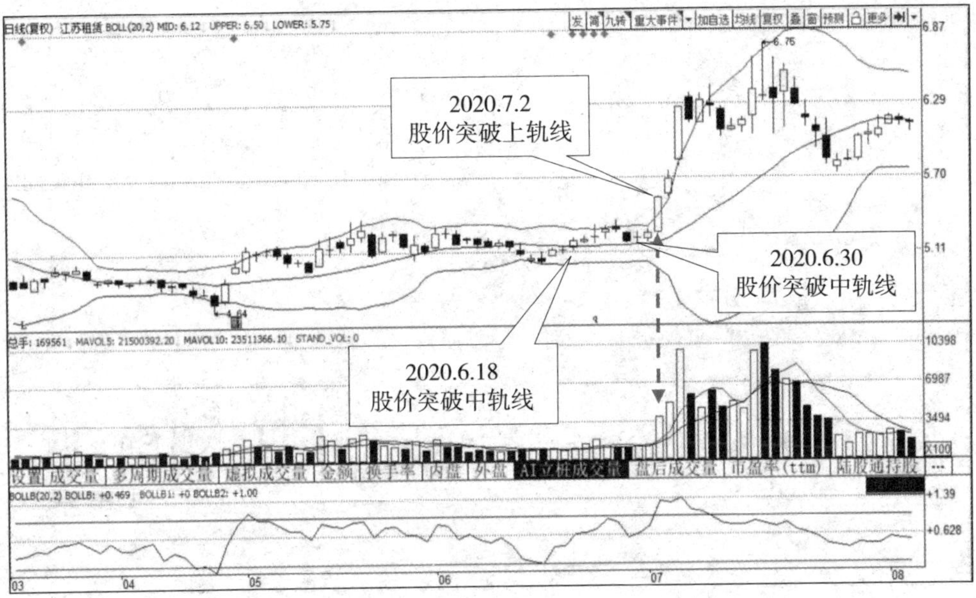

图 5-7　江苏租赁（600901）布林线指标走势图

四、股价沿上轨线上行

从上面几个交易技巧的介绍中，可以发现这样一个规律：股价向上突破布林线上轨线后，涨势固然非常猛，但却难以持久。相反，有时股价没有突破布林线上轨线，只是紧贴着上轨线运行，其涨势非常持久，涨幅也相当可观。如图 5-8 所示。

从图 5-8 中股价 K 线与布林线之间的位置关系，可以看出如下几个特征。

第一，股价触及上轨线后并没有继续向上突破上轨线，也没有出现明显的回调，而是一直紧贴着上轨线运行。

第二，在股价上涨过程中，布林通道的喇叭口迅速放大，这也是股价进入高波动区间的一个显著特征。

第三，从成交量方面来看，当股价向上突破时，成交量出现了明显放大，这也是股价进入上行通道的显著特征。

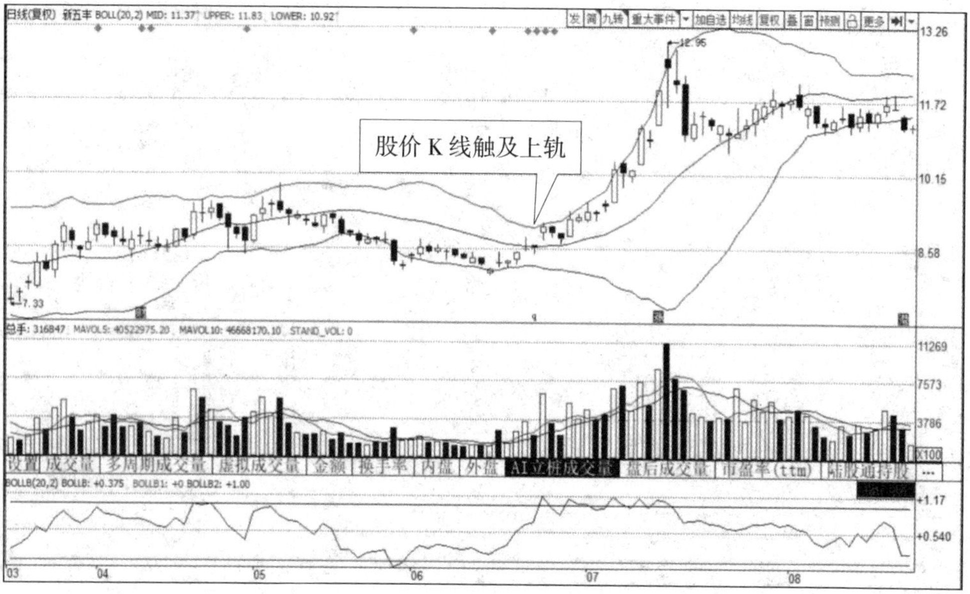

图 5-8 股价沿上轨线运行

第四，股价 K 线若向上急速突破上轨线，意味着股价有加速上行的可能；反之，若股价向下跌破中轨线，则意味着股价上行趋势有可能终结。

基于以上判断，短线交易者可以在股价触及上轨线且没有回调迹象时入场追涨，并在股价跌破中轨线时清仓。需要注意一点，在股价沿上轨线运行过程中，短暂地突破上轨线后又重新回归上轨线内，并不影响对该走势的研判。

下面来看一下海天精工的案例。

如图 5-9 所示，2020 年 4 月到 6 月期间，海天精工的股价出现了一波振荡盘整走势。在股价振荡过程中，布林通道的喇叭口越来越窄，说明股价波动幅度越来越小，正在选择未来的突破方向，投资者宜密切关注该股其后的走势。

7 月初，该股股价经过几个交易日的上涨后，于 7 月 6 日来到了布林线上轨线附近，甚至短暂地突破了上轨线，但很快又回到上轨线下方，开始沿上轨线上行。

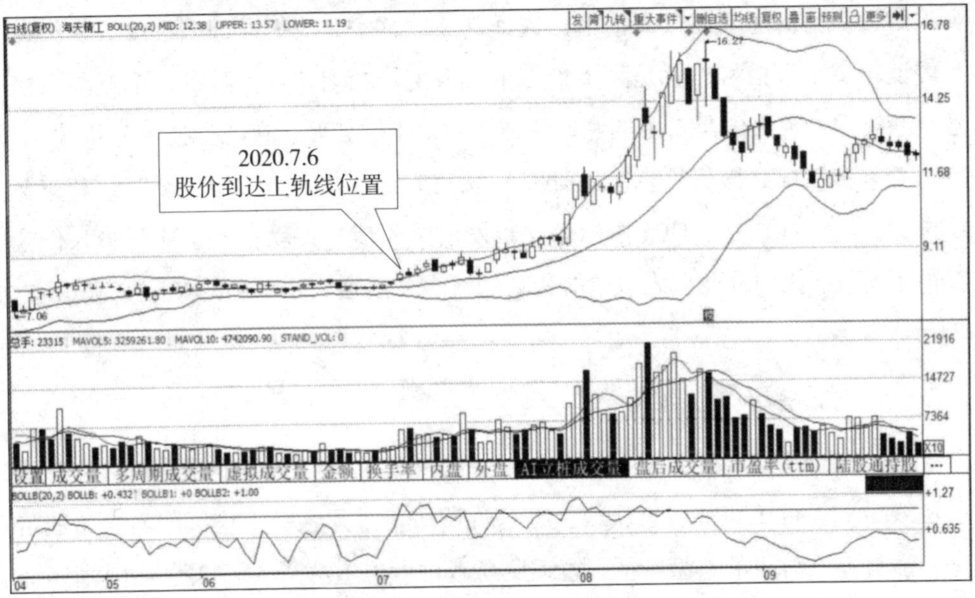

图 5-9　海天精工（601882）布林线指标走势图

其后，该股股价出现了调整走势。不过，股价在调整时也没有跌破布林线的中轨线，这也是股价能够持续走强的信号。此后，该股股价重新沿布林线上轨线上行。

观察布林通道可知，此时布林通道的喇叭口开始放大，成交量也同步放大，以上诸多信号都说明该股已经进入上升通道，短线交易者可跟进买入该股。

第二节　布林线短线擒龙战术

从前面上轨线追涨战术的讲解中可以看出，股价 K 线向上突破布林线上轨线是股价进入短线强势趋势的显著特征。不过，实战中，短线强势股在产生高收益的同时，也伴随着高风险，通过引入其他分析技术或方法来佐证基础判断，可以提升买入信号的有效性。

关于这一点，很多投资者都曾经有过这样的疑问，单一指标本身就能发出买入信号，为何还要通过其他指标佐证判断？其实，我们通过多维度、多指标去佐证一个买入信号，就是为了给这个买入信号加上“双保险”，毕竟买入信号判断错误，损失的是自己的“血汗钱”。也正因如此，在证券技术分析领域，特别看重多指标共振信号。比如股价 K 线完成对重要阻力位的突破时，若布林线指标、MACD 指标、KDJ 指标等同步发出买入信号，就相当于这一买入信号获得了增强，我们据此买入股票，获利的概率要远远大于单独的 K 线突破信号。

一、跳空突破上轨线

股价运行于布林线上轨线下方，某一交易日股价 K 线向上跳空越过布林线上轨线后，运行于布林线上轨线上方，说明股价进入强势上攻区间。这是股价进入强势上升阶段的典型特征，短线交易者可考虑追涨买入。如图 5-10 所示。

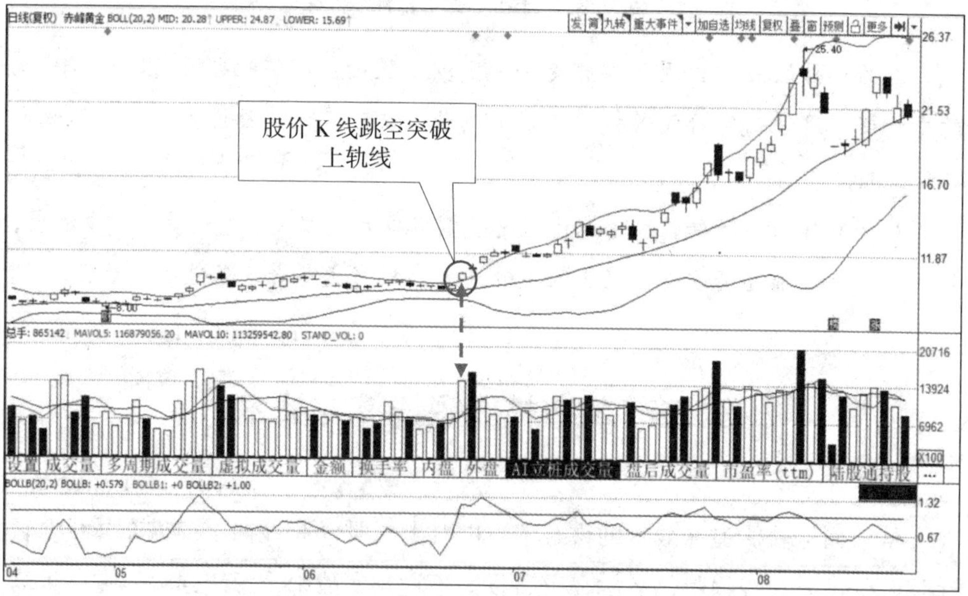

图 5-10　跳空突破上轨线

从图 5-10 中股价 K 线与布林线之间的位置关系，可以看出如下几个特征。

第一，股价先是在布林线上轨线下方运行，某一交易日股价跳空向上，越过了布林线上轨线，股价 K 线与前一日 K 线之间有明显的跳空缺口。

第二，股价跳空之前，并未出现明显的上行趋势，布林通道出现了明显萎缩，且布林通道的喇叭口逐渐收缩，这是股价正在选择突破方向的一种走势。布林通道的喇叭口越窄，未来启动上涨后爆发力越强。

第三，从成交量方面来看，当股价向上突破时，成交量出现了明显放大，这也是股价进入上行通道的显著特征。

第四，股价 K 线跳空突破之后，若能够站稳在布林线上轨线之上，则可认定突破有效，短线交易者可追涨入场。

下面来看一下长城汽车的案例，如图 5-11 所示。

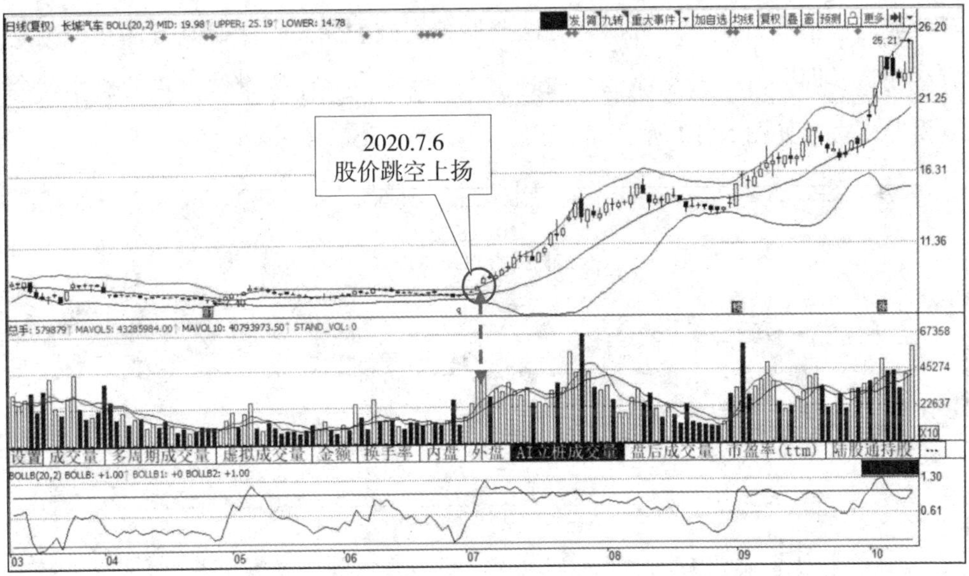

图 5-11 长城汽车（601633）布林线指标走势图

如图 5-11 所示，2020 年 4 月到 6 月期间，长城汽车的股价出现了一波振荡盘整走势。在股价振荡过程中，布林通道的喇叭口越来越窄，说明股价波动幅度越来越小，正在选择未来的突破方向。特别是进入 7 月份之后，布林通道的喇叭口越来越窄，说明股价一旦选定突破方向，波动幅度将会非常的大。

7月初，该股股价经过前几个交易日的上涨后，来到了布林线上轨线附近。7月6日，该股股价放量跳空向上突破了布林线上轨线。与此同时，布林通道的喇叭口开始放大，这属于典型的股价起涨信号。

此后，该股股价重新沿布林线上轨线上行，投资者可在股价完成跳空上扬之后追涨买入该股。

二、上轨线突破前高

布林线的上轨线会因股价波动幅度的放大而向上运行，同理，当股价经过一波上涨后出现回调，布林线的上轨线势必也会随之回撤。其后，股价再度上行，布林线上轨线也会随之上扬，若上轨线突破前期高点，则意味着股价可能迎来新一波短线上攻行情。这种研判方法与股价突破前期高点的研判方法在理论上有些相似，即股价上升动能已经超越了上一次，那么未来继续上攻的概率就会变得非常大。如图5-12所示。

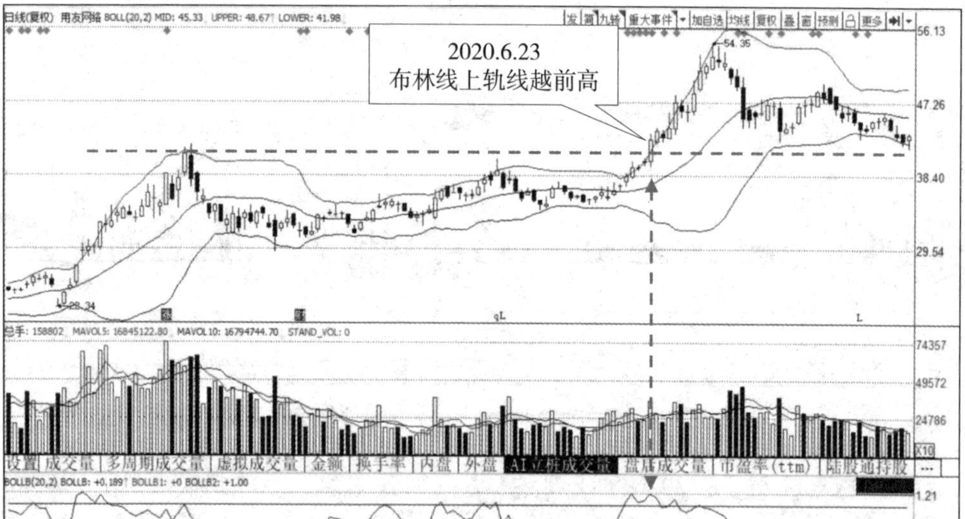

图5-12 布林线上轨线越前高

从图 5-12 中股价 K 线与布林线之间的位置关系，可以看出如下几个特征。

第一，股价创出前期高点之后出现调整，当布林线上轨线突破前期高点时，其实股价也同步突破了前期高点。也就是说，在大多数情况下，股价 K 线与布林线是同步创出新高的。当然，有时也存在不一致的情况。

第二，布林线上轨线突破前高的同时，股价 K 线同步向上突破了上轨线，这也是股价短线强势的一个显著特征。此时若股价仍停留在上轨线内部，紧贴上轨线，则股价未来上涨持续的时间可能会更长。

第三，从成交量方面来看，当股价向上突破时，成交量出现了明显放大，若能突破前期高点时的成交量更佳。

第四，布林线上轨线完成对前期高点的突破后，若股价出现回调，回踩至上轨线或中轨线位置后再度上扬，投资者可考虑加仓买入。

下面来看一下奥飞数据的案例。

如图 5-13 所示，奥飞数据的股价在 2019 年 9 月 25 日创出阶段高点后出现了回调整理，与此同时，布林线的上轨线也在创出高点后拐头向下收缩。

其后，该股股价经过几个月的横向盘整，布林通道的喇叭口呈现明显的收缩状态。进入 2020 年 2 月后，该股股价自低位启动上攻，股价 K 线向上突破了布林线中轨线，来到了上轨线附近。与此同时，布林线上轨线拐头向上，突破了 2019 年 9 月 25 日形成的阶段高点，这说明布林线上轨线在 2 月 12 日创出了新高。

观察股价 K 线走势可以发现，在 2 月 12 日当天，该股股价也突破了 2019 年 9 月 25 日形成的高点。也就是说，此时布林线上轨线与股价 K 线双双突破了前期高点，属于典型的短线强势信号，投资者可据此入场买入该股。

观察股价 K 线与布林线上轨线的位置关系可以看出，股价 K 线虽然贴近上轨线，但并未突破上轨线，只是沿着上轨线向上运行，这说明该股股价上攻可能会持续较长时间，投资者可积极入场做多。

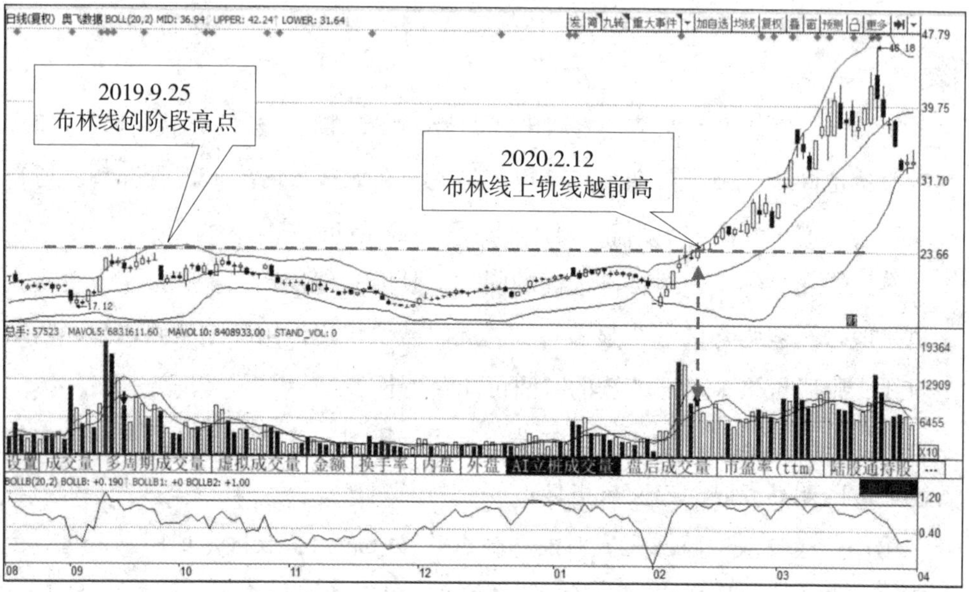

图 5-13　奥飞数据（300738）布林线指标走势图

三、股价回调遇上轨线支撑

通常情况下，股价突破布林线上轨线，意味着股价进入了强势上升区间。其后，若股价出现回调，回调至上轨线位置受到支撑再度上行，也是一个比较清晰的趋势走强信号。如图 5-14 所示。

从图 5-14 中股价 K 线与布林线之间的位置关系，可以看出如下几个特征。

第一，股价向上突破布林线上轨后，与上轨线拉开了较大的距离，说明股价涨势过猛，本身存在调整的需求。

第二，股价 K 线调整至布林线上轨线位置时，因受上轨线支撑（偶尔跌破上轨线并重新回到上轨线上方亦可）重新上攻，说明股价调整已经结束。这种在上攻期间出现短暂调整的走势，往往是追涨资金最喜欢操作的走势，这里往往成为最佳的入场点。

第三，从成交量方面来看，当股价向上突破时，成交量出现了明显放大。

当股价出现回调时，成交量同步出现较为明显的萎缩，这也是股价未来上攻的基础。若此时成交量出现放大，未来能否上涨还需要打个问号。

第四，股价遇上轨线支撑重新上攻时，成交量若能同步放大，则可增强买入信号的有效性。

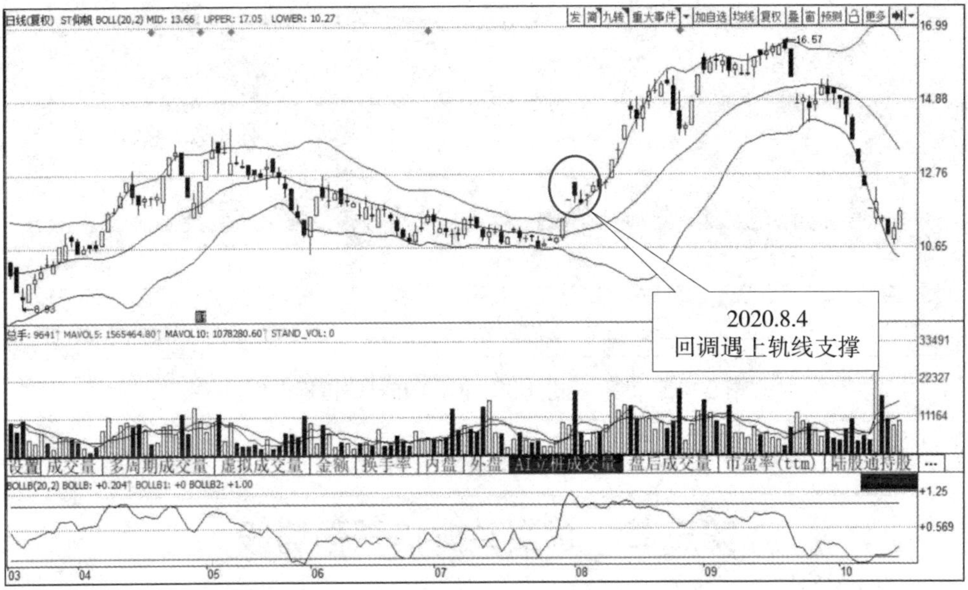

图 5-14　突破回调遇上轨线支撑

下面来看一下胜利股份的案例。

如图 5-15 所示，胜利股份的股价在 2020 年 4 月创出阶段高点后出现了回调。随着股价的横向振荡，布林通道的喇叭口逐渐收缩，说明股价正在选择突破的方向。

2020 年 7 月初，该股股价连续大幅上攻，并向上突破了布林线上轨线，说明股价进入了强势上升通道。其后，由于股价短线涨势过猛而出现了回调。

7 月 7 日，当股价回调至布林线上轨线位置时，因受上轨线的支撑而重新上行，此后该股股价重拾升势。与此同时，布林线上轨线突破了前期高点，这也是股价上行的买入信号。激进型短线交易者可据此入场买入股票，但要控制好仓位，毕竟此时风险较高。

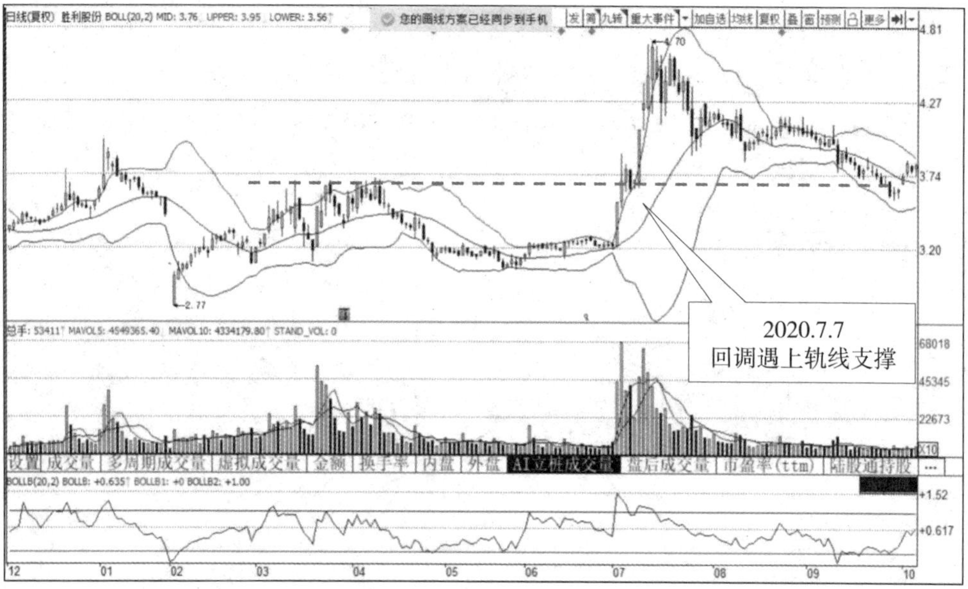

图 5-15　胜利股份（000407）布林线指标走势图

第三节　超买共振猎杀强势股

指标超买，是指短期内股价涨幅过大，已经远远超过资产本身的价值和多方的实力水平，未来存在走势修复（即回调）的可能。不过，股价与其他物体的运动相似，当其高速运动时，本身就具有了强大的惯性，这也使得很多股票在发出超买信号后，股价还会继续高速上攻。

从布林线指标系统来看，上轨线是一条界定股价是否存在超买的分界线。当股价向上越过上轨线后，从布林线指标体系来说，就意味着股价进入超买区间。

从投资安全的角度来看，单一指标的信号可信度相对较低，本节我们试图通过多个指标超买信号的共振，来捕捉进入高速上涨通道的短线牛股。

一、KDJ 指标与布林线指标超买共振

KDJ 指标与布林线指标超买共振，是指在股价到达布林线上轨线附近时，KDJ 指标也同步进入超买区间，曲线 J 最好到达 100 线。KDJ 指标与布林线指标超买共振，说明短期内买方力量极强，股价拥有继续上攻的惯性，股价短线走高的概率极高。

KDJ 指标是一种非常有效的中短线分析工具，主要用来反映市场上买卖力量的强弱和超买超卖现象，能够在股价尚未上升或下降之前发出准确的买卖信号。相对于其他指标，KDJ 指标的灵敏度极高，在短线交易中，经常被投资者用于分析和判断股价短线运行趋势。

1. KDJ 指标的超买特征

KDJ 指标出现超买，说明上涨行情很难持续，股价未来有下跌的风险。通常情况下，KDJ 指标超买具有如下几个特征。

第一，股价经过一段时间的上涨后，KDJ 指标中的曲线 J、曲线 K 和曲线 D 先后进入超买区域，即 80 线上方区域。

第二，尽管 80 线被看成超买区与徘徊区的分界线，但很多投资者仍然将曲线 K 进入 90 线以上区域才看成是指标超买，曲线 J 很可能要到达 100 线以上区域才被看成超买。

如图 5-16 所示，民生银行的股价经过一段时间的横向盘整之后，自 2020 年 7 月初开始进入上升通道。

2020 年 7 月 2 日，该股股价低开高走收出一根中阳线。观察当日的 KDJ 指标可知，当日 KDJ 指标进入超买区间，特别是曲线 J 已经到达 100 线。按照 KDJ 指标的基本分析方法，当 KDJ 指标进入超买区域，就意味着股价存在一定的回调风险。不过，从短线来看，当 KDJ 指标超买后，股价 K 线仍旧发动了一波大幅上攻行情，只是这个短线上攻持续的时间相对较短，不具有可持续性，只适合短线快进快出操作。

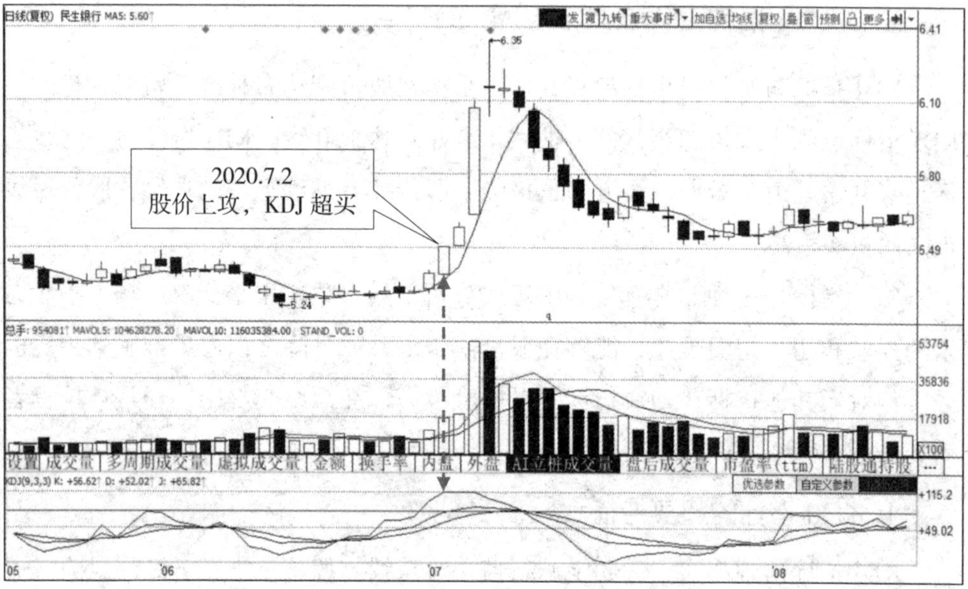

图 5-16　民生银行（600016）KDJ 指标走势图

2. KDJ 指标与布林线指标超买共振的操作要点

该技巧的操作要点如下。

第一，股价到达或越过布林线上轨线时，成交量也会同步温和放大，这是股价继续走高的先决条件。

第二，KDJ 指标进入超买区间前，最好能够出现黄金交叉形态，这也是短线买入的一个强力信号。

第三，随着布林线指标和 KDJ 指标进入超买区间，布林通道喇叭口开始由收缩状态转为放大状态，这是股价进入高波动区间的典型特征。

下面来看一下日照港的案例。

如图 5-17 所示，经过一段时间的横向盘整之后，日照港的股价在 2020 年 7 月初开始进入上升通道。

2020 年 7 月 6 日，该股股价高开高走收出一根大阳线，且该阳线触及了布林线上轨线。从布林线指标来看，此时股价已经进入超买区域。与此同时，观察当日的 KDJ 指标可知，当日 KDJ 指标进入超买区间，特别是曲线 J 已经到达 100 线。按照 KDJ 指标的基本分析方法，当 KDJ 指标进入超买区域，股价进入强势上攻阶段，但也存在回调的风险。同时，该股成交量已经连续几个交易日呈现温和放大态势（没有出现巨量，说明可持续性较强），这也是股价继续上行的保障。

综合以上分析可知，日照港的股价走势出现了 KDJ 指标和布林线指标超买共振，这是一种比较经典的短线看涨信号。喜欢短线或超短线交易的投资者可积极入场做多，但要控制好仓位。

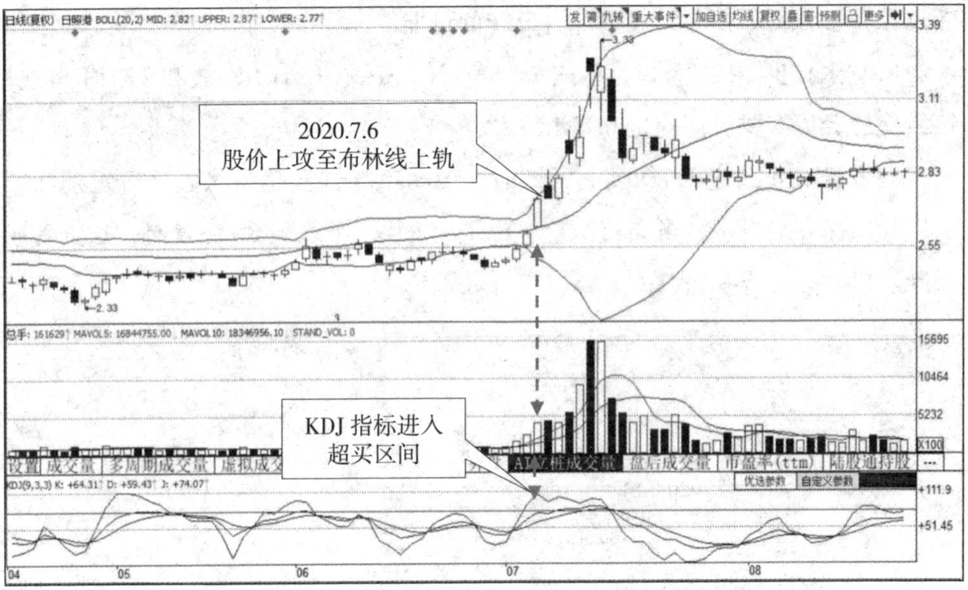

图 5-17　日照港（600017）KDJ 指标与布林线指标超买共振

二、RSI 指标与布林线指标超买共振

相对强弱指标，英文简称为“RSI”指标，是由美国技术分析大师威尔斯·威尔德（Welles Wilder）发明的。该指标通过比较一段时期内的收盘涨幅和总波动幅度之间的比值，来分析市场买卖意向和实力，从而对市场未来走势做出预测。

股价上升过程中，如果能够触及布林线上轨线，说明股价呈强势。RSI

指标，特别是 6 日 RSI 指标突破 80 线，说明股价短线进入超买区域，也是典型的短线强势信号。二者之间结合分析，非常适合短线交易者用于追涨短线强势股。

1. RSI 指标的超买特征

从本质上来说，RSI 指标反映了多空力量的变化。也就是说，当 RSI 指标线运行至 80 线以上区域，意味着多方实力进入极强状态。当然，物极必反，当 RSI 指标进入强势区域时，一方面可能迎来股价上攻最猛烈的阶段，另一方面也存在多方实力耗尽，股价即将反转的可能。

RSI 指标通常由三条指标线构成，即 6 日 RSI 线、12 日 RSI 线和 24 日 RSI 线。短线交易者最需要关注的是 6 日 RSI 线。

当 6 日 RSI 线进入 80 以上区域时，说明市场进入超买状态，有短期回档的风险，保守型投资者可先行减仓。6 日 RSI 线向下跌破 80 位置时，投资者应果断卖出。如图 5–18 所示。

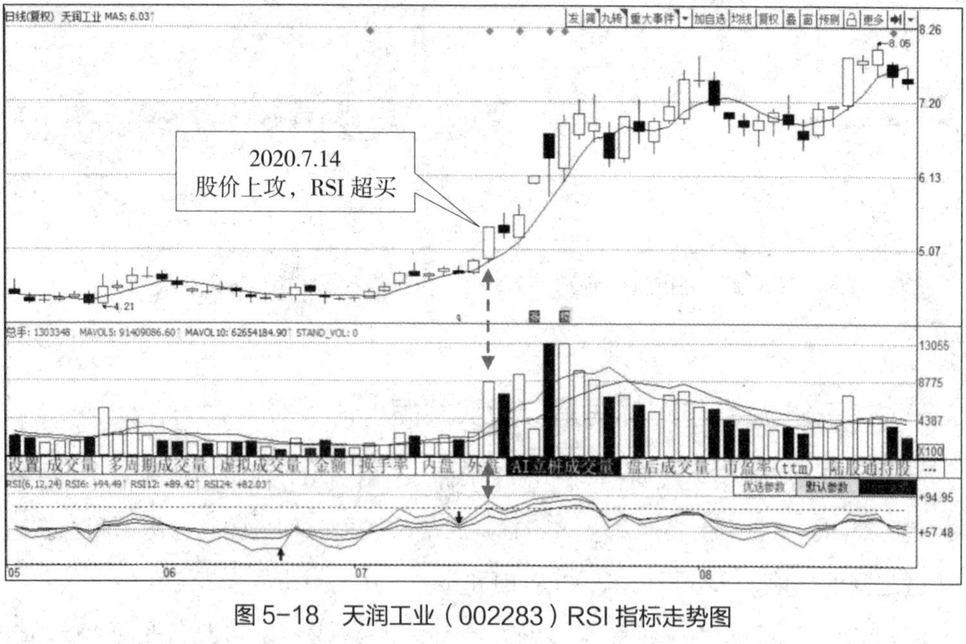

图 5–18　天润工业（002283）RSI 指标走势图

如图 5-18 所示，天润工业的股价经过一段时间的横向盘整之后，自 2020 年 7 月初开始进入上升通道。

2020 年 7 月 14 日，该股股价高开高走收出一根大阳线。观察当日的 RSI 指标可知，当日 6 日 RSI 指标率先进入超买区间。按照 RSI 指标的基本分析方法，当 6 日 RSI 指标进入超买区域，意味着股价短线进入强势区域，未来存在一定的回调风险。不过，从短线来看，当 6 日 RSI 指标超买后，股价 K 线仍旧发动了一波大幅上攻行情。也就是说，从短线来看，若能合理控制仓位，做到快进快出，还是可以在 6 日 RSI 指标超买时介入股票的。

2. RSI 指标与布林线指标超买共振的操作要点

该技巧的操作要点如下。

第一，股价经过一段时间的上涨或回调后，出现加速向上迹象。

第二，RSI 指标随着股价上涨突破 80 线，说明 RSI 指标进入了超买区域，此时获利的可能变大，但风险也在不断增加，投资者应注意防范。

第三，股价触及或越过布林线上轨线，且 6 日 RSI 指标也突破 80 线时，股价 K 线对应的成交量柱若能同步放大，则可增强突破的有效性。

第四，RSI 指标突破 80 线时，股价向上运行至布林线上轨线附近，甚至向上突破上轨线后沿上轨线运行，布林通道的喇叭口逐渐放大，说明股价运行极为强势。

第五，此阶段属于超短线投资者博取利润的黄金时段，未提前建仓的短线或超短线投资者可积极入场买入，并做好随时卖出的准备。

下面来看一下金奥博的案例。

如图 5-19 所示，金奥博的股价经过一段时间的横向盘整之后，在 2020 年 7 月初进入上升通道。

2020 年 7 月 7 日，该股股价高开高走收出一根带影线的阳线，且该阳线突破了布林线上轨线。从布林线指标来看，此时股价已经进入超买区域。与此同时，观察当日的 6 日 RSI 指标可知，当日 RSI 指标同步向上突破 80 线进入超买区间。

按照 RSI 指标的基本分析方法，当 6 日 RSI 指标进入超买区域，表明股价短线进入强势上攻走势，但也存在回调的风险。同时，该股的成交量已经连续几个交易日呈现温和放大的态势（没有出现巨量，说明可持续性较强），这也是股价继续上行的保障。

综合以上分析可知，金奥博的股价走势出现了 RSI 指标和布林线指标超买共振，这是一种比较经典的短线看涨信号。喜欢短线或超短线交易的投资者可积极入场做多，但要控制好仓位。

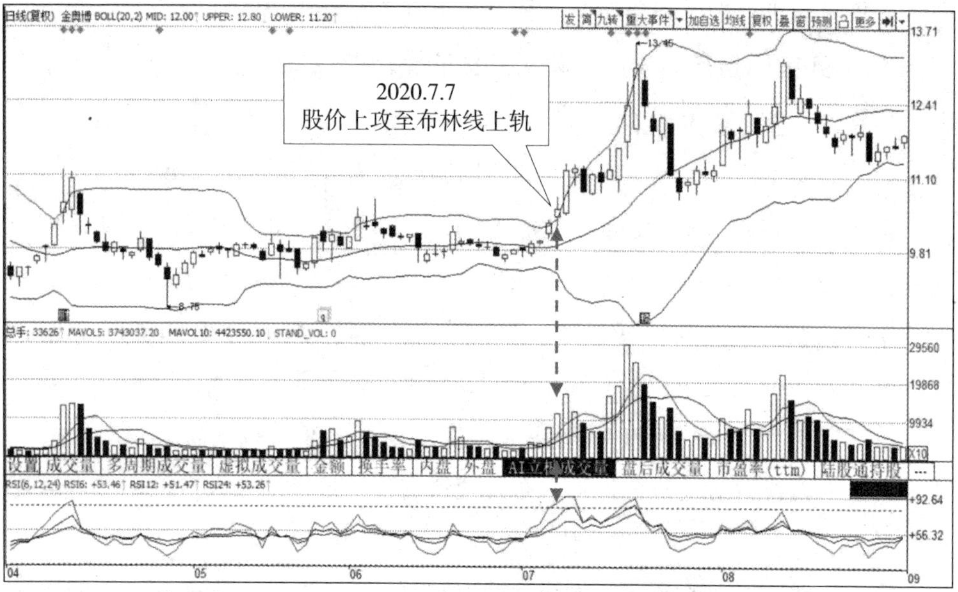

图 5-19　金奥博（002917）RSI 指标与布林线指标超买共振

三、MFI 指标与布林线指标超买共振

MFI 指标即资金流量指标，是由威尔斯·威尔德在 1989 年 3 月提出的。MFI 指标实际上是将相对强弱指标 RSI 加以修改，综合考虑价格与成交量的关系后演变而来的。

股价上升过程中，如果能够触及布林线上轨线，说明股价呈强势。如 MFI

指标也同时向上突破 80 线，则说明该股进入超买区间，即资金流入速度加快，股价短线存在继续大幅上攻的可能。

MFI 指标具有如下几项特性。

第一，MFI 指标反映了资金流动情况。当 MFI 指标持续走高时，说明有资金持续流入，若此时股价上升，则是一种比较良好的量价配合状态。

第二，MFI 指标持续上升超过一定限度时，意味着可能存在资金消耗过大的情况，未来股价存在下跌的风险，但这并不意味着股价一定会下跌。

第三，MFI 指标的走势与股价走势不一致，说明该股存在量价背离的现象，未来可能会出现趋势反转。

第四，MFI 指标持续下降超过一定限度时，说明存在资金冷却到极点的情况，资金存在回流的可能，股价未来存在反弹的可能。

1. MFI 指标的超买特征

量在价先，当资金持续流入时，股价必然会随之上扬；反之，股价的上涨则难以持续。MFI 指标进入 80 线以上区域时，说明该指标存在超买现象，即流入的资金持续增大。但这种状态可能不会持续太久，未来资金流入有减弱的可能。MFI 指标超买，说明资金正处于加速流入期间，股价很可能正在加速上涨期。此时，投资者需要注意观察 MFI 指标的波动情况，一旦 MFI 指标自 80 线以上区域向下拐头并跌破 80 线时，可考虑卖出股票。

如图 5-20 所示，理工环科的股价经过一段时间的横向盘整之后，自 2020 年 6 月下旬开始进入上升通道。

2020 年 7 月 1 日，该股股价高开高走收出一根中阳线。观察当日的 MFI 指标可知，当日 MFI 指标率先进入超买区间。按照 MFI 指标的基本分析方法，当 MFI 指标进入超买区间，意味着资金流入速度加快，股价可能会加速上扬，但也存在回调的可能。

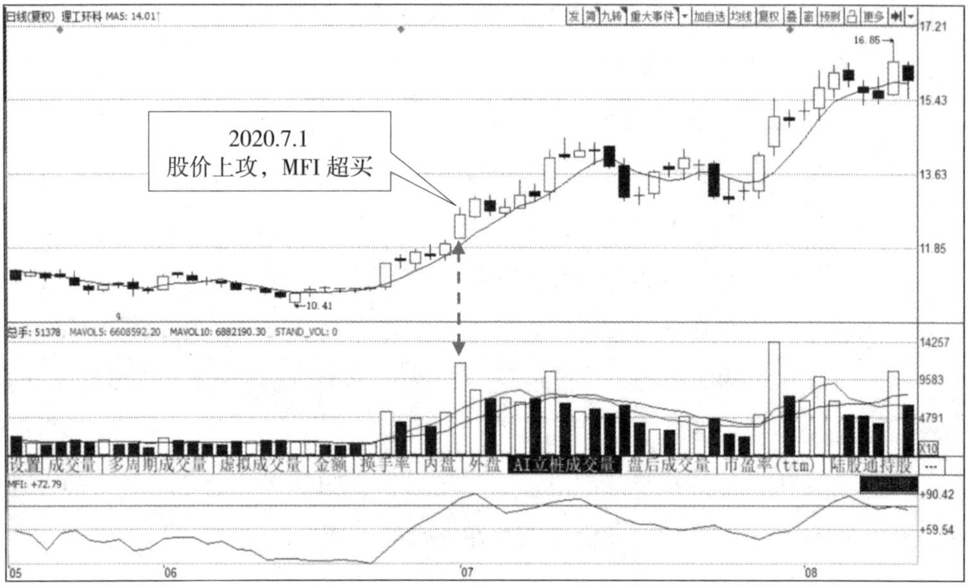

图 5-20　理工环科（002322）MFI 指标走势图

2. MFI 指标与布林线指标超买共振的操作要点

该技巧的操作要点如下。

第一，股价经过一段时间的上涨或盘整后，MFI 指标突破 80 线，资金出现加速流入迹象，意味着股价也会随之大幅上攻。

第二，随着股价上涨，MFI 指标突破 80 线时，如果股价 K 线同步向上触及或越过布林线上轨线，则意味着股价正式进入超买区间。

第三，股价触及或越过布林线上轨线，且 MFI 指标突破 80 线时，如果股价 K 线对应的成交量柱同步放大，则可增强突破的有效性。

第四，MFI 指标突破 80 线时，若布林通道的喇叭口由收缩转为放大，则说明股价运行极为强势。

下面来看一下正川股份的案例。

如图 5-21 所示，正川股份的股价经过一段时间的横向盘整之后，在 2020 年 6 月初开始进入上升通道。

2020 年 6 月 12 日，该股股价高开高走收出一根光头阳线，且该阳线突破了布林线上轨线。从布林线指标来看，此时股价已经进入超买区域。与此同时，观察当日的 MFI 指标可知，当日 MFI 指标同步向上突破 80 线进入超买区间。按照 MFI 指标的基本分析方法，当 MFI 指标进入超买区域，表明资金流入速度加快，股价短线进入强势上攻走势，但也存在回调的风险。

综合以上分析可知，正川股份的股价走势出现了 MFI 指标和布林线指标超买共振，这是一种比较经典的短线看涨信号。喜欢短线或超短线交易的投资者可积极入场做多，但同时也要控制好仓位。

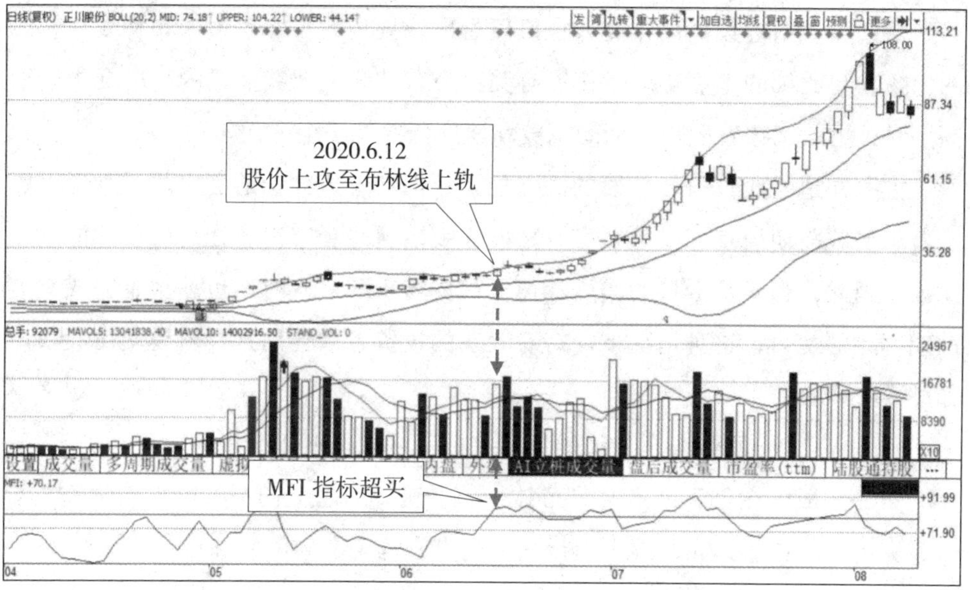

图 5-21　正川股份（603976）MFI 指标与布林线指标超买共振

第四节　短线止盈：上轨线卖出战术

按照布林线指标的基本原理，股价触及布林线上轨线后回调或者自上轨线回到布林通道内部，都属于短线回撤信号。一般情况下，短线交易者遇到上述情形时，都应考虑适度减仓。当然，很多强势股上升过程中的回调也可能会出现这种情况，本节介绍几种止盈准确度更高的技巧，以供读者参考。

一、上轨线不破前高

在前面介绍的上轨线擒龙战术中，提及了“上轨线突破前高”的技巧。本技巧正与之前的技巧相反，即当股价出现上涨行情时，布林线上轨线随之上扬，不过，若上轨线上扬的高点不能突破布林线的前期高点，则意味着股价上攻乏力，投资者宜减仓或清仓。

从布林线指标设计的角度，也可以看出该技巧的核心思想。布林线上轨线的上扬，与股价的上涨幅度、速度有关。当布林线上轨线上扬的高度低于前期高点时，也就意味着股价上涨的幅度和速度都要低于上一次。

大家知道，股价每一波段的高点位置，都会聚集大量的套牢盘。其后，股价若想突破前期高点，必须要有资金能够吸纳这些套牢盘，之后股价才能顺利上攻。因此，当股价上攻的幅度和速度都要弱于前一次时，也就很难完成突破前期高点的使命，这种情况下，持有股票的投资者最佳的选择就是卖出股票。如图 5-22 所示。

从图 5-22 中股价与布林线的位置关系，可以看出如下几个特征。

第一，股价在创下高点时，布林线的上轨线随之上扬至阶段高点位置，不过，无论是股价还是布林线上轨线的最高点，均未突破前一高点。

第二，布林线上轨线在未破前高的情况下，出现了拐头向下的走势，至少说明当前的环境并未提供突破前高的动力，股价面临回调或反转下跌的可能。

第三，从成交量方面来看，当股价 K 线与布林线上轨线同步来到高点时，成交量呈现了明显的放大，不过由于放量过大，存在无法持续的问题。

基于以上分析，可以判断此时股价短期内很难继续走高，之前入场的短线交易者宜止盈离场。

下面来看一下华宏科技的案例，如图 5-23 所示。

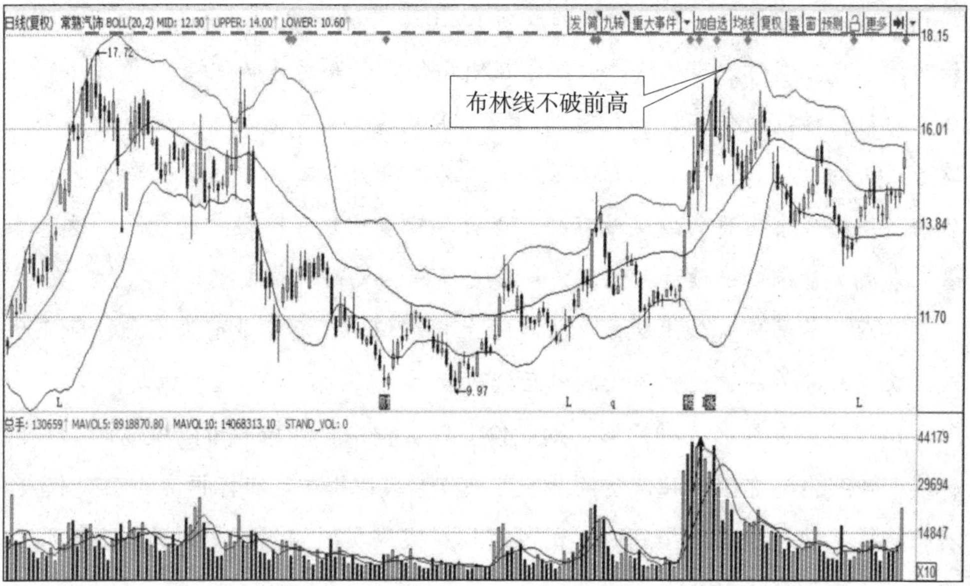

图 5-22 布林线上轨线不破前高

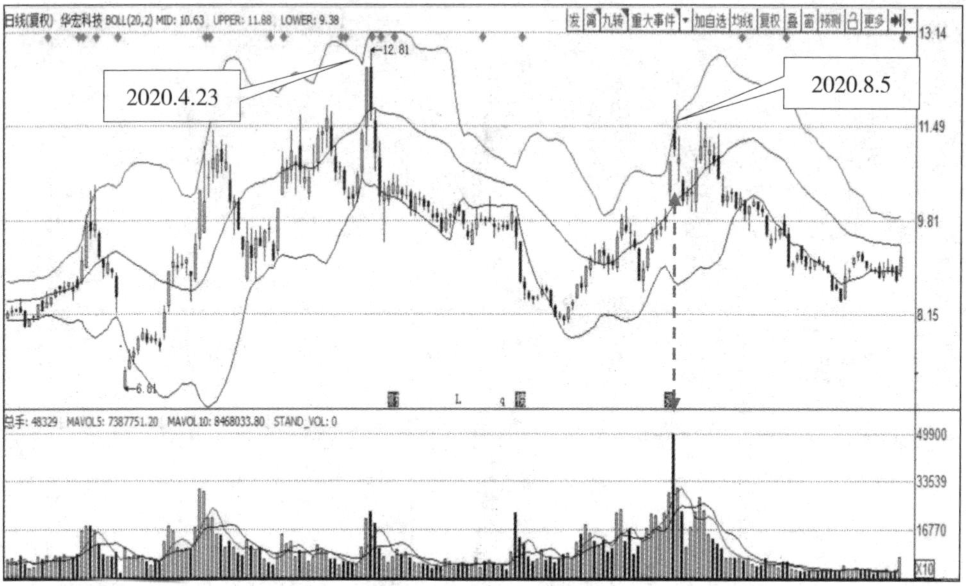

图 5-23 华宏科技（002645）布林线指标走势图

如图 5-23 所示，华宏科技的股价在 2020 年 4 月 23 日创下阶段高点后开始回调，与此同时，布林线上轨线也在同步创出新高后开始收缩。

此后，该股股价经过一段时间的振荡调整后，重新启动了一波上升走势。随着股价的上涨，布林线上轨线也随之上扬。8 月 5 日，该股股价创出调整之后的新高。观察当日的成交量可知，当日成交量出现了阶段“天量”，这意味着未来成交量很难继续放大，股价继续走高将会变得困难重重。

其后，尽管布林线上轨线又出现了上扬，但仍没有突破前期高点，即布林线上轨线未破前高，说明该股股价后续进攻乏力，短线交易者宜离场。

该技巧还存在另一种情形，即股价上攻过程中，随着股价的振荡调整，布林线上轨线也随之出现起伏的情况。在一波上攻过程中，随着股价的二次上涨，若布林线上轨线没有创出新高，仍可将其看成是卖出信号，即布林线上轨线二次突破不破前高。

下面来看一下上海物贸的案例，如图 5-24 所示。

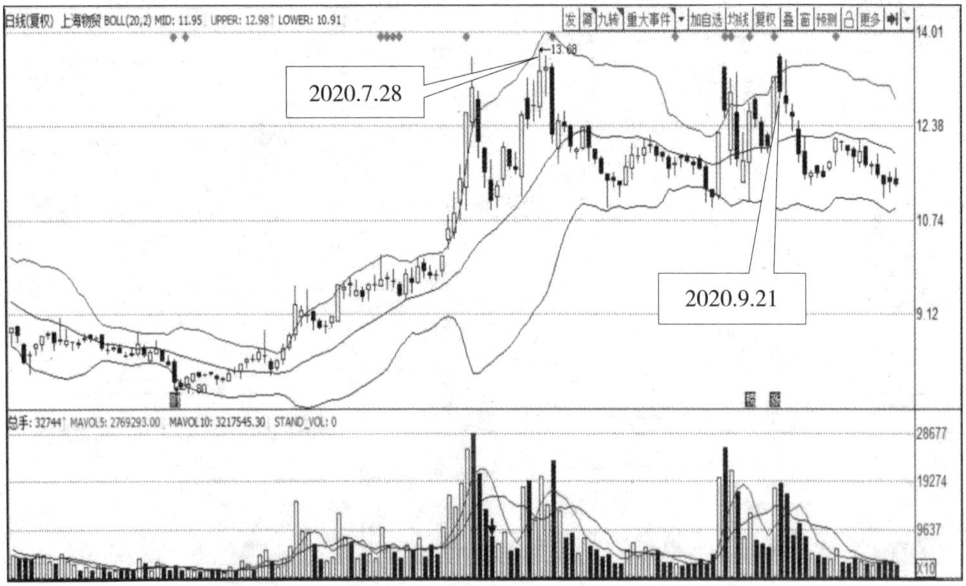

图 5-24 上海物贸（600822）布林线指标走势图

如图 5-24 所示，上海物贸的股价自 2020 年 5 月中旬启动了一波振荡上涨走势。随着股价的上涨，布林通道也呈现向右上方倾斜的态势。

7 月 28 日，该股股价创出短期高点后回调，布林线上轨线也同步创下新高后回落。此后，该股股价经过一段时间的调整后重新上攻。9 月 21 日，该股股价重新来到了前期高点附近，布林线上轨线也二次上扬，但均未突破前高，之后出现回落。至此，布林线上轨线二次突破未创新高。

短线交易者见到这种形态，宜卖出手中的股票。

二、二次不破上轨线与指标背离

一般来说，技术指标的走势都是依托于股价 K 线或成交量的，因此，当股价上攻时，技术指标也会同步出现上攻的走势。当股价创出新高时，技术指标也会有所反应。不过，凡事都有例外，当技术指标不再随着股价的上扬而上升时，则意味着股价的上攻动能可能不足，未来存在下跌的风险。

1. 技术指标顶背离

技术指标顶背离是一种最能反映股价上涨无法持续的信号。当技术指标与股价 K 线出现顶背离，即股价创出新高而技术指标不再创出新高时，意味着股价的上攻无法持续。

以 KDJ 指标为例，其顶背离具有如下几个特征。

第一，股价经过一段时间的上涨后，出现了调整走势，随后再度启动上涨并创下新高，与此同时，曲线 K 和曲线 D 也随着股价的再度上涨而上扬，但却没有创出新高。

第二，若股价第二个高点对应的 KDJ 指标值仍位于 80 线上方，也就是说，顶背离形成时，KDJ 指标线仍位于 80 线上方，则可增加股价下跌的概率，如图 5-25 所示。

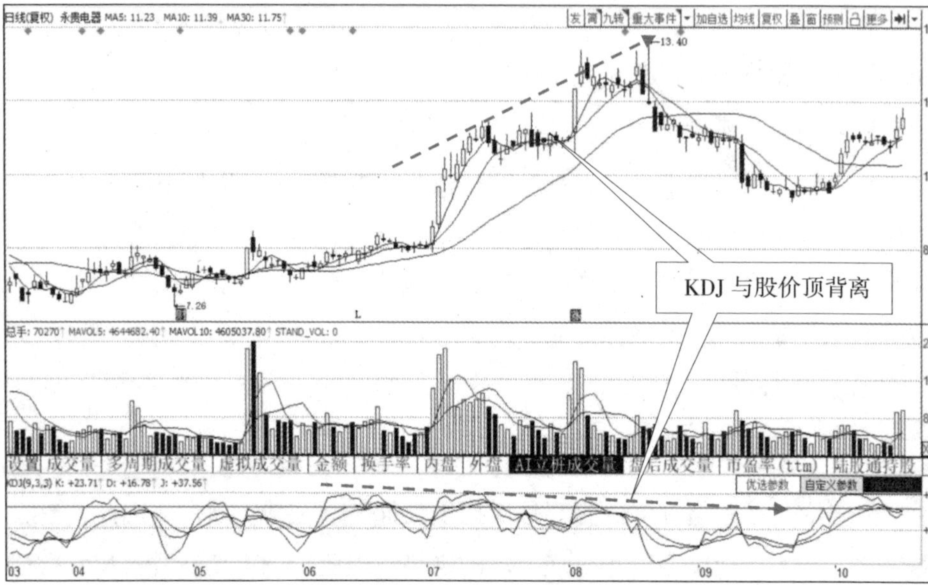

图 5-25 永贵电器（300351）KDJ 指标顶背离走势图

如图 5-25 所示，永贵电器的股价自 2020 年 7 月出现了一波快速上涨走势。该股股价在上涨过程中，曾经创下了两个阶段高点，且一个比一个高。观察此时的 KDJ 指标走势可知，KDJ 指标线尽管也随着股价的上涨而上扬，但其形成的两个高点却一个比一个低，这说明股价 K 线与 KDJ 指标形成了顶背离形态，投资者宜做好撤出准备。

2. 二次不破上轨线与指标背离的操作要点

在一波上升行情中，股价第一波上涨创出的高点经常会突破布林线上轨线，而二次上升创下新高时，若股价 K 线没有突破上轨线，且此时技术指标发出顶背离信号，则意味着股价短线存在下跌的可能。

该技巧的操作要点如下。

第一，股价初次上攻时，突破了布林线上轨线，二次上攻尽管股价创出新高，但却仍停留在布林通道之内，这说明相对于布林通道来说，股价并未创出新高，这也是股价走弱的一种表现。

第二，股价 K 线两次创出新高时，KDJ 指标形成的高点却一次比一次低，说明多方实力存在明显不足，也是股价走势趋弱的一种体现。

第三，KDJ 指标与股价 K 线形成顶背离时，若 KDJ 指标同步自超买区域向下跌破 80 线，更可增强卖出信号的有效性。

下面来看一下博雅生物的案例，如图 5-26 所示。

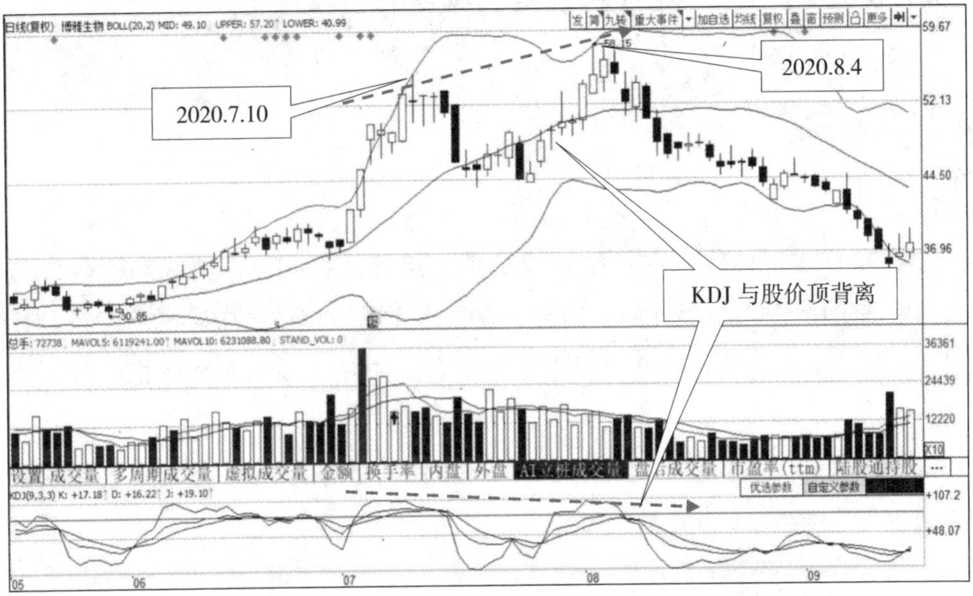

图 5-26 博雅生物（300294）布林线指标走势图

如图 5-26 所示，博雅生物的股价自 2020 年 5 月中旬启动了一波振荡上涨走势。在股价上行过程中，曾在 7 月 10 日和 8 月 4 日创出两个明显的高点。不过，7 月 10 日的股价高点已经位于布林线上轨线之外，而 8 月 4 日创下的高点尽管要高于 7 月 10 日的高点，但却仍处于布林通道之内。从布林线指标的分析角度来看，8 月 4 日的高点，其实是股价趋弱的一种体现。

观察此时的 KDJ 指标走势可知，在 7 月 10 日和 8 月 4 日，KDJ 指标也曾创出两个明显的高点，且后一个高点要低于前一个高点，说明 KDJ 指标与股价形成顶背离，这属于典型的看空信号。与此同时，该股股价在 8 月 4 日创下高点回落时，KDJ 指标也自超买区域跌破 80 线，且形成了死亡交叉形态，更可印证股价即将进入下跌通道的判断，短线交易者宜卖出手中的股票。

第六章

波段起舞——布林线中轨线战法

在布林线指标体系中，中轨线是整个指标的核心，上轨线和下轨线的设计都是围绕中轨线展开的。同时，在很多交易软件中，中轨线的默认设置都是一条 20 日均线，这就使得中轨线具备了中期均线与布林线指标的双重特性。

正因如此，布林线中轨线经常被看成波段交易者的生命线，很多波段交易系统也都是围绕布林线中轨线设计的。

第一节　中轨线波段交易基础战术

如前所述，中轨线本质上就是一条 20 日均线，那么，以中轨线为核心的波段交易往往也与中期均线有关。

当股价自下而上突破中轨线，意味着股价进入中线强势区间，20 个交易日内买入股票的投资者都处于盈利状态，这就可能吸引更多的场外投资者入场交易，从而推动股价进一步走高。同理，当股价上升一段时间后，因短线抛盘过多，股价就会出现回调，当其回调至中轨线位置，也可能因为中轨线的支撑而上扬。如图 6-1 所示。

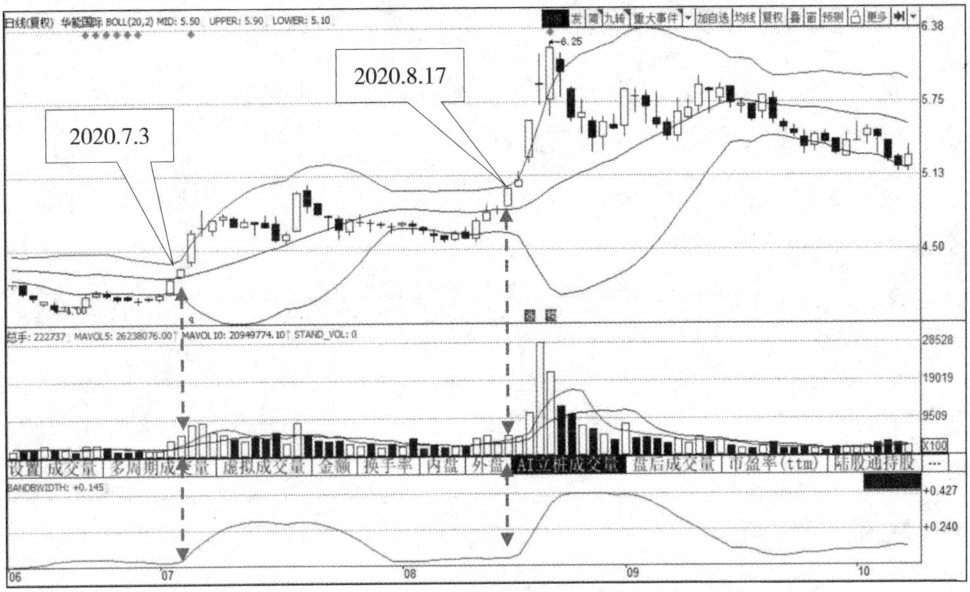

图 6-1　华能国际（600011）布林线指标走势图

如图 6-1 所示，2020 年 7 月 3 日和 8 月 17 日，华能国际的股价两度向上突破了布林线中轨线，此后，该股股价都出现了一波上攻行情。

结合该股 K 线、成交量情况，可以对股价与布林线中轨线之间的位置关系特点进行分析。

第一，股价向上突破中轨线，当然，有时可能会连带向上突破上轨线，但股价完成对中轨线的有效突破是其显著的特征。

第二，随着股价的上攻，布林通道的喇叭口会由收缩转为发散，这是股价波动幅度变大的一种迹象，也是股价即将进入上升通道的一个迹象。

第三，伴随着股价向上突破布林线中轨线，放大的成交量也是一个典型特征。量价齐升，是股价持续上攻的保障。

第四，与其他技术指标组合分析，投资者可能会发现，很多具有黄金交叉功能的技术指标可能会发出金叉信号，这也是股价进入强势运行区间的一个典型特征。

一、股价放量突破中轨线

股价放量突破中轨线，是股价中期波段启动一个最显著、最主要的特征，后面所讲的很多实战操作技术都与其有关。

股价 K 线放量完成对布林线中轨线的突破，意味着股价中线走强的趋势基本确立。如图 6–2 所示。

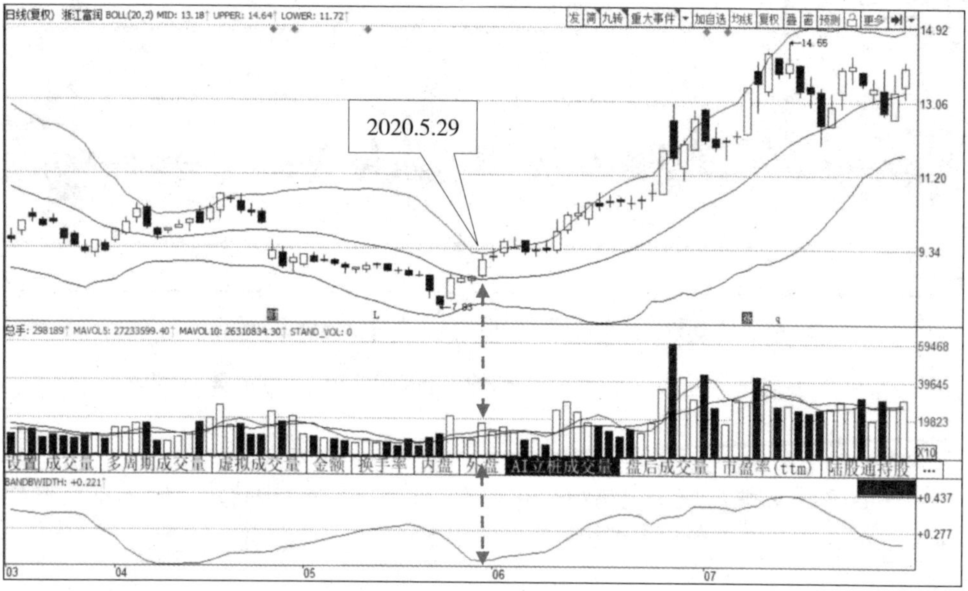

图 6–2　股价放量突破中轨线

从图 6–2 中股价 K 线与布林线之间的位置关系，可以看出如下几个特征。

第一，股价经过一段时间的横向盘整后，出现了加速上攻的走势。从 K 线形态上来看，这属于典型的触底回升走势。股价触底回升能否最终演化为股价运行趋势的反转，其实主要就看其能否完成对中轨线的有效突破。

第二，股价 K 线对中轨线的有效突破需要具备这样几个特征：其一，成交量温和放大；其二，股价突破中轨线后能够站稳中轨线（连续 3 个交易日没有跌破中轨线）。

第三，当股价突破中轨线时，布林通道的喇叭口迅速放大，这也是股价进入高波动区间的一个显著特征。投资者可借助布林通道宽度指标来观察布林通道喇叭口的波动情况。

第四，从成交量方面来看，当股价向上突破时，成交量出现了明显放大，这也是股价进入上行通道的显著特征。

第五，当股价完成对中轨线的突破后，中轨线的方向也会呈现拐头向上的态势，这说明股价中线运行趋势已经进入上升通道，比较有利于投资者进行中线交易。

基于以上判断，投资者可以在股价向上突破中轨线时入场追涨，并在股价跌破中轨线时执行卖出操作。

下面来看一下兴发集团的案例，如图 6-3 所示。

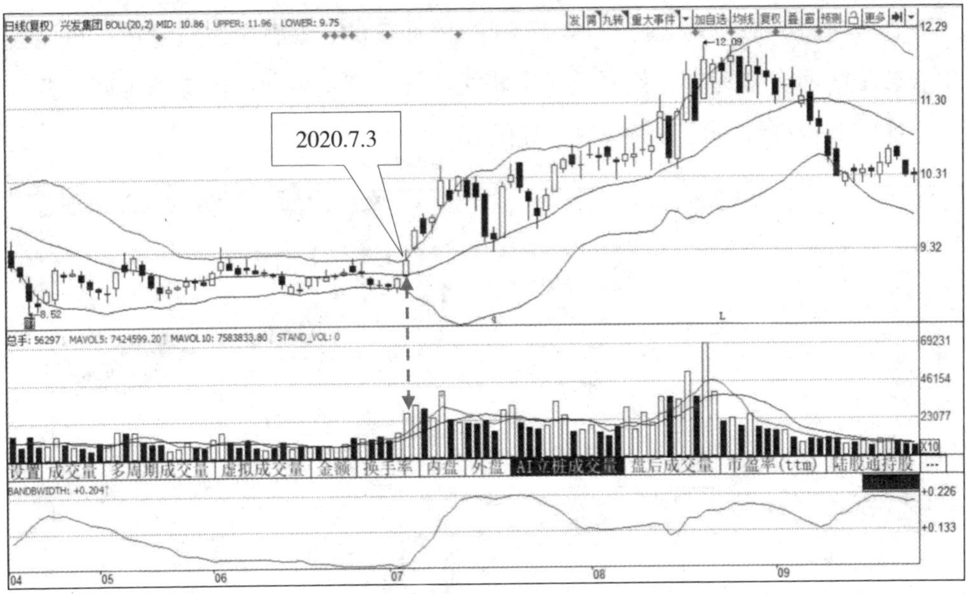

图 6-3　兴发集团（600141）布林线指标走势图

如图 6-3 所示，2020 年 4 月到 6 月期间，兴发集团的股价出现了一波横向盘整走势。在股价振荡过程中，布林通道的喇叭口越来越窄，说明股价波动幅度越来越小，正在选择未来的突破方向，投资者宜密切关注该股其后的走势。

2020 年 7 月初，该股股价出现了小幅下跌，且股价触及了布林线下轨线，但由于布林通道的喇叭口继续收缩，投资者可仍然将其看成股价的正常盘整。

7 月 3 日，该股股价放量向上突破了布林线中轨线，说明股价进入快速上涨区间。观察当时的布林通道宽度情况可知，布林通道宽度指标开始自底部向上反弹，说明布林通道的喇叭口开始放大，股价的波动幅度开始放大，这也是股价启动上涨的一个较为明确的迹象。

综合以上分析，投资者可在股价放量向上突破中轨线时入场建仓。其后，若股价有效跌破中轨线，则可考虑清仓。

二、回调至中轨线遇支撑

通常来说，股价的上涨行情都不是一蹴而就的，在其上涨过程中，可能会出现若干次回调整理。股价回调至中轨线位置，若受中轨线的支撑再度上升，则意味着股价中线仍可看高一线，如图 6-4 所示。

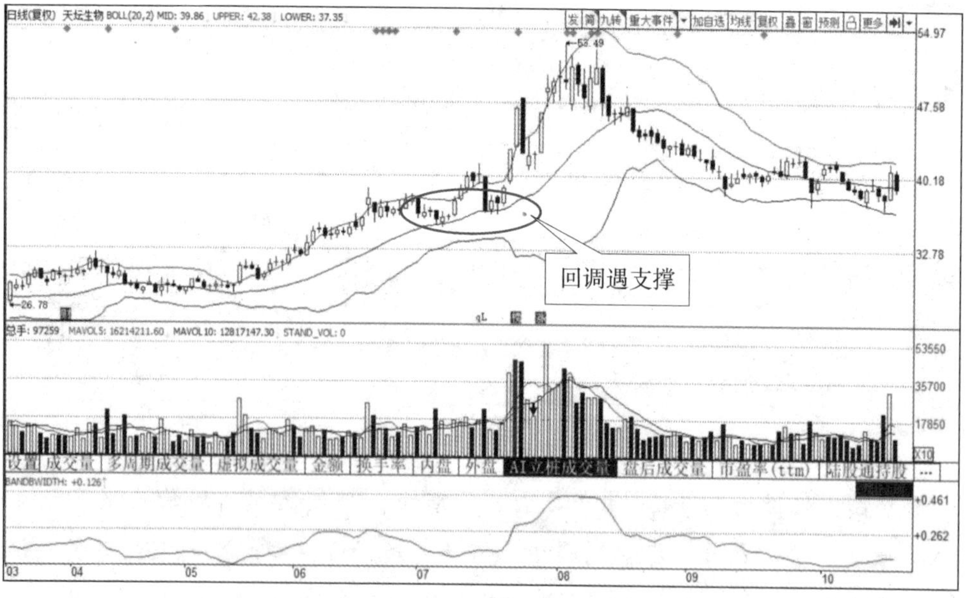

图 6-4　股价回调遇中轨线支撑

从图 6-4 中股价 K 线与布林线之间的位置关系，可以看出如下几个特征。

第一，天坛生物的股价自 2020 年 5 月中旬起进入上升通道。股价 K 线一直运行于布林线中轨线之上，说明股价处于强势上升趋势，持股投资者耐心持股即可。

第二，2020 年 7 月中旬，该股股价连续回调至布林线中轨线位置，均因受到中轨线的支撑转而重新上攻，说明中轨线的支撑能力很强。股价偶尔跌破中轨线并快速拉起，仍可认定中轨线对股价的支撑有效。

第三，观察该股的成交量可知，当股价向中轨线回调时，成交量呈现了萎缩状态。其后，当股价受到支撑上攻时，成交量同步放大，这属于典型的价量同步形态，说明股价运行比较健康，未来还有继续上攻的可能。

第四，从布林通道情况来看，当股价回调时，布林通道同步收缩；股价遇支撑上扬时，布林通道的喇叭口重新开始放大，这也是股价启动的一个显著特征。

基于以上判断，投资者可以在股价回调遇中轨线支撑重新上升时加仓，并在股价跌破中轨线时执行卖出操作。

下面来看一下伊力特的案例。

如图 6-5 所示，伊力特的股价自 2020 年 5 月中旬启动了一波上涨行情。该股股价突破布林线中轨线后，一直运行于中轨线与上轨线之间的区域，说明股价上升趋势良好，持股投资者可耐心持股待涨。

2020 年 6 月初，该股股价出现了小幅回调。6 月 3 日和 6 月 12 日，该股股价两度触及布林线中轨线，均因受到布林线中轨线的支撑重新上攻。观察该股的成交量变化情况可知，在股价回调时，成交量呈现萎缩态势，股价遇支撑上攻时，成交量开始放大，这属于一种良性的量价结构。

此时，观察该股的布林通道可知，在 6 月初股价回调时，布林通道的喇叭口开始收缩，给人一种重新选择突破方向的感觉。其后股价遇支撑重新上升时，喇叭口重新敞开，则是对股价上升的确认，投资者可继续持股或加仓。

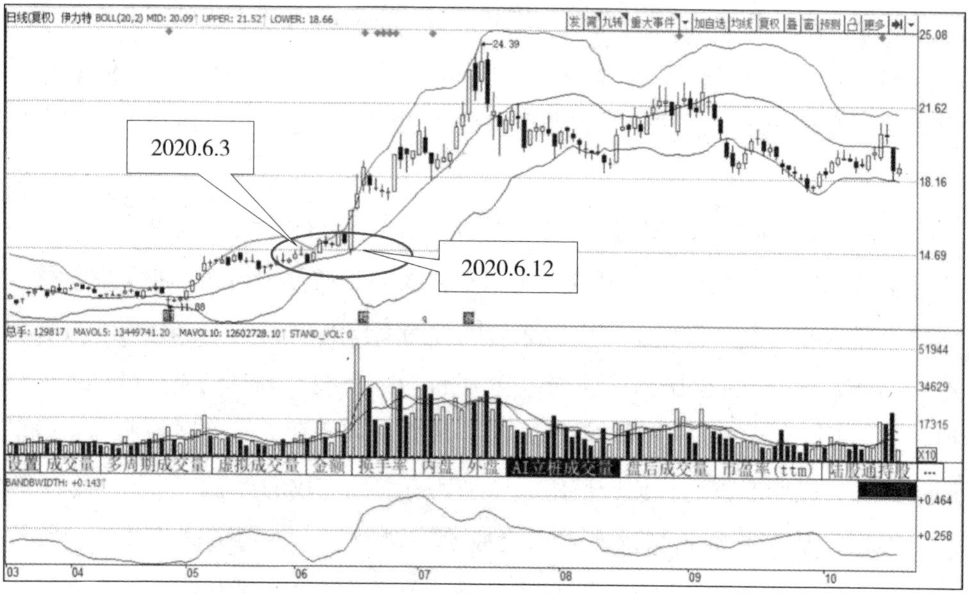

图 6-5　伊力特（600197）布林线指标走势图

第二节　中轨线主升浪战法

主升浪是指艾略特波浪理论中提及的第三浪。第三浪与其他各浪相比，存在一些可以识别的特征，喜欢猎取主升浪的投资者，将布林线指标与其他技术工具结合分析，可以更好地识别出该浪。

一、主升浪及其特点

在波浪理论体系中，一个完整的波浪循环一般由八个子浪构成。如图 6-6 所示。

在大多数情况下，第三浪都是推动股价向上运行最有力的一浪。第三浪的运行时间通常是整个循环中最长的一浪，其上升的空间和幅度也常常是最大的。第三浪的运行轨迹，大多都会发展成为一涨再涨的延伸浪。在成交量方面，由于第三浪是在市场投资者信心恢复后展开的，因此，伴随着股价的上涨，参与的投资者越来越多，成交量也会呈现逐步放大的态势。如图 6-7 所示。

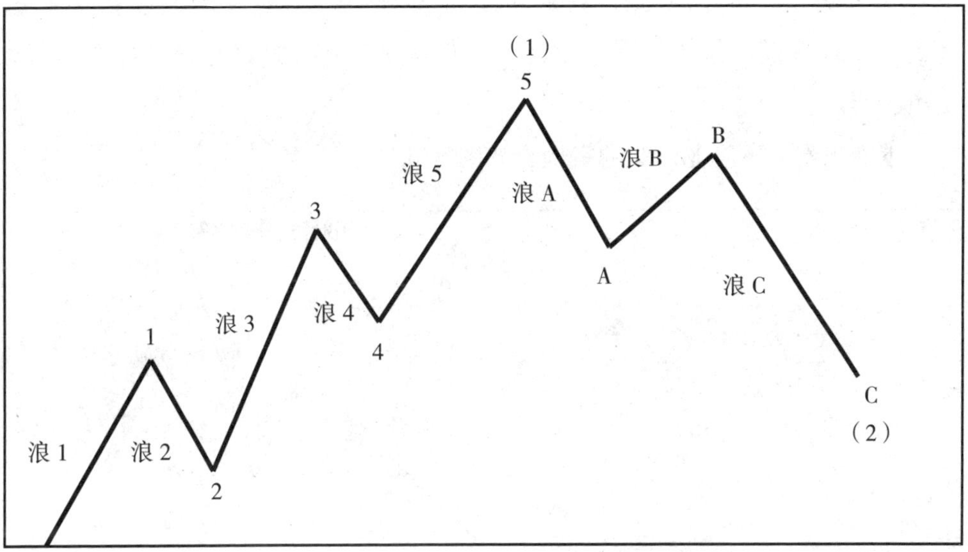

图 6-6　八浪循环结构

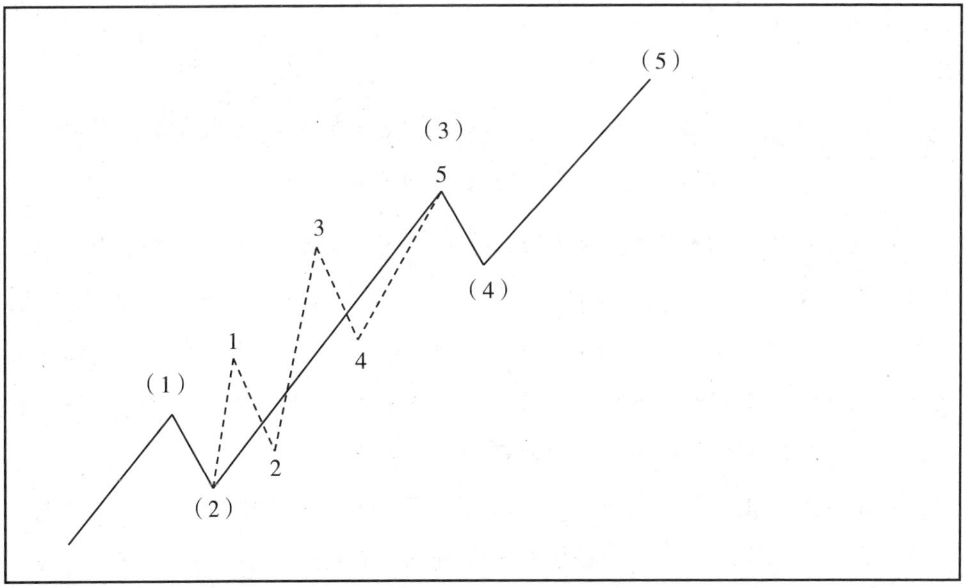

图 6-7　第三浪的延伸浪现象

在第三浪推进过程中，K 线图上会出现跳空缺口等向上突破信号，投资者可以根据这些信号的指示作用买入股票。投资者应该清楚，第三浪是最具爆发力的一浪，因此，在股价上涨过程中，不能预测其顶部到底有多高，而应跟随市场趋势顺势而为，只有等到有清晰的卖出信号出现时，再卖出股票。

下面来看一下卧龙电驱的案例，如图 6–8 所示。

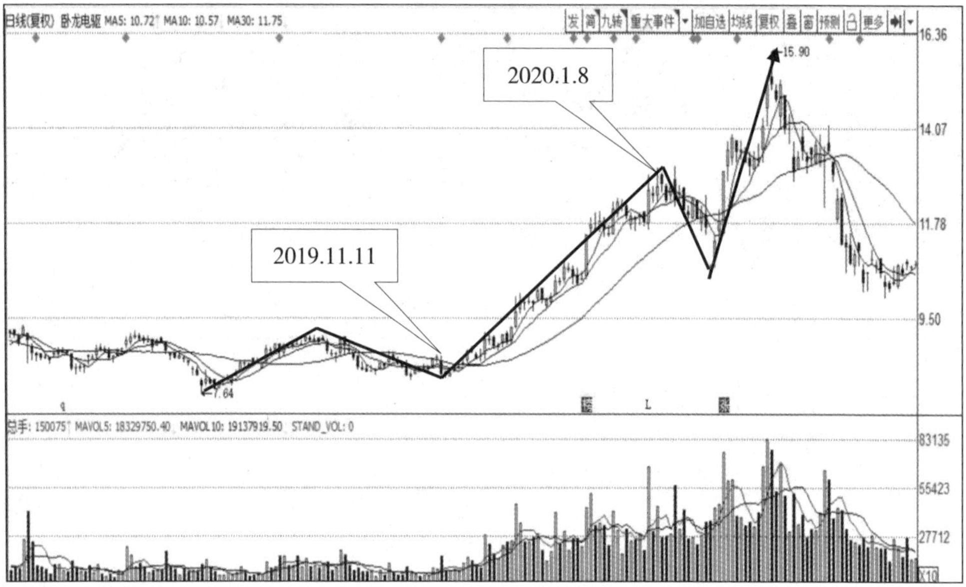

图 6–8　卧龙电驱（600580）日 K 线走势图

如图 6–8 所示，卧龙电驱的股价自 2019 年 8 月启动了一波上升走势。其后，该股股价又经历了一波回撤。自 2019 年 11 月 11 日，该股股价掀起了一波主升浪，到了 2020 年 1 月 8 日，该股股价开始启动大幅回撤，此时才宣布主升浪结束。这一波主升浪，正好处于整个股价上升波浪循环中的第三浪。同时，该波段股价上涨幅度超过 50%，由此可见主升浪的猛烈程度。

正因如此，很多投资者开始倾向于放弃其他各浪，而专注于寻找主升浪。找准主升浪，其实就相当于获得了股市获利的“金钥匙”。

二、布林线中轨线识别主升浪

主升浪在股价 K 线走势方面具体有这样几个特征：其一，主升浪属于股价二次启动，而非第一次启动；其二，前次股价回调幅度可能会比较大，但绝对不会低于第一次启动的低点；其三，股价二次启动一般会以在某一强支撑点位获得支撑或突破重要阻力位的形式启动。

结合布林线指标的一些特征，可以发现主升浪启动时布林线指标表现出的一些特征，如图 6-9 所示。

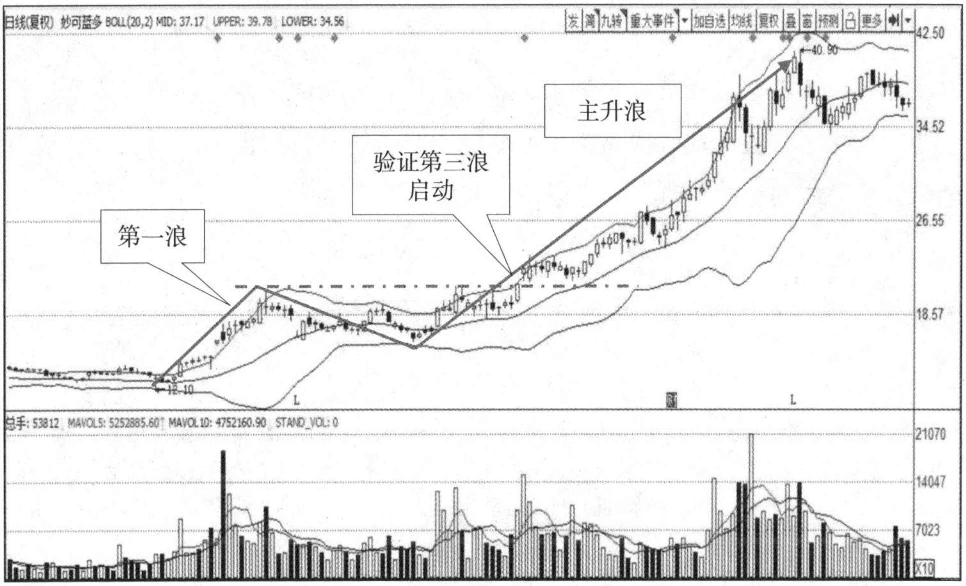

图 6-9　布林线中轨线识别主升浪

通过图 6-9 中股价 K 线与布林线之间的关系，可以归纳出一些利用布林线捕捉主升浪的技法。

第一，当股价自底部启动上行时，向上突破中轨线后，很可能在短期内触及布林线上轨线，这是由于股价低位触底，布林通道的喇叭口已经出现了明显的收缩，此后股价可能会上升至上轨线附近（有时可能会向上突破上轨线），布林通道的喇叭口随之出现放大，这是股价短线启动的迹象，也是第一浪启动的特征。当然，此时投资者还很难将反弹与第一浪启动区别开来。

第二，股价经过一波上扬后，很快会触及上轨线（有时会突破上轨线），遇到巨大的抛盘压力后出现回调。在股价回调过程中，布林通道重新开始收缩，股价 K 线有时会在中轨线位置遇到支撑，有时可能在触及下轨线后才会获得足够的支撑（与第二浪杀跌幅度较大有关）。

第三，股价再度向上突破中轨线，是股价重新启动的重要信号，此时布林通道的喇叭口势必会随之重新放大。当然，作为投资者，还不能立即判断出第三浪已经启动。只有布林线上轨线超过了第一浪的高点，才能认定第三浪已经正式启动了。

第四，主升浪启动后，投资者可将中轨线看成重要的防守屏障。股价运行于中轨线之上，且中轨线向右上方倾斜时，只需耐心持股即可。当股价跌破中轨线且中轨线拐头向下时，再考虑清仓或减仓。

下面来看一下东方生物的案例，如图 6-10 所示。

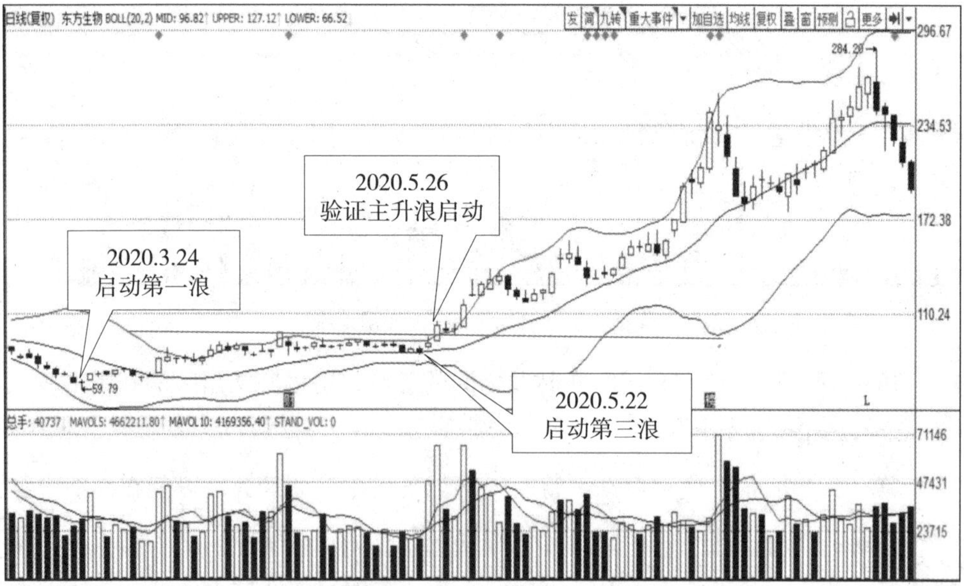

图 6-10 东方生物（688298）布林线指标走势图

如图 6-10 所示，东方生物的股价自 2020 年 3 月 24 日触底反弹后出现了一波上升走势，股价很快突破中轨线，到达了上轨线附近。随着股价的上行，布林通道的喇叭口开始放大，但由于股价上升速度较慢，布林通道喇叭口放大的速度也比较慢。

股价触及上轨线后出现回落，布林通道的喇叭口也随之出现收缩。到了5月22日，该股股价回调至中轨线附近时，因受中轨线的支撑转而重新上攻，布林通道的喇叭口也随之出现了大幅放大。如果将之前的股价回升与调整看成是股价启动的第一浪，那么，此时很有可能出现的是上升第三浪。不过，保守型投资者还可以等待进一步明确的信号出现。

5月26日，该股股价大幅放量上攻，甚至一度突破了布林线上轨线，且布林线上轨线已经超过了第一浪的高点，至此，投资者可以确认该股股价第三浪已经启动，投资者可考虑入场追涨加仓。

此后，投资者可将中轨线看成股价上攻的防守线。若股价跌破中轨线，但中轨线没有拐头向下，可考虑减仓；若中轨线出现拐头向下态势，则说明第三浪存在终结的可能，可考虑清仓操作。

三、中轨线与MACD指标双向确认主升浪

实战中，出于提升指标准确度的考虑，在捕捉主升浪时，还可以在布林线指标的基础上引入MACD指标。一般来说，通过MACD指标二度金叉与布林线中轨线组合分析，可以大大提升捕捉主升浪的准确性。

1. MACD指标二度金叉形态

通常情况下，当股价自底部反弹时，MACD指标会出现黄金交叉，此交叉点位于0轴下方较远的位置，因而质量并不是很高。当股价经过一段时间的上涨后出现回调，MACD指标出现死叉，其后股价再度回调上扬，MACD指标很可能会在0轴附近形成二度金叉，此时MACD指标形成的黄金交叉，质量要远远高于前一个，未来股价上升的幅度和概率也要远远大于前一个。如图6-11所示。

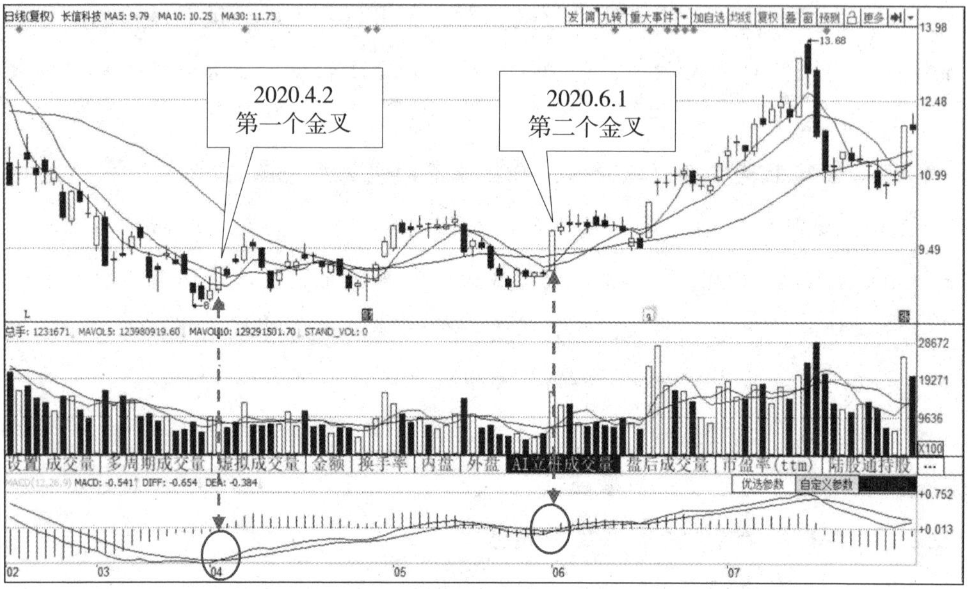

图 6-11 长信科技（300088）MACD 指标走势图

如图 6-11 所示，长信科技的股价自 2020 年 4 月初结束下跌走势后，出现了一波振荡上涨行情。该股 MACD 指标在 2020 年 4 月 2 日和 6 月 1 日分别形成了黄金交叉形态。

4 月 2 日，该股股价自底部反弹，MACD 指标第一次出现黄金交叉，但此交叉点距离 0 轴较远，所以含金量并不高。其后，该股股价在上涨了几个交易日后重新进入横向振荡走势，MACD 指标出现死亡交叉。

6 月 1 日，该股股价再度放量上攻，MACD 指标走出第二个黄金交叉。此交叉点位于 0 轴附近，说明含金量较高。该金叉距离第一个金叉出现的时间并不长，也就意味着短期内该股走出了二度金叉，属于典型的强烈买入信号。

此后，该股股价走出了一波快速上升走势。

2. MACD 指标二度金叉与布林线指标组合捕捉主升浪

布林线指标发出主升浪启动信号时，若 MACD 指标同步出现二度金叉，则可增强主升浪信号的有效性。

该技巧的操作要点如下。

第一，股价K线运行于布林通道之内，二度向上突破中轨线（或遇中轨线支撑）上行时，布林通道的喇叭口开始放大。

第二，MACD指标在不久前刚刚形成初次金叉和死叉，当股价向上突破中轨线（或遇中轨线支撑）上行时，MACD指标出现二度金叉，且该金叉点位于0轴附近。说明MACD指标与布林线指标同步发出了股价进入主升浪的信号，投资者应提前入手建仓该股。

下面来看一下立讯精密的案例，如图6-12所示。

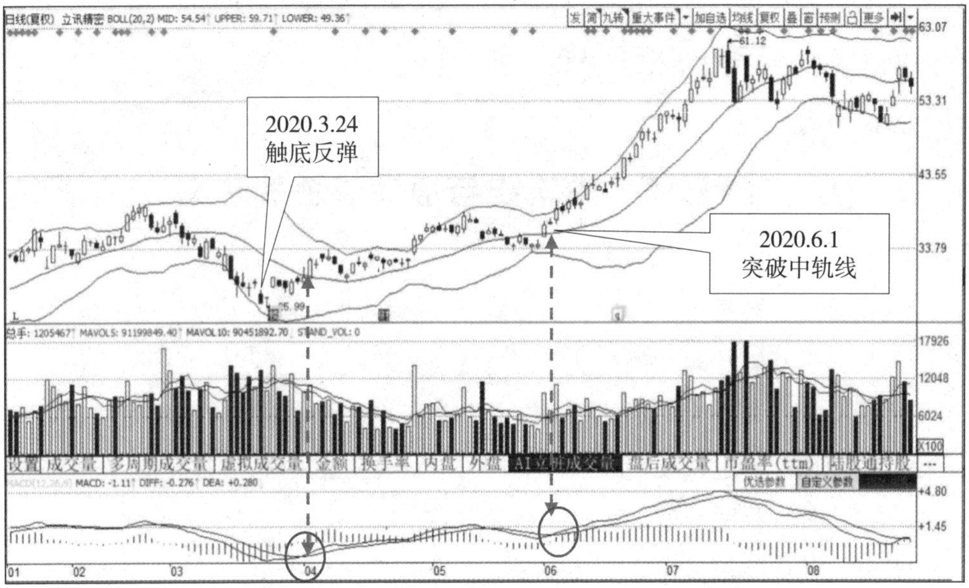

图6-12　立讯精密（002475）布林线指标走势图

如图6-12所示，立讯精密的股价自2020年3月24日触底反弹后，开始走出了一波上升走势，并很快突破了中轨线。与此同时，MACD指标同步在底部出现了第一次黄金交叉。不过，该交叉点距离0轴线较远，从这里可以看出，此时的金叉成色不足，未来股价上涨的空间有限。

此后，随着股价的上行，布林通道的喇叭口开始放大，但由于股价上升速度较慢，布林通道喇叭口放大的速度也比较慢。

此后，该股股价在触及上轨线后出现回落，布林通道的喇叭口也随之出现收缩。到了5月下旬，该股股价回调至布林线下轨线附近时，给人一种股价无力上攻的感觉，MACD指标也出现了死亡交叉。

6月1日，该股股价放量上攻，成功突破了布林线中轨线，布林通道的喇叭口随之出现了大幅放大。此时，MACD指标也出现了拐头向上态势，次日（6月2日），MACD指标在0轴附近位置出现了二度金叉。通过之前的分析可知，MACD指标此时出现的金叉成色较足，结合之前布林线捕捉主升浪的相关技巧，可以大致预判股价未来进入主升浪的概率很大，投资者可考虑提前入场。

此后，投资者可将MACD指标高位死叉看成减仓信号，并在股价跌破中轨线且中轨线没有拐头向下时执行卖出操作。

第三节 中轨线与指标双杀战法

无论是多方还是空方，都会将布林线中轨线看作是一条非常重要的防守线。当股价K线完成对中轨线的突破时，也就意味着股价突破了重要的阻力位，未来上升的空间就会变大，这是很多投资者都喜欢将股价突破中轨线看成重要买入信号的原因。不过，在实战中，单独的中轨线突破信号，有时也会存在不准确的问题，特别是股价处于横向振荡区间时，这种突破信号的准确性要大打折扣。若是将其他技术指标的买入信号与股价突破中轨线相结合，无疑可以增强买入信号的准确性。

一、突破中轨线与RSI指标金叉

RSI指标是一种衡量多空力量强弱对比的指标。在大多数证券交易软件中，RSI指标系统都是由三条指标线构成，即6日RSI指标、12日RSI指标和24日RSI指标。这三条指标线分别代表了短期、中期、长期股价走势的强弱。

股价自底部上升过程中，如果能够突破布林线中轨线，说明股价呈强势。

若6日RSI指标能在50线下方同步向上突破12日RSI指标和24日RSI指标，也是典型的短线强势信号。二者之间结合分析，非常适合中线波段交易者判断何时追涨波段强势股。

1. RSI指标的金叉特征

短期RSI线在低位（通常为50以下）向上突破长期RSI线，即RIS指标形成金叉，是重要的买入信号。若金叉出现在20以下的超卖区，则信号更为可靠。当金叉出现在50以上的高位时，虽然也是看涨信号，但这种情况下股价上涨的空间十分有限，投资者不宜介入，如图6–13所示。

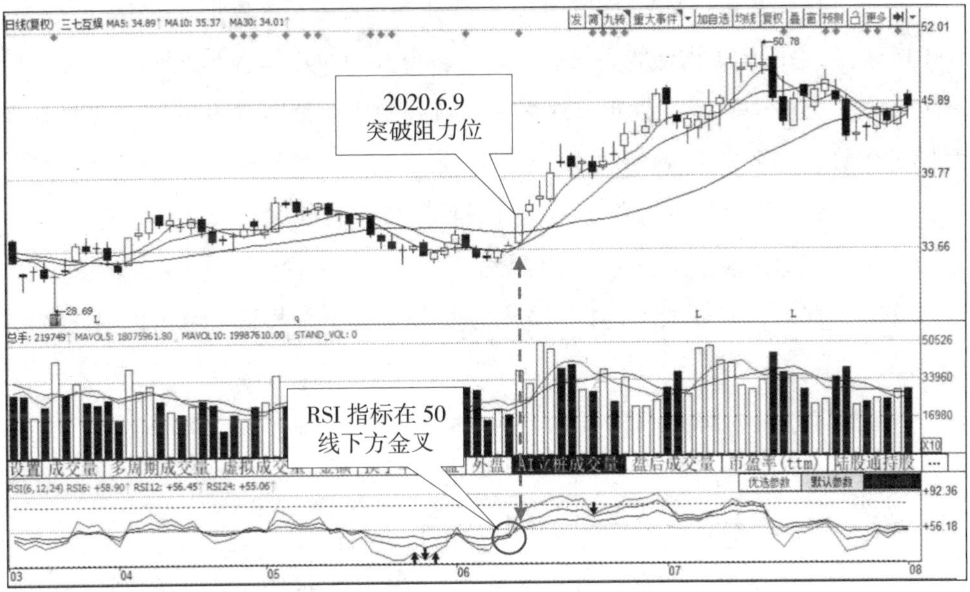

图6–13 三七互娱（002555）RSI指标走势图

如图6–13所示，三七互娱的股价经过一段时间的横向盘整之后，自2020年6月初开始进入上升通道。

2020年6月9日，该股股价高开高走收出一根放量大阳线。这根大阳线一举突破了多条均线的阻力，说明多方拉升意志比较坚定。

观察当日的RSI指标可知，在6月9日之前的交易日里，6日RSI指标已经率先在50线下方区域完成了对中长期RSI指标的穿越，即RSI指标已经在股价K线完成突破前走出了低位金叉形态。

综合以上判断，在6月9日股价K线完成突破后，投资者就可以积极入场做多了。此后，该股股价出现了一波上升行情。

2. RSI指标金叉与布林线中轨线突破

该技巧的操作要点如下。

第一，股价自底部启动上攻后，RSI指标随之上扬，但仍位于50线下方区域，说明多方实力有所增强，但空方仍占据优势地位。

第二，6日RSI指标随着股价的上涨在50线下方区域向上突破了12日RSI指标和24日RSI指标线，说明短期内多方实力快速增强。此时，若股价K线同步向上突破中轨线，且布林通道喇叭口开始放大，则说明多方已经建立了足够的优势，未来将掌控股价的走势。

第三，RSI指标出现低位金叉，且股价突破中轨线时，成交量也会随之出现放大现象，这是股价上行的基本保障。

第四，此后，只要股价运行于布林线中轨线之上，投资者就可以耐心持股待涨。

下面来看一下大华股份的案例。

如图6-14所示，大华股份的股价经过一段时间的急速下跌，于2020年5月底触及布林线下轨，之后出现止跌企稳迹象。

2020年6月1日，该股股价大幅上攻，6日RSI指标同步向上穿越中长期RSI指标，形成了黄金交叉，且该交叉点位于50线下方，说明该金叉的质量较高，股价未来可看高一线。

次日，即6月2日，该股股价平开高走收出一根中阳线，且股价向上突破了布林线中轨线。与此同时，布林通道的喇叭口开始放大，这是股价波动幅度扩大的一种体现，也说明股价即将进入上升通道。

喜欢波段交易的投资者，可在股价完成对中轨线突破时执行买入操作，并在RSI指标出现死叉时减仓，在股价K线跌破中轨线时执行清仓操作。

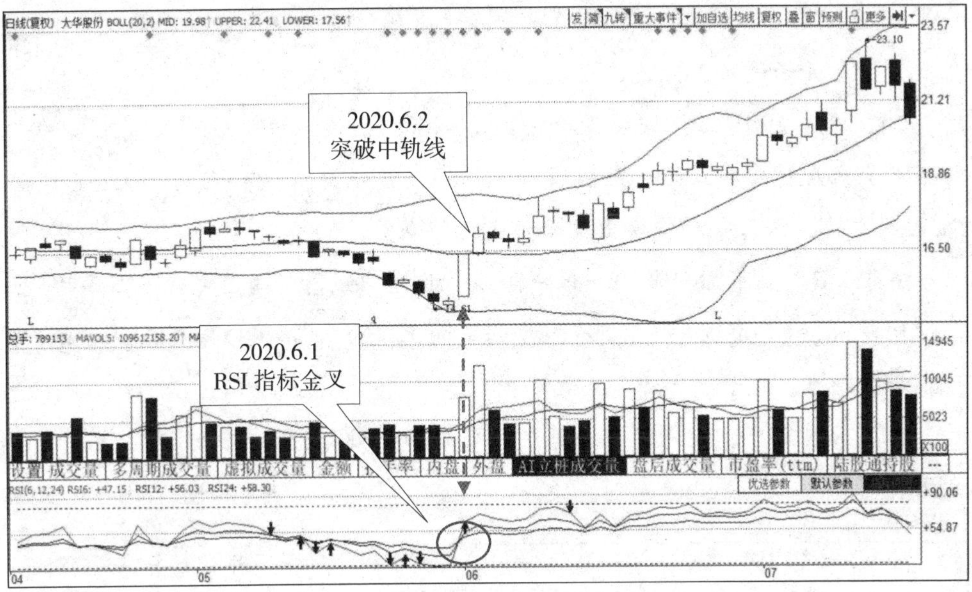

图 6-14 大华股份（002236）RSI 指标与布林线指标走势图

二、回调遇中轨线支撑与 MACD 指标“将死不死”

MACD 指标被称为最好用的振荡指标，是波段交易者最喜欢使用的技术指标。其交叉与背离、对 0 轴的穿越等形态，对股价的涨跌都有重要的指示作用。

股价自高位回落过程中，如果能够在中轨线位置获得支撑（偶尔跌破但很快拉起也可），说明股价仍处于强势区间，投资者可继续持股。若 MACD 指标能同步呈现“将死不死”的形态，投资者更可坚定地入场加仓。

1. MACD 指标“将死不死”形态

通常情况下，股价上升一段时间后出现回调，MACD 指标同步也会拐头向下运行，“死叉”往往会在这一阶段出现。但是，当 MACD 指标的 DIFF 线自上而下来到 DEA 线附近，即将向下穿越实现死亡交叉时，股价因受到支撑而重新上攻，DIFF 线并未完成死叉即重新上攻，就形成了“将死不死”形态。出现该形态说明股价回调已经结束，未来股价将会重新步入上升通道。

如图 6–15 所示，山东矿机的股价经过一段时间的横向盘整之后，自 2020 年 5 月下旬开始进入上升通道。

2020 年 6 月 19 日，该股股价收出了一根中阴线，说明股价短线上攻的走势可能会出现停滞。此后，该股股价连续振荡走低，MACD 指标的 DIFF 线向 DEA 线靠拢，给人一种将要出现死亡交叉的感觉。

7 月 1 日，该股股价收出一根中阳线，且该阳线重新向上突破了多条均线。与此同时，MACD 指标的 DIFF 线同步拐头向上，至此，MACD 指标正式形成“将死不死”形态。

见到此种形态，投资者可以考虑入场或加仓买入。此后，该股延续了之前的上升走势。

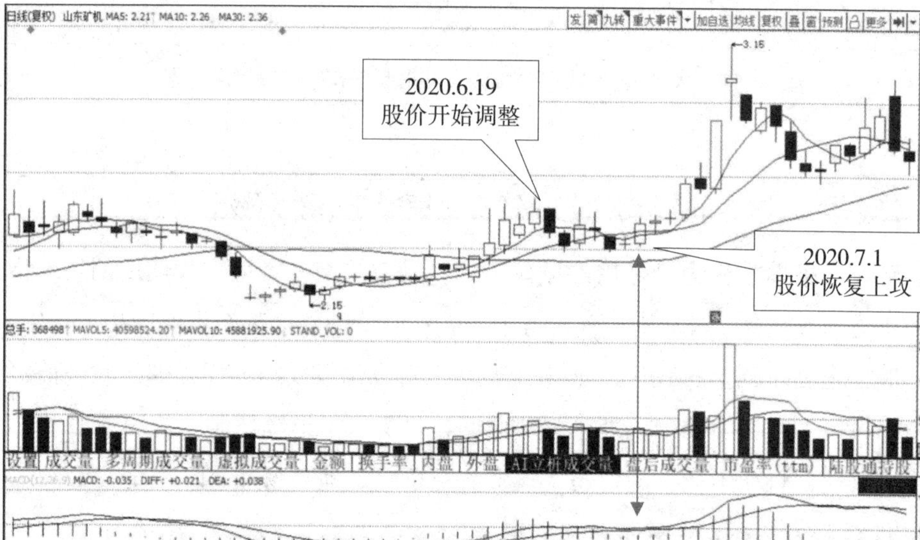

图 6–15　山东矿机（002526）MACD 指标走势图

2. MACD 指标“将死不死”与布林线中轨线支撑

该技巧的操作要点如下。

第一，股价自短期高点回落后，MACD 指标也会随之回落，但 DIFF 线仍位于 DEA 线上方，没有形成对 DEA 线的突破。

第二，股价 K 线在向布林线中轨线靠拢过程中，成交量也会同步出现萎缩态势，当股价遇中轨线支撑重新上升时，成交量也会同步放大。

第三，股价回落过程中，布林通道的喇叭口出现了明显的收缩迹象，当股价反向上攻时，布林通道的喇叭口重新放大。

第四，有时 MACD 指标中的 DIFF 线在向 DEA 线靠拢时，偶尔可能也会有跌破的情况，但若 DIFF 线被迅速拉升，仍可认定该形态有效。

下面来看一下传音控股的案例，如图 6–16 所示。

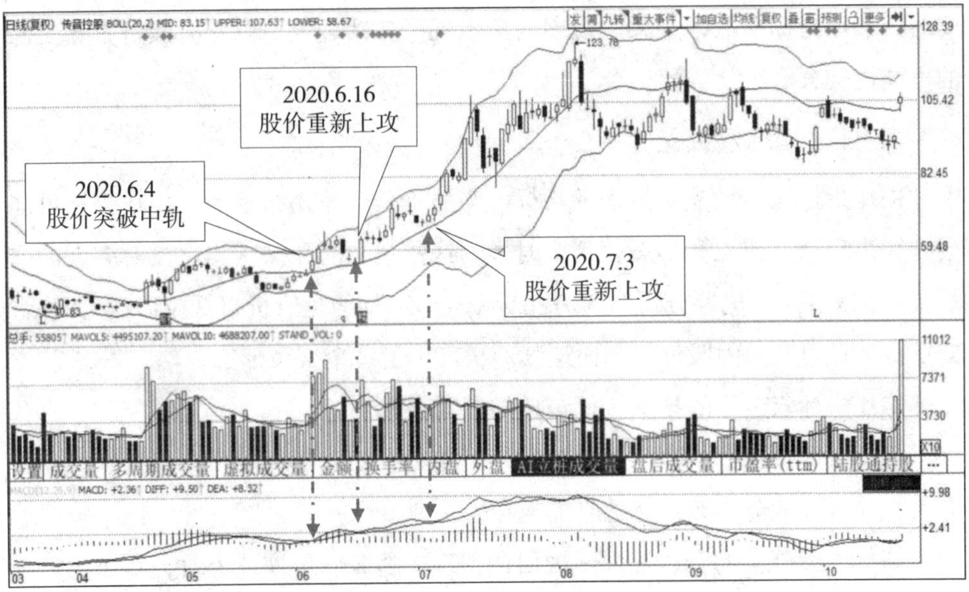

图 6–16 传音控股（688036）MACD 指标与布林线指标走势图

如图 6–16 所示，传音控股的股价在 2020 年 4 月到 5 月期间出现了低位盘整走势，布林通道的喇叭口出现了收缩。

6 月 4 日，该股股价自下而上突破了布林线中轨线，MACD 指标同步出现黄金交叉形态，说明股价有进入上升通道的可能。

其后，该股股价经过一段时间的上涨后，连续两次出现了调整走势，且股价调整至布林线中轨线位置时，因受到中轨线的支撑转而重新上攻。观察此时的 MACD 指标可知，MACD 指标中的 DIFF 指标线同步拐头向下，在即将与 DEA 指标线形成交叉时，因股价向上拉升而重新拐头向上。至此，MACD 指标在 6 月 16 日和 7 月 3 日两次形成“将死不死”形态。

综合以上分析，可以判断股价很可能会重新进入上升通道，投资者可考虑入场追涨买入该股。

三、遇中轨线反弹与 KDJ 指标双金叉

股价经过一波小幅上升后出现回调，遇布林线中轨线支撑转而再度上涨，此时，KDJ 指标继低位金叉后短期内又出现第二次金叉，意味着股价重新上涨的可能性较大。

1. KDJ 指标双金叉

KDJ 指标是一种非常灵敏的指标，当股价处于振荡行情时，KDJ 指标可能会频繁出现金叉或死叉形态。这个时候，这些金叉与死叉其实就没有多大的交易指示含义了。这里要分析的 KDJ 指标双金叉，指的是股价自低位启动上升后，KDJ 指标在短期内因股价回调而连续两次产生了黄金交叉形态。

KDJ 指标双金叉的技术特征包括如下几点。

第一，股价自低位启动了明显的上升走势，KDJ 指标同步自超卖区域反弹向上，并出现黄金交叉，这是股价走好的一种态势。

第二，股价在上升过程中出现回调整理，随着股价恢复上攻，KDJ 指标再度出现黄金交叉，这是股价启动上升的一个较为明确的信号。

第三，KDJ 指标的两个交叉点应该一个比一个高，说明股价仍处于上升趋势，股价趋势没有发生改变。

如图 6-17 所示，新宙邦的股价经过一段时间的下跌之后，在 2020 年 9 月中旬开始触底反弹。

2020 年 9 月 15 日，该股股价收出了一根小阳线，该阳线刚好完成对均线的突破。与此同时，KDJ 指标自超卖区域反弹向上并形成了第一次黄金交叉，

说明该股未来存在企稳上扬的可能。

其后，该股股价经过几个交易日的上涨后开始调整走势。10 月 9 日，该股股价收出一根大阳线，该阳线重新向上突破了多条均线。与此同时，KDJ 指标再度收出一个黄金交叉，且该交叉点高于第一个。

至此，新宙邦的 KDJ 指标在短期内出现了两次黄金交叉，这属于典型的看涨信号，投资者可积极做多。

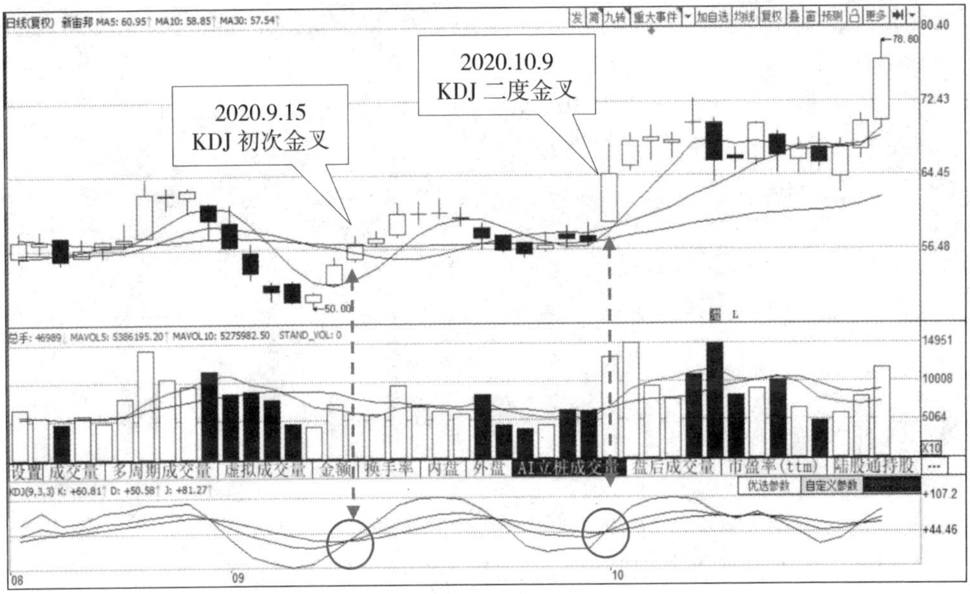

图 6-17　新宙邦（300037）KDJ 指标走势图

2. KDJ 指标双金叉与中轨线反弹

股价遇布林线中轨线支撑反弹向上时，KDJ 指标同步呈现双金叉形态，这属于股价上升的“双保险”，投资者可积极入场做多。

该技巧的具体操作要点如下。

第一，股价回调过程中，遇布林线中轨线后，因受到中轨线的支撑转而再度上涨，说明股价有重新向上的可能。

第二，股价再度反弹向上时，KDJ 指标在 50 线附近出现黄金交叉形态。

此黄金交叉为短期内出现的第二次交叉，且这次的交叉点高于前一次。出现这种走势，说明这波上涨的幅度可能会很大，投资者可考虑加大仓位跟进买入股票。

第三，KDJ 指标二度金叉时，若布林通道的喇叭口开始放大，则可增强股价上涨信号的有效性。

下面来看一下比亚迪的案例，如图 6-18 所示。

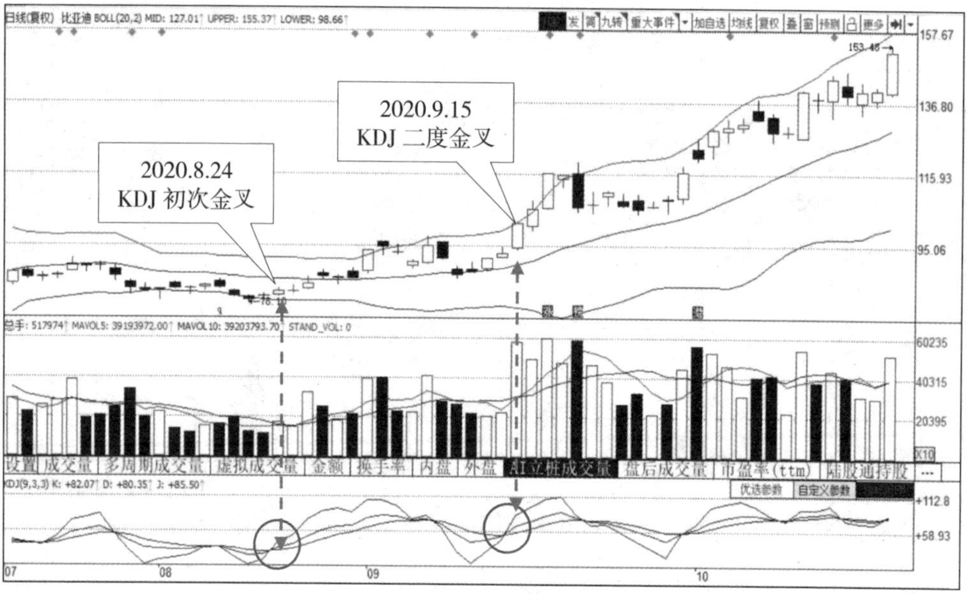

图 6-18　比亚迪（002594）KDJ 指标与布林线指标走势图

如图 6-18 所示，比亚迪的股价在 2020 年下半年一直处于振荡上行趋势中。

2020 年 8 月，该股股价经过一段时间的调整后，于 8 月 24 日重新开始上涨，KDJ 指标同步出现低位金叉。此后，该股经过一段时间的上涨，又开始了调整。

比亚迪的股价回调至布林线中轨线附近时，因受中轨线的支撑再度上涨。此时 KDJ 指标同步出现黄金交叉形态，且交叉点位于 50 线附近，远远高于上一次的金叉点。至此，KDJ 指标双金叉形态正式形成，说明股价短期内上涨的概率很高，投资者可考虑买入该股。

四、5 日均线与布林中轨线擒黑马

5 日均线被称为短线运行的保护线，它反应灵敏，是短线投资者最关注的一条均线。很多短线交易者都喜欢将 5 日均线作为短线交易的依托，不过，由于 5 日均线过于灵敏，股价对其穿越也会比较频繁，若将其与布林线中轨线相结合，无疑可以提升交易信号的准确性和有效性。

1. 股价向上突破 5 日均线

股价向上突破 5 日均线的有效性，其判断原则包括以下几点。

第一，5 日均线方向放平或向右上方倾斜。

第二，股价向上突破 5 日均线后，连续 3 个交易日位于 5 日均线上方，则可认定为有效突破。

第三，股价向上突破 5 日均线时，若成交量同步放大，则可增强突破信号的有效性。如图 6-19 所示。

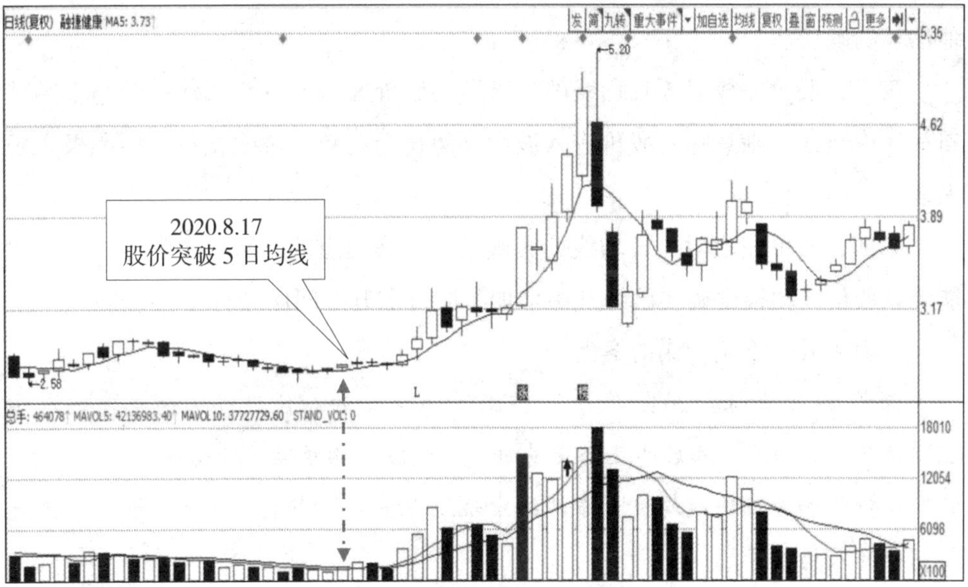

图 6-19 融捷健康（300247）日 K 线图

如图 6-19 所示，2020 年 8 月 17 日，融捷健康的股价经过振荡整理之后向上突破了5日均线。8月18日、19日，股价没有回到5日均线下方，证明突破有效，投资者可以在20日这一天短线买入。需要说明的是，对5日均线的突破，要选择股价处于相对低位时买入，而且必须要在验证其有效后方可介入。

2. 股价突破5日均线与布林线中轨线

前面说过，5日均线非常灵敏，股价对其突破之后，需要等待突破信号确认成立后才能执行买入操作，布林线中轨线就可以作为确认股价对5日均线突破有效的最有力信号。

该技巧的操作要点如下。

第一，股价完成对5日均线的突破时，若其后对布林线中轨线也完成了突破，则对中轨线突破后，即可确认突破有效，投资者可放心入场买入。

第二，股价完成对5日均线的突破时，若此时股价与5日均线均位于布林线中轨线之上，那么，此时的突破就是短线追涨的最佳入场点，无须再等待其他信号的确认。

第三，股价完成对5日均线的突破后，股价K线与5日均线同步向上突破布林线中轨线，则意味着股价进入波段强势运行趋势，波段交易者可积极入场做多。

第四，股价完成对5日均线的突破后，布林通道的喇叭口要同步放大，才能确认股价波动幅度确实已经开始增加，股价上升空间已经打开。

下面来看一下川金诺的案例。

如图6-20所示，2020年6月17日，川金诺的股价经过振荡整理之后向上突破了5日均线。其后的几个交易日，该股股价均紧贴5日均线运行。不过，此时股价线和5日均线均位于布林线中轨线下方，保守型投资者可继续等待更为明确的入场信号。

6月30日，川金诺的股价在前两个交易日回调的基础上再度上攻，且股价K线和5日均线同步向上穿越布林线中轨线，布林通道的喇叭口在经历了多个交易日的收缩后重新开始放大，这意味着股价的最佳买入信号已经出现，投资者可积极入场建仓。

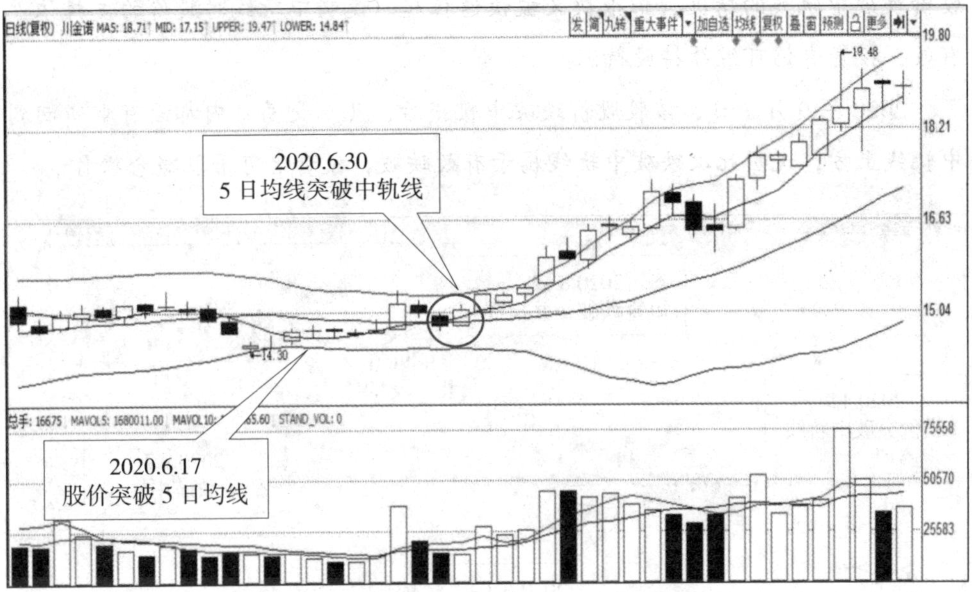

图 6-20　川金诺（300505）布林线指标走势图

第四节　区间追涨战法

区间追涨战法，本质上是利用布林线中轨线与上轨线的作业区间进行波动交易的一种交易技法。投资者也可以利用其他技术手段将这一交易区间细化，进而进行精细化交易操作。

一、常规区间交易战法

股价自下而上突破布林线中轨线之后，能够一直在中轨线上方运行，波段交易者就可以一直坚定地持有这类股票，直至股价 K 线有效跌破布林线中轨线。

如图 6–21 所示，星宇股份的股价 K 线自 2020 年 4 月 9 日向上突破布林线中轨线后，一直运行于中轨线之上。其中，6 月 3 日、8 月 12 日曾几次出现股价跌破中轨线的情况，但很快又被快速拉起，说明中轨线对股价的支撑依然有效，投资者仍可继续持股待涨。

2020 年 9 月 7 日，该股股价跌破中轨线后，几个交易日内都没有重新回到中轨线上方，说明此次跌破中轨线属于有效跌破，投资者可采取减仓操作。

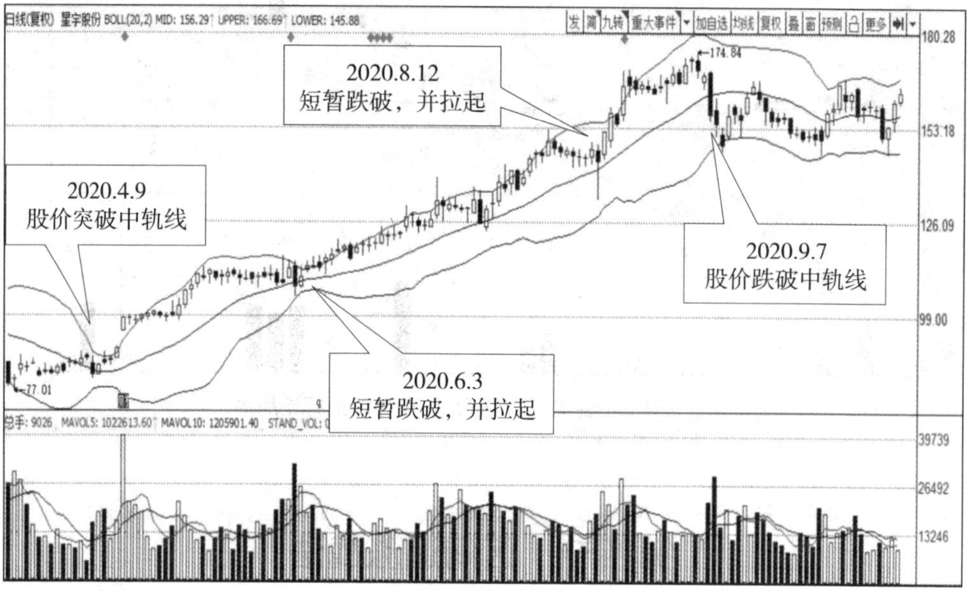

图 6–21　星宇股份（601799）布林线指标走势图

结合图 6–21 的案例，可以归纳以下在常规作业区间进行波段交易的技术特征。

第一，股价有效突破中轨线后（连续 3 个交易日位于中轨线上方），沿中轨线上行，且中轨线的方向向右上方倾斜，表示股价已经进入上升通道。

第二，随着股价的上行，布林通道的喇叭口应该呈放大状态，但也不宜过分放大，若放大幅度过大，则说明股价短期波动幅度过大，未来很难保证中线平稳运行。

第三，股价在上攻过程中，可能偶尔会跌破中轨线，但只要不是有效跌破中轨线，都可以继续持股待涨。

第四，若股价短线涨幅过大，突破并远离上轨线，可执行部分减仓操作，但股价回调遇中轨线支撑重新上行时，可考虑补仓。

第五，通常情况下，随着股价的波动，成交量、布林通道喇叭口都会呈现有规律的缩放，这属于典型的良性运行状态，投资者可耐心持股待涨。

第六，布林线中轨线开始放平或拐头向下时，预示股价运行趋势可能会发生改变，此时若股价跌破中轨线，则宜执行卖出操作。

下面来看一下建设机械的案例，如图 6-22 所示。

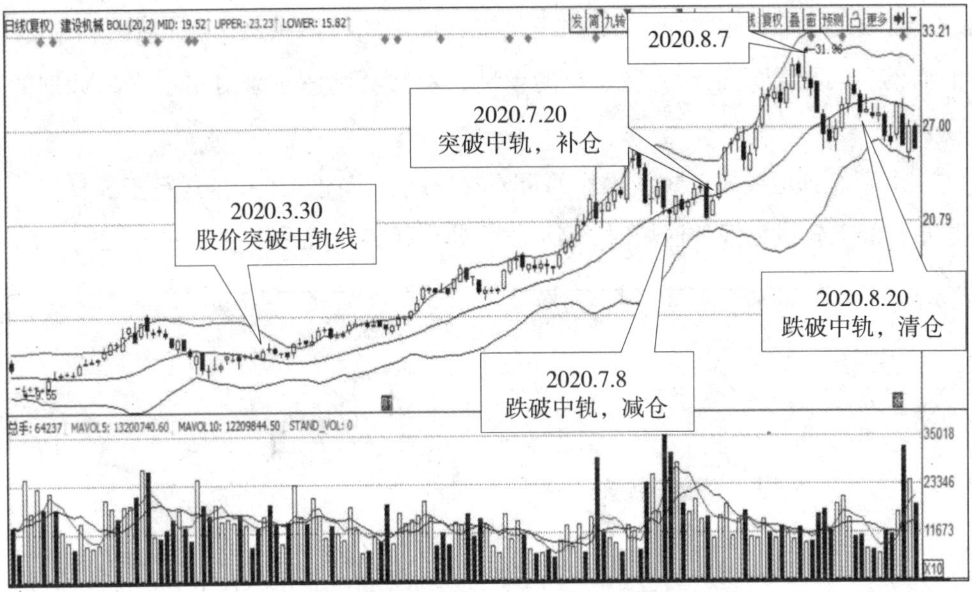

图 6-22　建设机械（600984）布林线指标走势图

如图 6-22 所示，建设机械的股价 K 线自 2020 年 3 月 30 日向上突破布林线中轨线后，一直运行于中轨线之上，投资者可耐心持股待涨。

7 月 8 日，该股股价自上而下跌破了布林线中轨线，且连续 3 个交易日没有回归到中轨线上方。但此时布林线中轨线的方向仍旧向右上方倾斜，说明股价中线上升趋势并未改变。投资者出于投资安全考虑，可执行减仓操作。

7 月 20 日，该股股价重新向上突破中轨线，投资者可择机进行补仓。

该股股价此后出现了幅度较大的上涨，并一度突破了上轨线，且在股价回归上轨线后再度上攻。8 月 7 日，该股股价突破上轨线未果，并出现回落，此时投资者可考虑减仓操作。

8 月 20 日，该股股价向下跌破中轨线，且中轨线方向出现拐头向下迹象，投资者可考虑再度减仓，在股价连续 3 个交易日没有回归中轨线上方时清仓。

二、5 日均线分层交易战法

此技巧与前面讲解的 5 日均线与布林线中轨线擒黑马十分相似，不过，前面的技巧更侧重于对突破点位的识别，本技巧则侧重于对整个交易计划的设置。

由于 5 日均线属于短线操作的重要支撑线，因此，当股价运行于 5 日均线与布林线上轨线之间的区域时，表示股价处于强势上行趋势中，如图 6-23 所示。

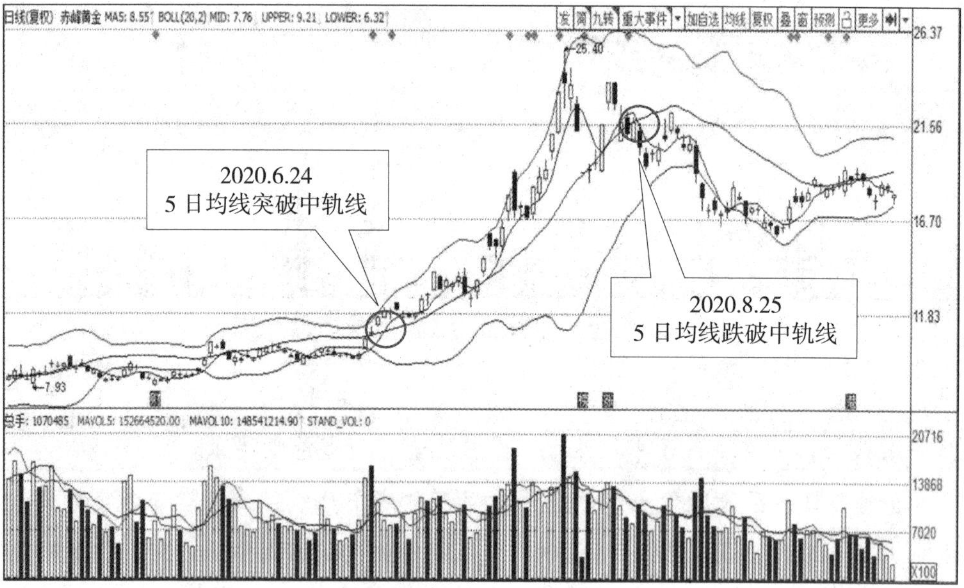

图 6-23　赤峰黄金（600988）布林线指标走势图

如图6–23所示，2020年6月24日，赤峰黄金的股价延续了之前的上攻势头，与此同时，5日均线向上突破了布林线中轨线，说明股价进入强势上攻区间。此后，该股股价一直运行于5日均线与上轨线之间的区域。只要5日均线没有跌破中轨线，股价还在该区域运行，投资者就可以耐心持股待涨。

8月25日，5日均线向下跌破了布林线中轨线，说明股价运行趋势可能会发生改变，投资者宜卖出手中的股票。

结合图6–23的案例，可以总结在强势操作区间进行波段交易的技术特征。

第一，股价运行于5日均线之上，说明股价处于强势上升趋势中。

第二，随着股价的上行，5日均线向上突破布林线中轨线，意味着股价进入强势操作区间，投资者可以安心持股待涨。

第三，股价上攻过程中，可能会出现跌破5日均线的情况，但只要5日均线没有跌破中轨线，依旧可以说明股价处于强势上升区间，投资者可继续持股。

第四，若股价短线涨幅过大，突破并远离上轨线，可执行部分减仓操作，但股价回调遇中轨线支撑转而重新上行时，可考虑补仓。

第五，股价连续下跌，且5日均线跌破布林线中轨线时，说明股价已经脱离强势区间，投资者可考虑卖出止盈。

下面来看一下林洋能源的案例。

如图6–24所示，2020年7月2日，林洋能源的股价延续了之前的上攻势头。与此同时，5日均线向上突破了布林线中轨线，说明股价进入强势上攻区间。此后，该股股价一直运行于5日均线与布林线上轨线之间的区域。只要5日均线没有跌破中轨线，且股价还在该区域运行，投资者就可以耐心持股待涨。

在股价上涨过程中，曾出现了若干次回调走势，股价一度跌破5日均线。不过，5日均线并未跌破中轨线，投资者可继续持股。

8月3日，该股股价触及布林线上轨线后出现回落走势，由于此时股价已经远离均线，投资者可考虑适当减仓操作。

8月12日，5日均线向下跌破了布林线中轨线，说明股价运行趋势可能会发生改变，投资者宜卖出手中的股票。

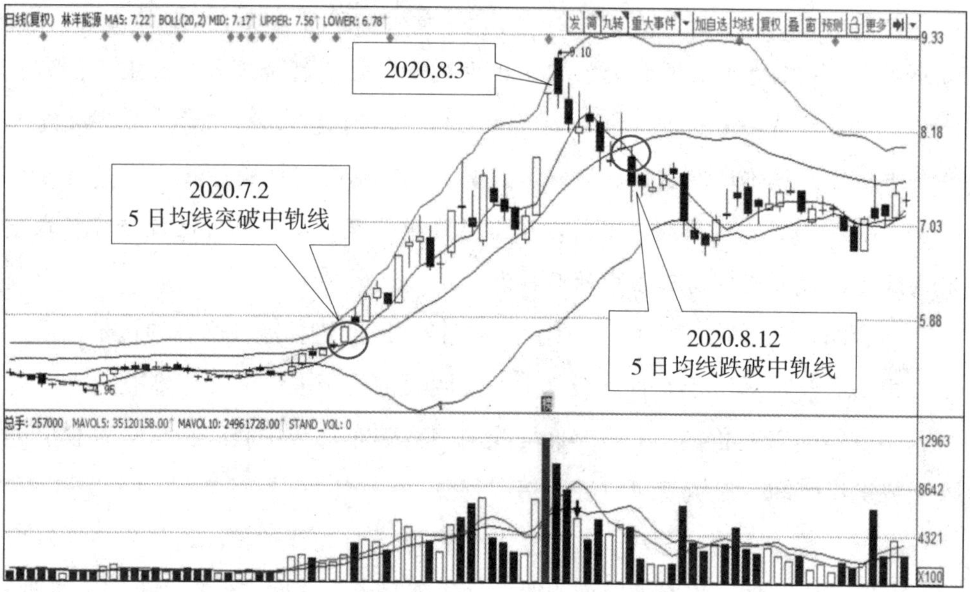

图 6-24　林洋能源（601222）布林线指标走势图

三、五轨布林线分层交易战法

将普通的三轨布林线调整为五轨布林线的方法，前面已经介绍过，这里不再赘述。投资者通过五轨布林线，可以将整个交易区间进行细化，特别是当股价运行于布林线中轨以上区域时，通过五轨布林线，可以将股价划分为强势上升区间与弱势上升区间，极大地丰富了投资者的操作手法，提升了交易效率。

如图 6-25 所示，2020 年 7 月 3 日，上海医药的股价延续了之前的上攻势头，并向上突破了布林线中轨线。此后，该股股价一直运行于中轨线与上轨线 1 之间的区域，说明股价处于弱势上升区间。8 月 3 日，该股股价出现加速上涨迹象，并进入了上轨线 1 与上轨线 2 之间的强势上升区间，喜欢追涨的投资者可积极跟进。

结合图 6-25 的案例，可以总结在强势上升区间与弱势上升区间进行波段交易的技术特征。

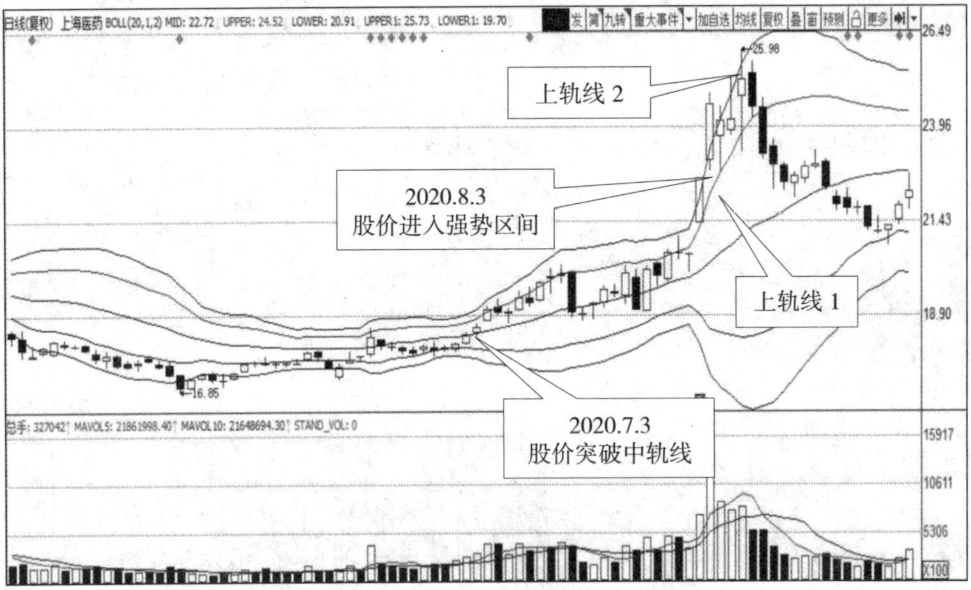

图 6-25　上海医药（601607）五轨布林线指标走势图

第一，无论股价处于强势上升区间还是弱势上升区间，总体上股价都处于上升趋势中，波段交易者都可以耐心持股操作。

第二，股价处于弱势上升区间，持续的时间可能会很长；当股价进入强势上升区间后，通常停留的时间不会太久，一旦股价自强势上升区间回归，股价就有终结上升趋势的可能。

第三，喜欢短线追涨的投资者，可将股价进入强势上升区间看成短线入场信号，并在股价跌破强势上升区间时执行卖出操作。

第四，波段交易者则可在股价从强势上升区间撤回时进行减仓操作，并在股价跌破中轨线时执行卖出清仓操作。

下面来看一下陕鼓动力的案例。

如图 6-26 所示，2020 年 4 月 10 日，陕鼓动力的股价延续了之前的上攻势头，并向上突破了布林线中轨线。此后，该股股价一直运行于中轨线与上轨线 1 之间的区域，说明股价处于弱势上升区间，中线投资者可耐心持股待涨。

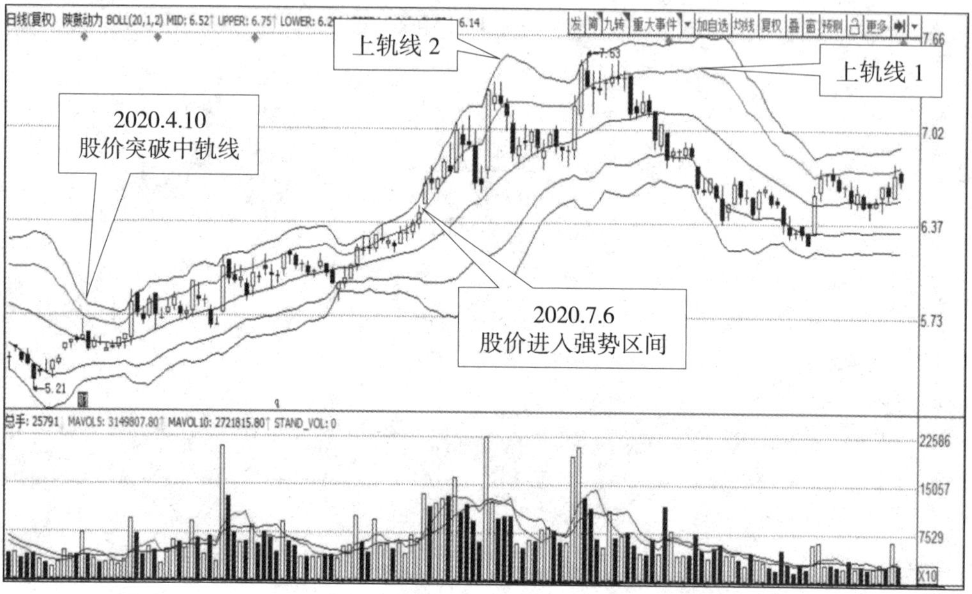

图 6-26　陕鼓动力（601369）五轨布林线指标走势图

2020 年 6 月中旬，该股股价一度跌破了中轨线，但鉴于中轨线方向仍是向右上方倾斜，投资者可进行适度减仓。

其后，该股股价重拾上升势头，并重新突破了中轨线，投资者可积极补仓。7 月 6 日，该股股价进一步向上突破了上轨线 1，进入了强势上升区间。此时，喜欢短线追涨的投资者可以入场追涨该股，只要股价运行于上轨线 1 和上轨线 2 之间的区域，就说明股价呈强势，短线交易者可耐心持股。

当股价 K 线跌破上轨线 1 时，投资者可进行减仓操作；当股价 K 线跌破中轨线，且中轨线出现放平或拐头向下态势时，可执行清仓操作。

第五节　中轨线卖出战法

前面介绍过，布林线中轨线是波段交易者的中期生命线，一旦中轨线拐头向下，股价完成对中轨线的向下突破，就意味着股价中期行情终结，投资者应该远离这类股票。

实战中，还有一些比较实用的中轨线卖出技术，本节主要讲解其中的两种，供读者参考。

一、触及中轨线遇阻回落

一般而言，当股价运行于中轨线下方时，是不建议投资者入场交易的。不过，在股价出现超跌的情况下，有时候入场抄底后，股价也会随之回升。当股价触及中轨线且并未突破中轨线就出现回落的迹象时，则属于典型的卖出信号。如图 6-27 所示。

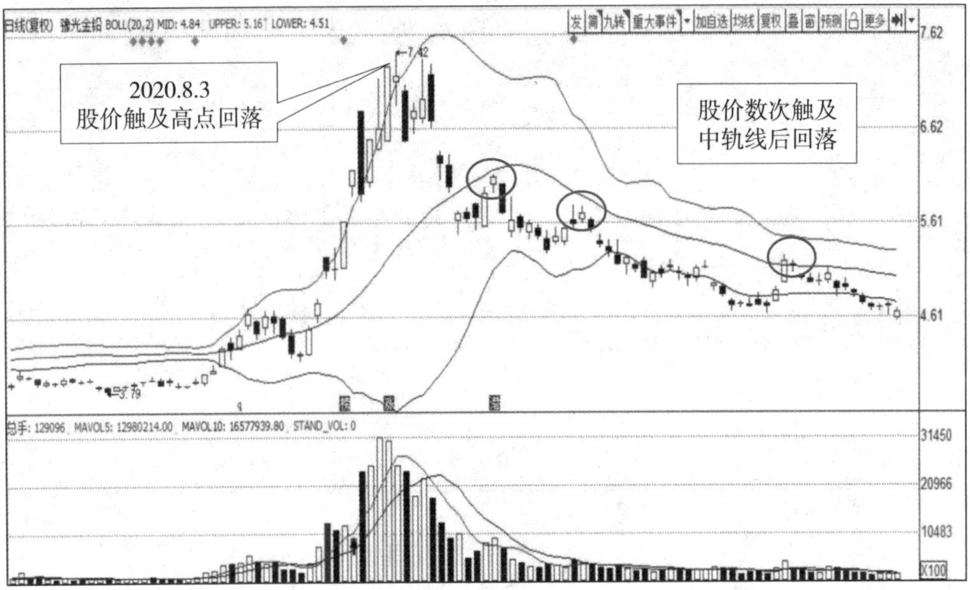

图 6-27　股价触及中轨线回落

如图 6-27 所示，豫光金铅的股价自 2020 年 8 月 3 日在高位回落后一路下跌，并很快跌破了中轨线。其后，该股股价一直沿布林线下轨线下行。其间，该股股价多次出现反弹走势，但当股价反弹至布林线中轨线位置时，均因中轨线的阻力而回落。

从图 6-27 中股价与布林线的位置关系，可以看出如下几个技术特征。

第一，股价自高点回落一段时间后，可能来到布林线下轨线附近，甚至会跌破下轨线，此后股价可能会出现反弹走势。

第二，随着股价的反弹，布林通道的喇叭口可能会出现收缩，这是股价波动幅度变弱的标志。

第三，股价反弹至布林线中轨线位置时，因受到中轨线的阻力转而重新下跌。一般情况下，此时布林线中轨线会向右下方倾斜，即股价运行趋势属于下行趋势，这是投资者离场的最佳时机。

第四，随着股价在中轨线位置遇阻回落，布林通道的喇叭口可能会重新放大，这也是股价加速下跌的一种迹象。

下面来看一下山东黄金的案例，如图 6-28 所示。

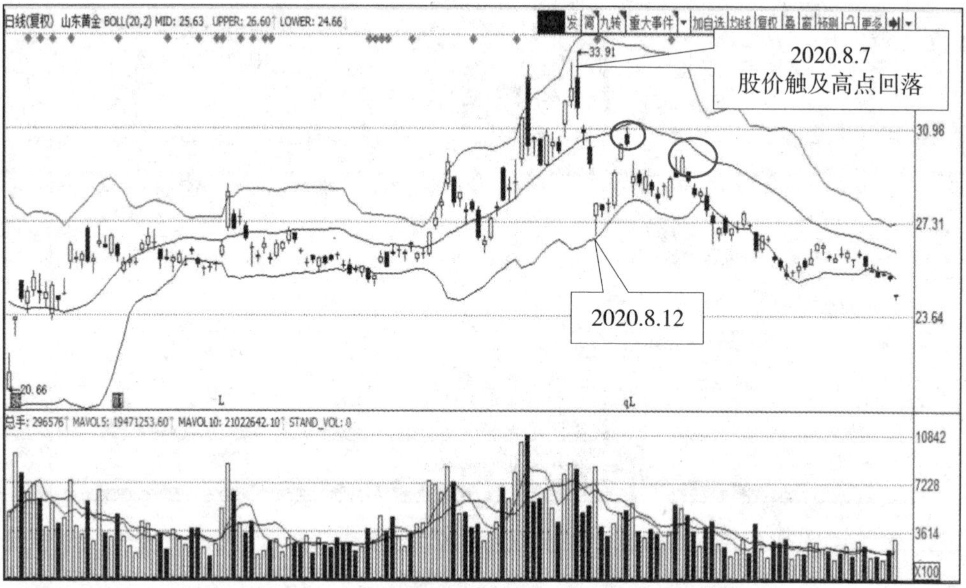

图 6-28　山东黄金（600547）布林线指标走势图

如图 6-28 所示，山东黄金的股价自 2020 年 8 月 7 日高位回落后一路下跌，并很快跌破了布林线中轨线。

2020 年 8 月 12 日，该股股价在触及了布林线下轨线后出现反弹走势，由于该股之前跌幅很大，很多喜欢抢反弹的投资者开始入场。此后，该股股价在触及中轨线位置时，因受中轨线的阻力转而再度下跌。随着股价反弹遇阻回落，布林通道的喇叭口开始重新放大，说明该股股价还将延续下跌趋势。

其后，该股股价一直沿布林线下轨线下行。其间，该股多次出现反弹走势，但当股价反弹至布林线中轨线位置时，均因中轨线的阻力而回落。

由于该股已经步入下行趋势，投资者还是不参与反弹为宜。

二、MACD 高位死叉与股价跌破中轨线

股价自高位回落并跌破布林线中轨线，被认为是股价运行趋势发生转变的一个明显信号。不过，有些时候，股价跌破中轨线时，一方面股价可能已经有了较大的跌幅，另一方面，股价跌破中轨线，有时还要等到中轨线拐头向下才能获得确认。通过引入其他技术指标辅助股价跌破中轨线这一信号，将会大大提升预判的准确性。比如，MACD 指标的高位死叉就是一个不错的选择。

1. MACD 指标高位死叉

股价经过一段时间的上升后进入高位，与此同时，DIFF 快线经过一段时间的快速上涨后，自上而下快速穿越 DEA 慢线，且交叉点位于 0 轴以上较远的位置。此时，多数属于行情反转情况，即股价由快速上涨转为下跌。

如图 6-29 所示，时代出版的股价在 2020 年上半年随着大盘的上涨而走出了一波暴涨行情，MACD 指标中的 DIFF 快线和 DEA 慢线也同步上升。2020 年 7 月 17 日，该股股价在连续几个交易日出现回调的基础上，DIFF 快线自上而下穿越 DEA 慢线，形成了高位死亡交叉形态，意味着股价后市下跌的概率很大。由于此时 DIFF 快线和 DEA 慢线仍位于 0 轴上方，投资者可卖出大部分股票，留少许筹码。

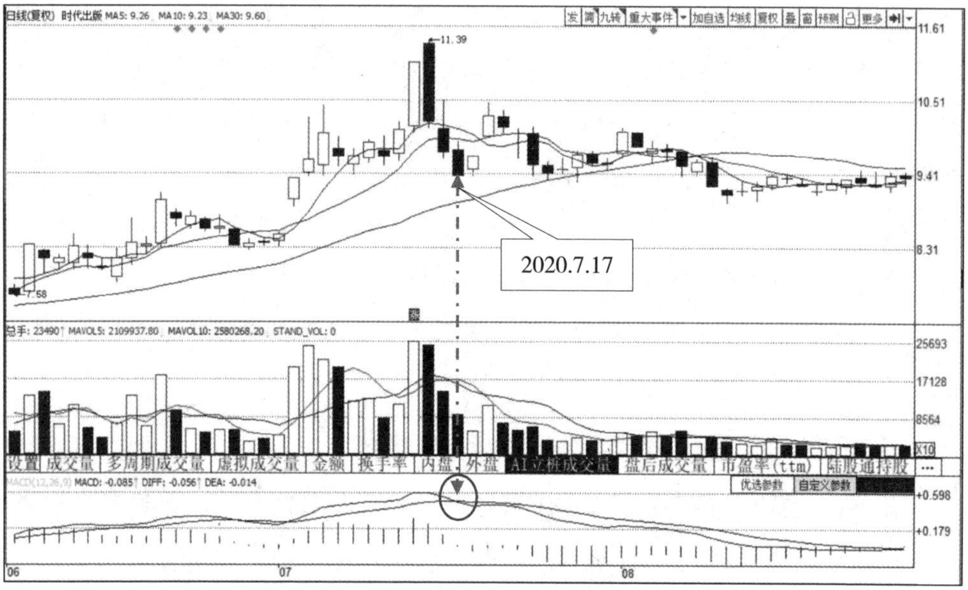

图 6-29 时代出版（600551）MACD 指标走势图

2. MACD 指标高位死叉与股价跌破布林线中轨线

股价自高位回落，若 MACD 指标出现高位死叉形态，且股价同步向下跌破布林线中轨线，则意味着股价中线上行趋势可能终结，投资者可考虑卖出操作。

如图 6-30 所示，老白干酒的股价在 2020 年上半年随着大盘的上涨走出了一波暴涨行情。7 月初，该股股价一度向上突破了布林线上轨线。其后，该股股价经过振荡调整，于 7 月 14 日创下阶段高点。不过，此时股价 K 线却仍停留在布林通道之内，说明股价上涨力度不足，未来有回调的可能。此后，该股股价出现回调走势，保守型投资者可考虑减仓操作。

7 月 16 日，该股股价以跌停报收，MACD 指标同步出现高位死叉，投资者可考虑进一步减仓。次日，股价 K 线向下跌破中轨线，由于 MACD 指标已经率先发出死叉信号，投资者可在此时直接清空仓位。

此后，该股股价出现了一波振荡下跌走势。

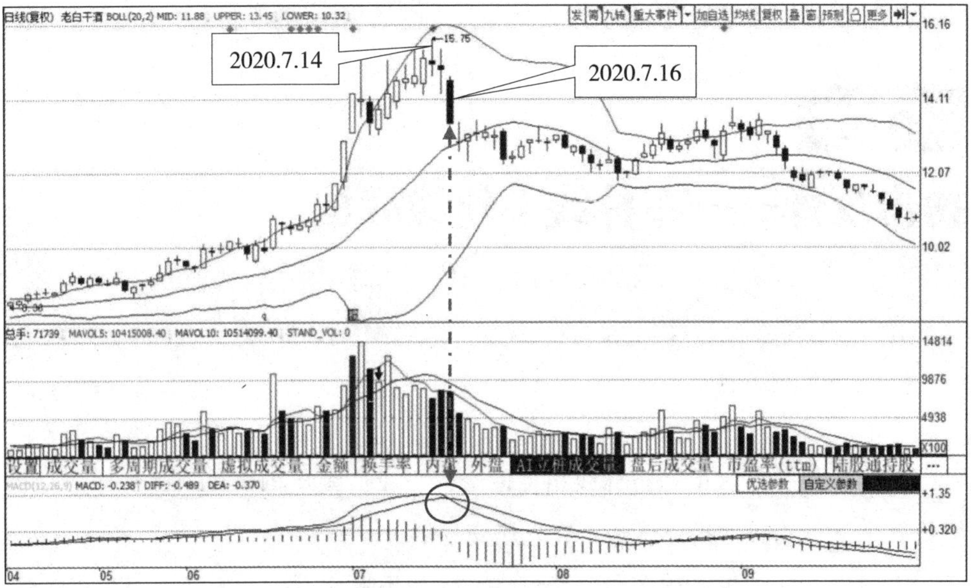

图 6-30　老白干酒（600559）布林线指标走势图

第七章

搏击反弹——布林线下轨线战法

按照趋势交易理论和布林线相关理论，当股价触及布林线下轨线时，说明股价处于下行趋势，投资者是不宜入场交易的。

不过，在实战中，很多股票经过一波大幅下跌之后，空方实力得到极大的消耗，股价确实存在触底反弹的可能。这里甄选了一些在实战中应用效果较好的布林线下轨线买入技法，供读者参考。

第一节　下轨线支撑反弹战法

按照布林格先生设计布林线指标的初衷，当股价触及布林线下轨线时，是很难确认股价会反转向上的。也就是说，股价触及下轨线只能看成一个顺势指标，即股价可能还会继续下跌。不过，在实战中，确实有一些股票在股价触及布林线下轨线后出现了反弹走势，因此，通过一些辅助性技术指标对反转性走势和顺势性走势加以区分，是十分有必要的。

如图 7-1 所示，浙江广厦的股价在 2020 年 5 月 22 日触及了布林线下轨线之后，出现了一波反弹向上的走势。

结合该股 K 线、成交量形态，可以对股价触及布林线下轨线反弹的一些特点进行分析。

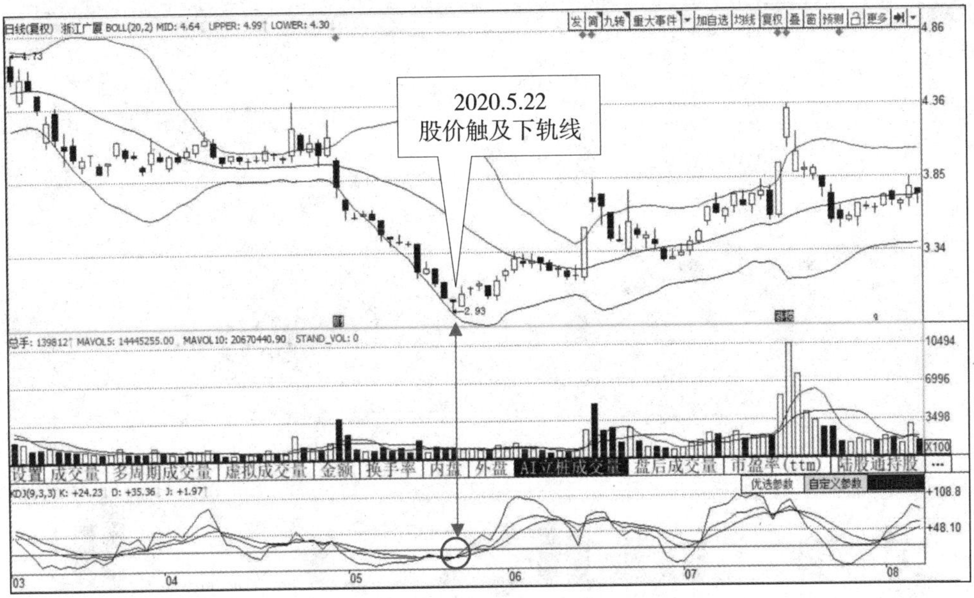

图 7-1　浙江广厦（600052）布林线指标走势图

第一，股价触及布林线下轨线时，该 K 线呈现出锤子线形态。在低位出现该形态，本身就是一种行情触底的信号。

第二，随着股价的反弹，技术指标发出买入信号。比如，KDJ 指标自超卖区域反弹向上，并在 20 线下方形成了低位金叉形态，这也是一种看涨信号。

第三，股价 K 线触及布林线下轨线之后，出现反弹向上的迹象，这也是一种股价企稳的信号。

总之，单独的股价触及下轨线很难判断其会出现反弹走势，若与其他技术指标组合分析，就会更容易识别股价反弹的迹象。

一、触下轨线反弹后过中轨线

很多保守型投资者对股价触及下轨线之后的反弹仍持谨慎态度，股价处于下行趋势时，即使偶尔出现反弹，也随时可能夭折。此时，通过中轨线确认下轨线支撑的有效性，是一个不错的选择。如图 7-2 所示。

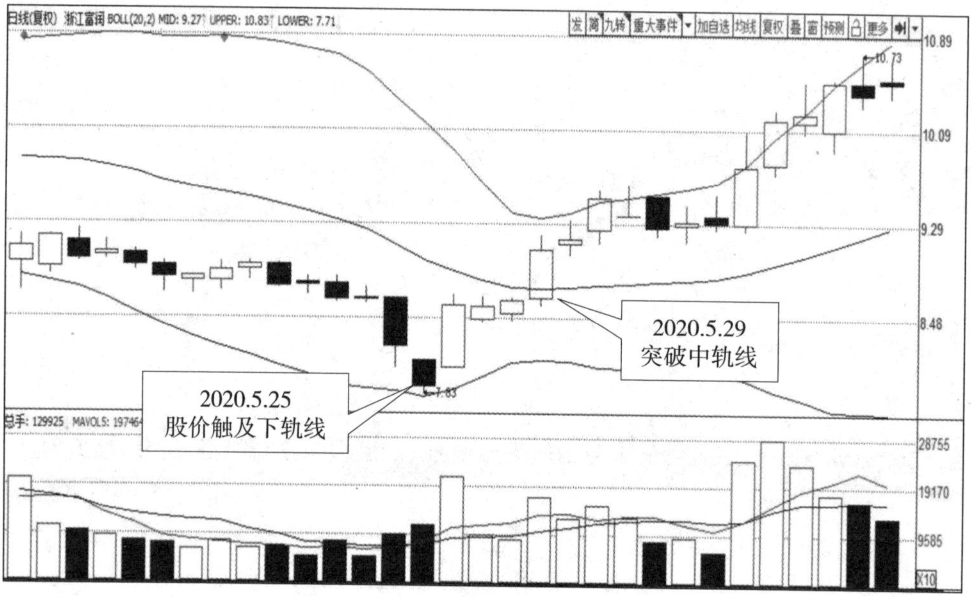

图 7-2 股价触及下轨后反向突破中轨

从图 7-2 中股价 K 线与布林线之间的位置关系，可以看出如下几个技术特征。

第一，股价经过一段时间的下跌，触及布林线下轨线后反向上攻，并突破了中轨线，说明该股股价存在中线走强的可能。

第二，股价上攻过程中，成交量出现了明显放大，这是股价上行的基本保障。

第三，股价触及下轨线反弹时，布林通道的喇叭口同步收缩。股价突破中轨线后，布林通道的喇叭口重新开始放大，说明股价即将进入上攻趋势，投资者可考虑积极入场。

由于股价 K 线突破布林线中轨线本身就可以看作买入信号，此时，股价触及下轨线反弹向上突破中轨线，其实是一种买入信号的强化，比较适合保守型投资者。

下面来看一下宋都股份的案例。

如图 7-3 所示，2020 年 4 月到 6 月期间，宋都股份的股价出现了一波振荡下行走势。股价振荡下跌过程中，曾于 6 月 12 日和 6 月 29 日触及布林线下轨线。

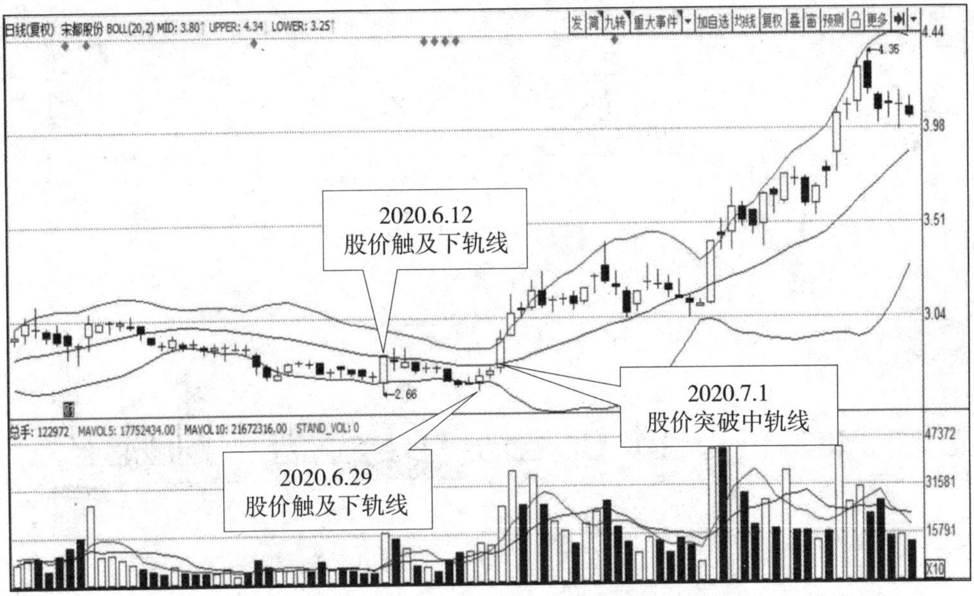

图 7-3 宋都股份（600077）布林线指标走势图

不过，该股股价在 6 月 12 日触及下轨线后，反弹并未突破中轨线，随后重新进入下行通道。6 月 29 日，该股股价再度触及布林线下轨线后再次反转向上，并于 7 月 1 日放量向上突破中轨线，至此，该股股价的反弹行情基本确立，投资者可考虑追涨买入该股。

二、下轨线支撑与 KDJ 指标超卖反弹

股价 K 线触及布林线下轨线后出现反弹走势，与此同时，KDJ 指标在超卖区反弹向上，意味着股价可能结束下跌趋势，开启一波反弹行情。此时，投资者可在控制仓位的前提下少量参与其中，如图 7–4 所示。

从图 7–4 中股价 K 线与布林线之间的位置关系，可以看出如下几个技术特征。

第一，股价经过一段时间的下跌，触及下轨线后反向上攻，在股价反弹时，成交量出现放大迹象。

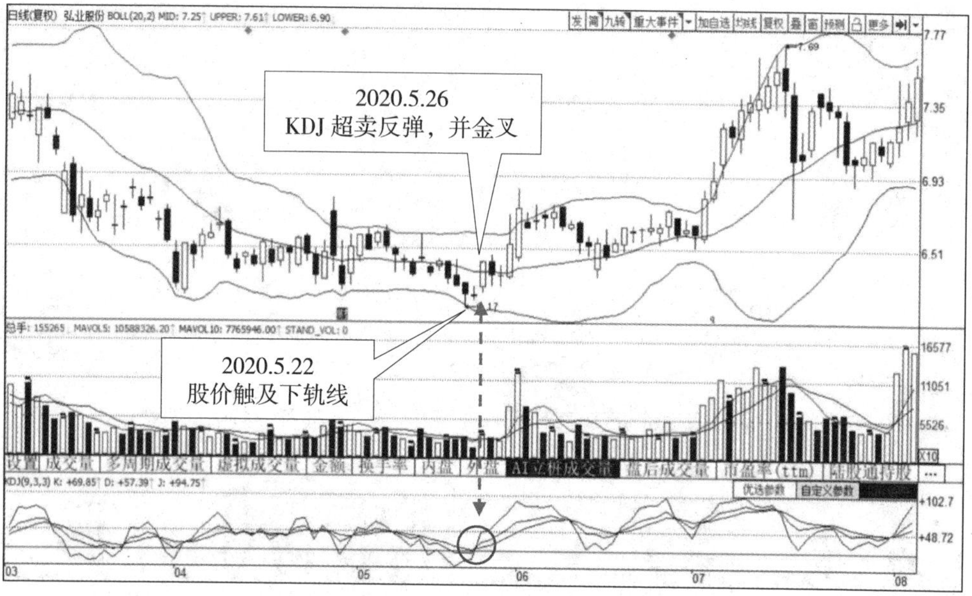

图 7-4　股价遇下轨支撑 KDJ 超卖反弹金叉

第二，股价触及布林线下轨线时，KDJ 指标已经进入超卖区间，当股价遇到支撑反弹时，KDJ 指标同步自超卖区间反弹向上，若能在 20 线附近形成低位金叉更佳。

第三，股价触及下轨线反弹时，布林通道的喇叭口同步收缩，股价突破中轨线后，布林通道的喇叭口重新开始放大，说明股价即将进入上攻趋势，投资者可考虑积极入场。

下面来看一下联美控股的案例。

如图 7-5 所示，联美控股的股价自 2020 年 5 月中旬开始出现了一波振荡下行走势。该股股价经过一段时间的下跌后，股价 K 线开始沿布林线下轨线下行，这是行情持续走弱的信号，投资者不宜进场交易。

9 月 11 日，该股股价再度触及布林线下轨线后反弹向上。下一交易日（即 9 月 14 日），该股股价继续高开高走，且 KDJ 指标自超卖区间反弹向上，并在 20 线附近区域形成了低位金叉，这属于典型的看涨信号，激进型投资者可考虑入场抄底，但也要控制好仓位。

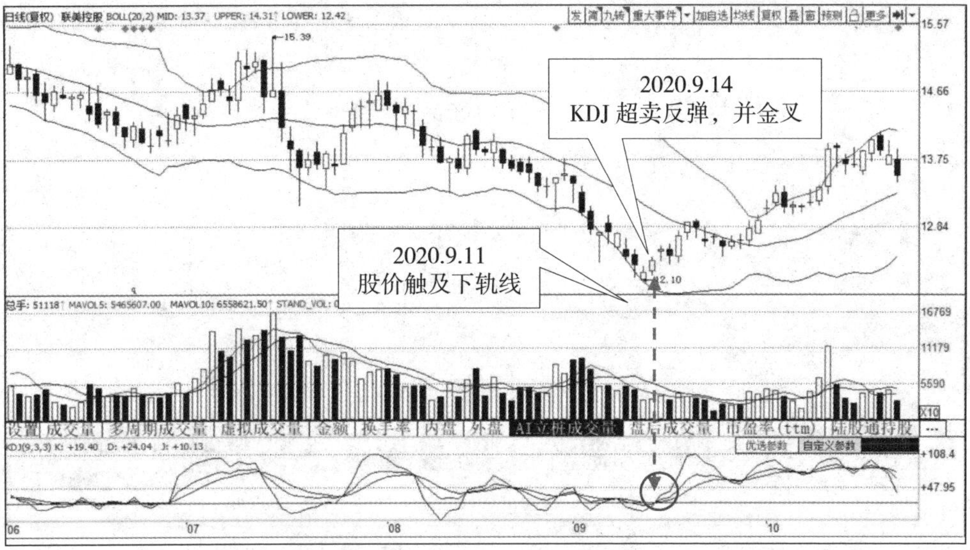

图 7-5 联美控股（600167）布林线、KDJ 指标走势图

三、下轨线支撑与 MACD 指标底背离

股价 K 线在触及布林线下轨线后出现反弹走势，与此同时，MACD 指标出现底背离，意味着股价可能结束下跌趋势，开启一波反弹行情。在这种情况下，投资者可以控制好仓位，少量参与其中，如图 7-6 所示。

从图 7-6 中股价 K 线与布林线、MACD 指标之间的位置关系，可以看出如下几个技术特征。

第一，股价经过一段时间的下跌，在触及下轨线后反向上攻，在股价反弹时，成交量出现放大迹象。

第二，股价触及下轨线时，相比之前的低点已经有了明显的下跌，MACD 指标形成的阶段低点却要高于前一个，即 MACD 指标与股价形成了底背离，这是股价即将结束下行趋势的一个信号。

第三，MACD 指标形成第二个低点并拐头向上时，若 MACD 指标同步出现金叉，则可增强股价上升的概率。

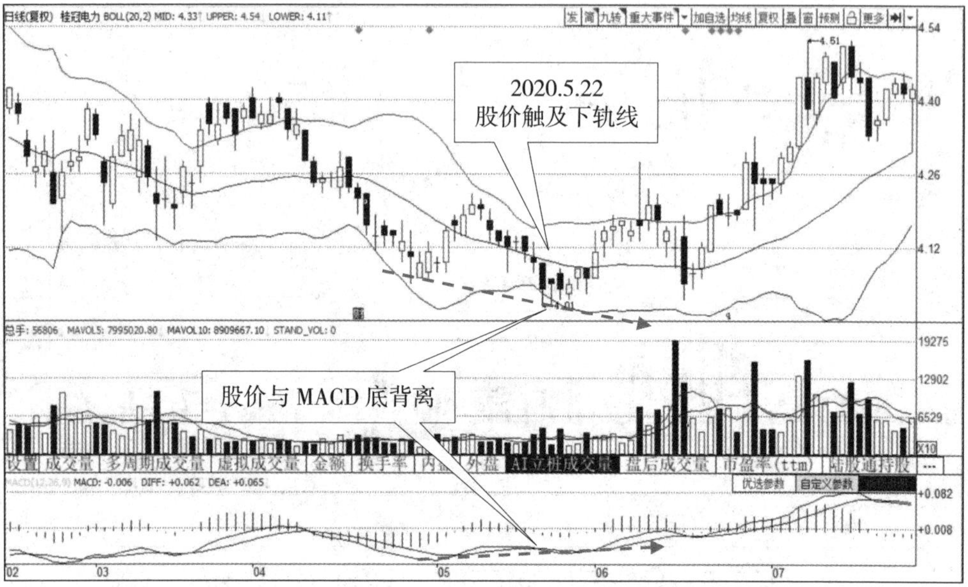

图 7-6 股价遇下轨支撑与 MACD 指标底背离

第四，股价触及下轨线反弹时，布林通道的喇叭口同步收缩，股价突破中轨线后，布林通道的喇叭口重新开始放大，说明股价即将进入上攻趋势，投资者可考虑积极入场。

下面来看一下华发股份的案例。

如图 7-7 所示，华发股份的股价自 2020 年年初开始出现了一波振荡下行走势。该股股价经过一段时间的下跌后，股价 K 线开始沿布林线下轨线下行，这是行情持续走弱的信号，投资者不宜进场交易。

2 月 4 日，该股股价曾一度跌破布林线下轨线，之后反弹向上，但随后又重新进入下行通道，并在 3 月 23 日触及布林线下轨线后反弹向上。股价 K 线在 3 月 23 日形成的低点明显要低于 2 月 4 日的低点，观察此时的 MACD 指标可知，尽管 MACD 指标也随着股价 K 线的下行而下跌，但其 3 月 23 日形成的低点要高于 2 月 4 日的低点，即 MACD 指标与股价形成了底背离形态，这属于股价即将反弹的信号。

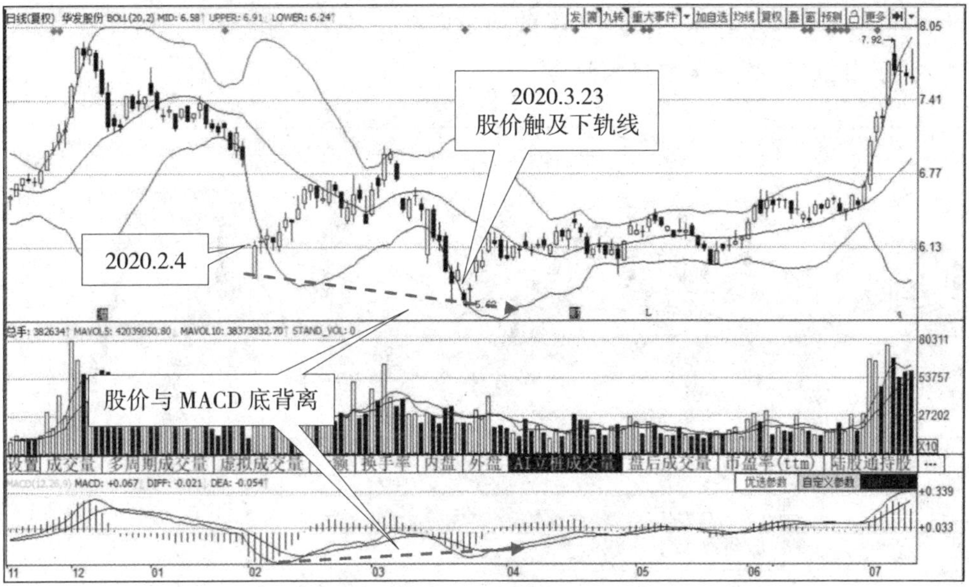

图 7-7　华发股份（600325）布林线、MACD 指标走势图

此后，该股股价 K 线连续上行，可以预判股价可能会出现一波反弹或反转走势，激进型投资者可少量入场建仓。

第二节　下轨线超跌反弹战法

在布林线指标体系中，超跌是指股价 K 线已经跌破了布林线下轨线的一种状态。大家知道，布林线下轨线本身就是股价波动的最低限，当股价跌破该线时，就意味着股价进入了一种非常态区域，这种状态是不可能持续的，因此，未来股价重新回归布林通道的概率极高。下面讲述的下轨线超跌战法也是基于此设计的。

如图 7-8 所示，2020 年 2 月初，随着疫情的蔓延，股市大盘出现了暴跌走势，欣天科技的股价也在 2 月初随着大盘的暴跌出现了大幅下跌走势。2 月 4 日，该股股价在之前跌破布林线下轨线的基础之上再创新低，此时股价距离布林线下轨线已经较远了，未来存在一定的回归需求。对于喜欢买入超跌股票的投资者来说，此时就是一个不错的机会。

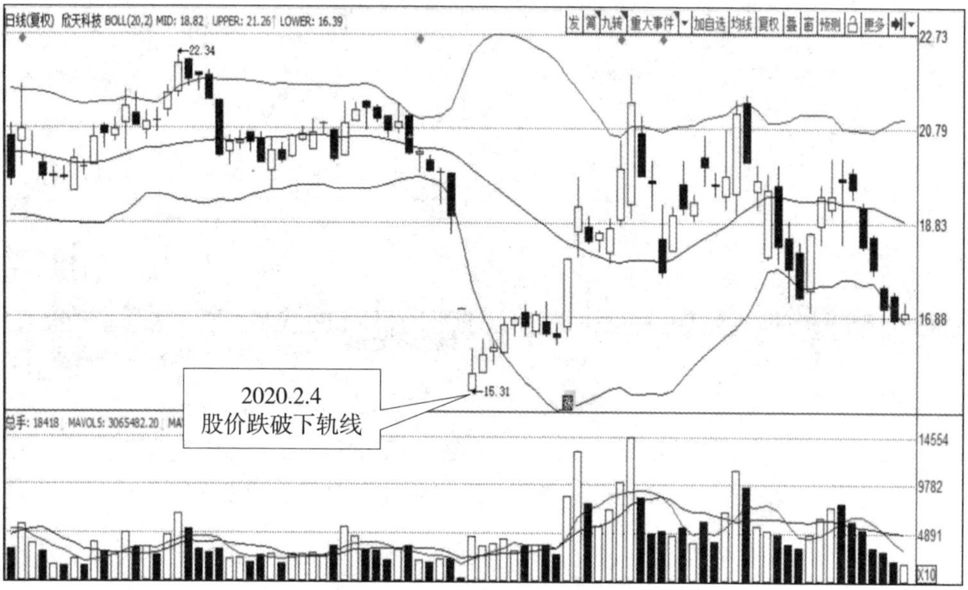

图 7-8 股价跌破布林线下轨线

结合该股 K 线、成交量形态，可以对股价跌破布林线下轨线的一些技术特点进行分析。

第一，股价最终都会回归至布林通道之内，因此，当股价跌破布林线下轨线并远离布林线之后，必然存在反弹的需求。

第二，随着股价的超跌，一些技术指标可能会发出超卖信号，如 KDJ 指标、MFI 指标和 %B 指标等。

第三，股价 K 线跌破布林线下轨线之后，出现反弹向上迹象，也是一种股价企稳的信号。

对于投资者来说，任何时候抄底都需要谨慎再谨慎。为了找到最佳的抄底时机，通过多指标互相佐证是一个不错的选择。

一、股价跌破下轨线与 %B 底背离

一般来说，当 %B<0 时，意味着股价进入了布林线下轨线的外侧，未来存在反弹的可能。而 %B<0，且 %B 与股价形成底背离时，则意味着股价反弹行情即将到来。此时，若股价 K 线已经在布林线下轨线之下停留了 2 个交易日以上，则可以认为股价即将迎来反弹，投资者看到股价企稳，就可以考虑入场建仓了，如图 7–9 所示。

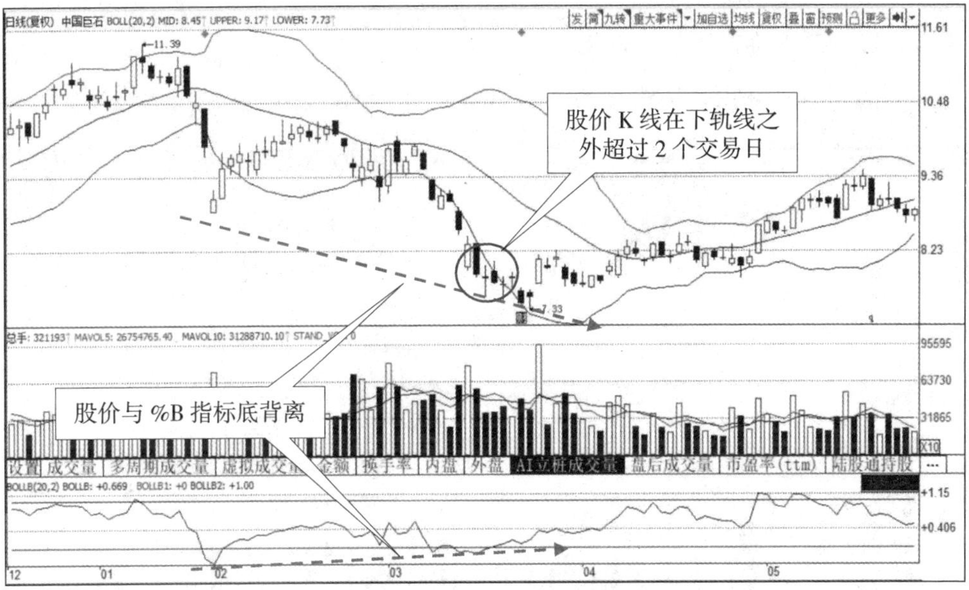

图 7–9　股价跌破下轨线与 %B 指标低位底背离

如图 7–9 所示，中国巨石的股价在 2020 年上半年出现了振荡下跌走势。股价下跌过程中，曾经出现了两个比较明显的低点，且后一个明显低于前一个。此时 %B 指标的低点要一个比一个高，说明 %B 指标与股价形成了底背离。3 月下旬，该股股价 K 线连续多个交易日停留在布林线下轨线外侧，这说明股价即将迎来一波反弹走势。

从图 7–9 中股价 K 线与布林线之间的位置关系，可以看出如下几个技术特征。

第一，经过一段时间的下跌后，股价形成的两个明显的低点一个比一个低，而 %B 指标形成的低点却一个比一个高，即 %B 指标与股价 K 线构成了底背离形态。

第二，%B 指标的两个低点应该低于 0 线，即 %B 指标处于超卖区域，这也是股价未来走强的保障。

第三，股价 K 线反弹前，应该至少 2 个交易日停留在布林线下轨线的下方。基于布林线设计的基本原理，股价 K 线不可能长久停留在布林线下轨线的外侧，这也为股价反弹提供了技术性支持。

下面来看一下拓普集团的案例，如图 7–10 所示。

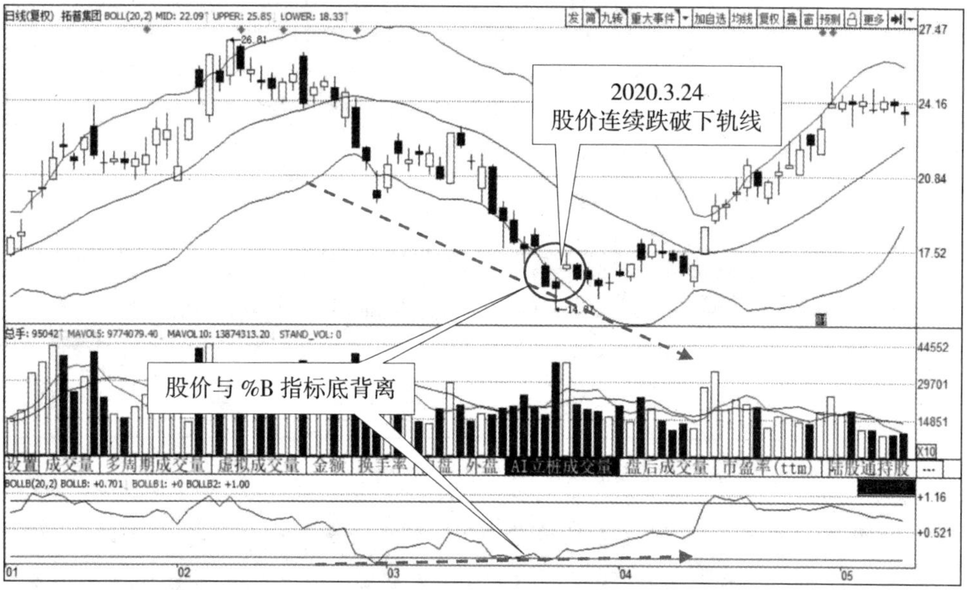

图 7–10　拓普集团（601689）布林线、%B 指标走势图

如图 7–10 所示，拓普集团的股价在 2020 年 2 月中旬出现了振荡下跌走势。股价下跌过程中，曾经出现了两个比较明显的低点，且后一个明显低于前一个，而此时 %B 指标的低点却一个比一个高，说明 %B 指标与股价形成了底背离。%B 指标的两个低点均低于 0 线，这也是股价超卖的一个迹象。

至 3 月 24 日，该股股价 K 线连续多个交易日停留在布林线下轨线的外侧，说明股价即将迎来一波反弹走势，投资者可分批入场建仓。

此后，该股股价经过几个交易日的振荡，开启了一波反弹走势。

二、股价跌破下轨线与乖离率超跌

乖离率超跌，意味着乖离率达到很大的负值，股价未来必然会出现修复走势。股价跌破下轨线后，乖离率同步出现超跌，预示着股价存在很强的反弹需求。

1. 乖离率指标的技术特征

乖离率指标又称 BIAS 指标，是在移动平均线基础上衍生出来的一种技术分析指标，用以衡量股价偏离移动平均线的程度。按照不同的计算周期，BIAS 指标可以分别设定为 6 日、12 日和 24 日三条指标线。

BIAS 指标具有如下几项特征。

第一，当股价运行在移动平均线之上时，BIAS 指标数值为正，此时数值越大，说明股价偏离移动平均线越远，下跌的可能性就越大。当 6 日 BIAS 大于 5%，12 日 BIAS 大于 7%，24 日 BIAS 大于 11%时，股价处于超买状态，表明股价存在下跌的可能。

第二，当股价在移动平均线之下时，BIAS 指标数值为负，此时数值越小，表示股价偏离移动平均线越远，上涨的可能性也越大。当 6 日 BIAS 小于 -5%，12 日 BIAS 小于 -7%，24 日 BIAS 小于 -11%时，股价处于超卖状态，表明股价存在上涨的可能。

第三，6 日 BIAS 指标是一个短线技术指标，适合分析较短周期内的股价走势。如果要分析较长周期的股价走势时，可以参考 12 日 BIAS 线和 24 日 BIAS 线。

第四，BIAS 指标主要通过超买超卖来预测股价可能出现的波动。

如图 7-11 所示，恺英网络的股价自 2020 年 4 月初经历一轮大幅下跌之后，三条 BIAS 指标线均一路下降。

2020 年 4 月 28 日，该股股价以中阴线报收，与此同时，BIAS 指标的三条指标线同时发出超卖信号，预示股价短期内将出现下跌走势。投资者可在BIAS指标拐头向上时分批次建仓。

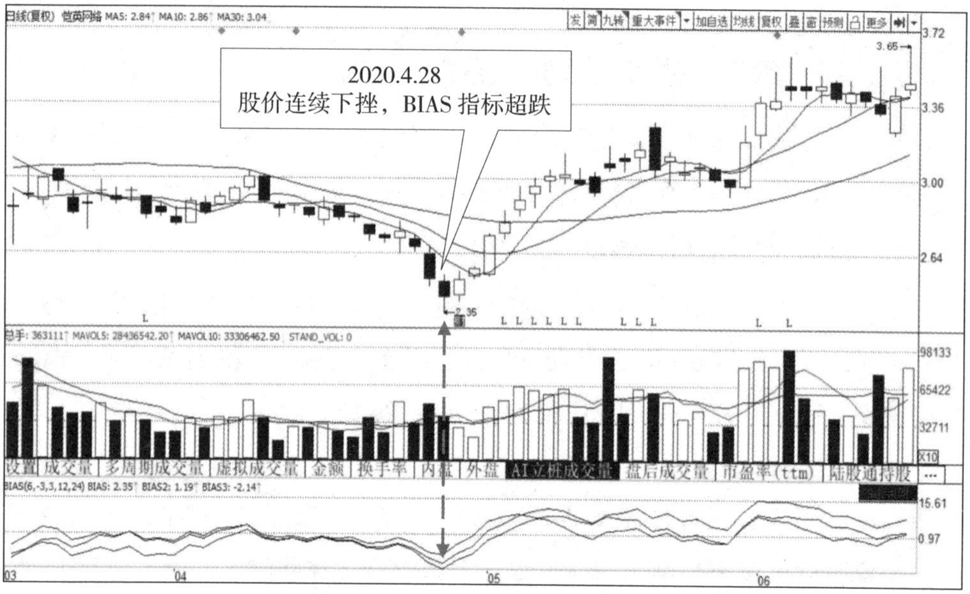

图 7-11　恺英网络（002517）日 K 线走势图

2. 乖离率超跌与股价跌破布林线下轨线

股价经过一波下跌后，跌破布林线下轨线，此时乖离率指标到达超卖区域。此后，若股价与乖离率指标同步向上，则可在控制仓位的前提下入场建仓。

该技巧的操作要点如下。

第一，股价经过一段时间的下跌或回调，股价 K 线已经跌破布林线下轨线；BIAS 指标的各条指标线全部降至 0 线以下，并进入超卖区域。

第二，某日股价启动反弹，股价 K 线自下而上向布林线下轨线回归，甚至重新回到布林通道之内。与此同时，BIAS 指标的各条指标线自超卖区域拐头向上，说明股价有企稳反弹的迹象，投资者可考虑少量建仓买入该股。

第三，由于该阶段股价仍处于下跌趋势中，抢反弹的投资者必须控制好仓位，不能投入过大。

下面来看一下明阳智能的案例，如图 7–12 所示。

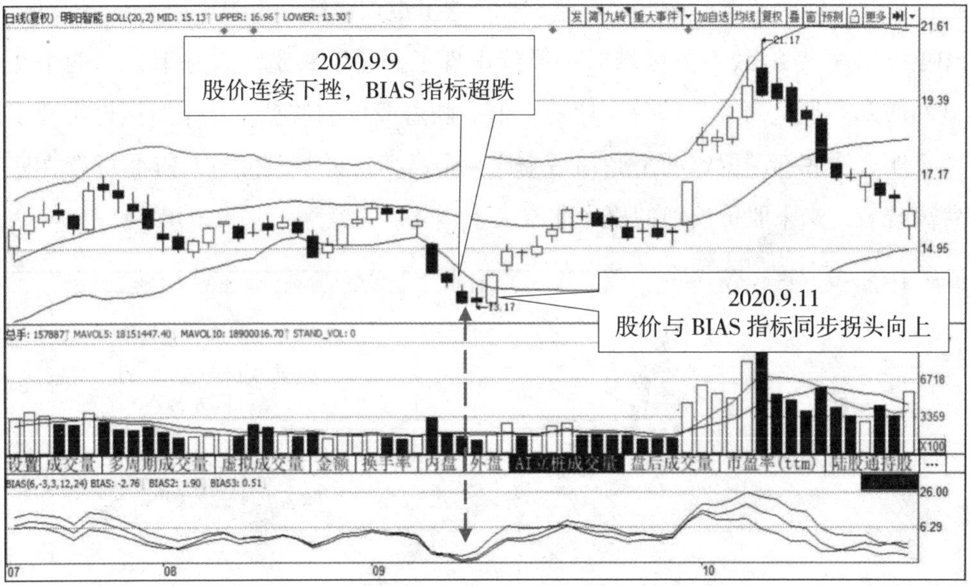

图 7–12 明阳智能（601615）日 K 线走势图

如图 7–12 所示，明阳智能的股价自 2020 年 8 月初经历一轮大幅下跌之后，三条 BIAS 指标线均一路下降。

2020 年 9 月 9 日，该股股价以小阴线报收。与此同时，BIAS 指标的三条指标线同时发出超卖信号，且股价已经连续多日跌破布林线下轨线，说明股价存在一定的反弹需求。

9 月 11 日，该股股价低开高走，且 BIAS 指标同步拐头向上，这属于典型的看涨反弹信号。鉴于此时股价仍然没有站稳中轨线，投资者入场时需要控制好仓位。

三、股价跌破下轨线与 MFI 指标底背离

与 %B 指标的用法相似，当 MFI 指标在超卖区域与股价形成底背离时，若股价已经连续多日跌破布林线下轨线，则意味着股价存在反弹的可能。

1. MFI 指标底背离的技术特征

MFI 指标的特点前面已经有过介绍，这里重点讲解一下 MFI 指标的底背离。MFI 指标进入 20 线下方区域时，股价出现了振荡下跌走势，并形成了两个明显的底部，且这两个底部一个比一个低。随着股价的波动，MFI 指标也出现了两个明显的底部，但这两个底却一个比一个高，这说明股价与 MFI 指标存在底背离现象，未来股价反弹的概率非常大。

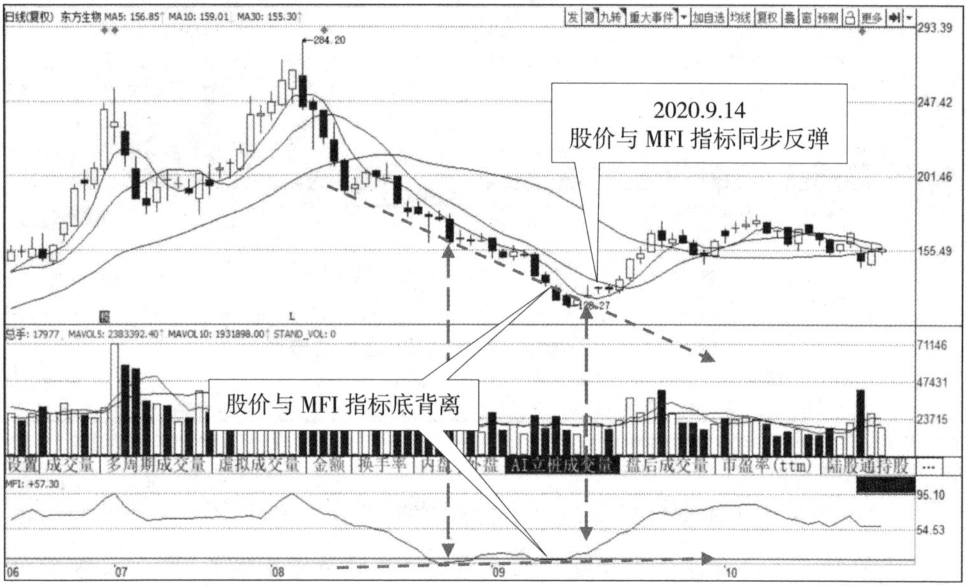

图 7-13　东方生物（688298）日 K 线走势图

如图 7-13 所示，东方生物的股价自 2020 年 8 月初经历一轮大幅下跌之后，MFI 指标同步下跌至超卖区域。

观察该股股价走势可知，股价在下跌过程中出现了两个明显的低点，且后一个低点明显低于前一个。MFI 指标形成的低点却一个比一个高，这就意味着股价与 MFI 指标存在底背离的现象，说明股价未来存在反弹向上的可能。

2020 年 9 月 14 日，该股股价以十字线报收。与此同时，MFI 指标拐头向上，这属于典型的看涨信号，投资者可考虑在控制仓位的前提下入场建仓。

2. 股价跌破下轨线与 MFI 指标底背离的操作要点

股价经过一段时间的下跌后，连续多日跌破布林线下轨线，且 MFI 指标在超卖区域出现底背离形态，意味着股价短期内存在反弹的可能。

该技巧的操作要点如下。

第一，经过一段时间的下跌后，股价形成的两个明显低点要一个比一个低，而 MFI 指标形成的低点却一个比一个高，即 MFI 指标与股价 K 线构成了底背离形态。

第二，MFI 指标的两个低点在 20 线附近，即 MFI 指标处于超卖区域附近，这也是股价未来走强的保障。

第三，股价 K 线反弹前，应该至少有 2 个交易日停留在布林线下轨线的下方。基于布林线设计的基本原理，股价 K 线不可能长久停留在布林线下轨线的外侧，这也为股价反弹提供了技术性支持。

下面来看一下 *ST 中绒的案例，如图 7-14 所示。

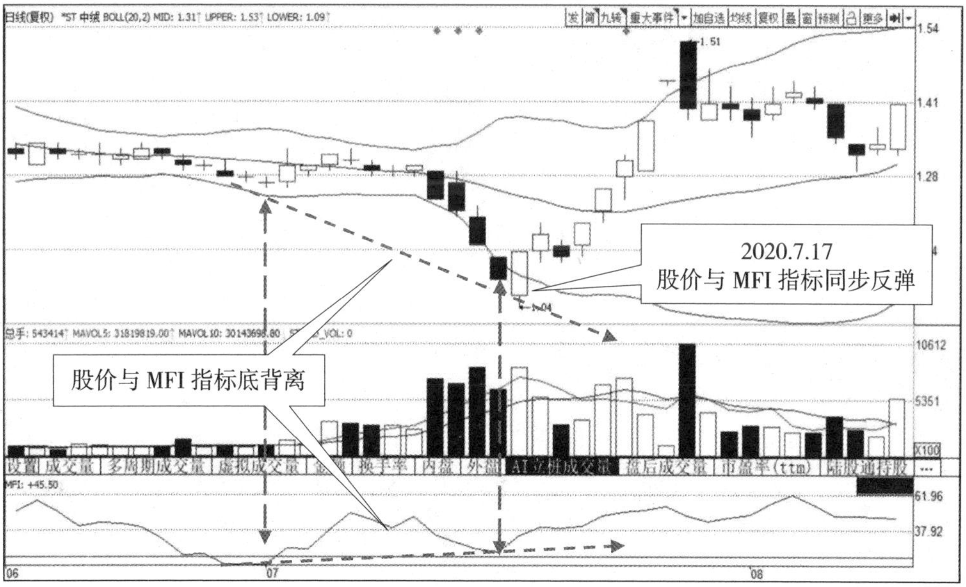

图 7-14　*ST 中绒（000982）日 K 线走势图

如图 7-14 所示，*ST 中绒的股价自 2020 年 5 月初经历一轮大幅下跌之后，MFI 指标同步下跌至超卖区域。

观察该股股价走势可知，该股股价在下跌过程中出现了两个明显的低点，且后一个低点明显低于前一个，而 MFI 指标所形成的低点却一个比一个高，这就意味着股价与 MFI 指标存在底背离的情况，说明股价未来存在反弹向上的可能。

2020 年 7 月 17 日，该股股价放量上攻。与此同时，MFI 指标拐头向上，这属于典型的看涨信号，投资者可考虑在控制仓位的前提下入场建仓。

第八章

龙行天下——布林线组合战法

交易者的需求不同，布林线的使用方法也会有所不同。也正因为应用者的出发点不同，使用方法不同，才使得布林线越来越有生命力。如果一个技术指标每次发出的交易信号都是一成不变的，市场上的所有交易者都能看到，那么，这种交易信号的有效性就会大打折扣。

第一节　布林通道三线战法

前面讲解了很多布林线指标中单条指标线与其他技术指标结合分析的方法，本节再介绍两种三条指标线组合使用的技法。

一、三线翘头技法

三线翘头形态，是指布林线三条指标线全部拐头向上的一种形态。大家知道，一般情况下，股价由盘整转为上涨后，布林通道的喇叭口会呈放大态势，布林线下轨线会先向下运行，当三线全部拐头向上时，则意味着股价整体运行趋势已经进入上升趋势中，持股投资者只需耐心持股待涨即可。如图 8–1 所示。

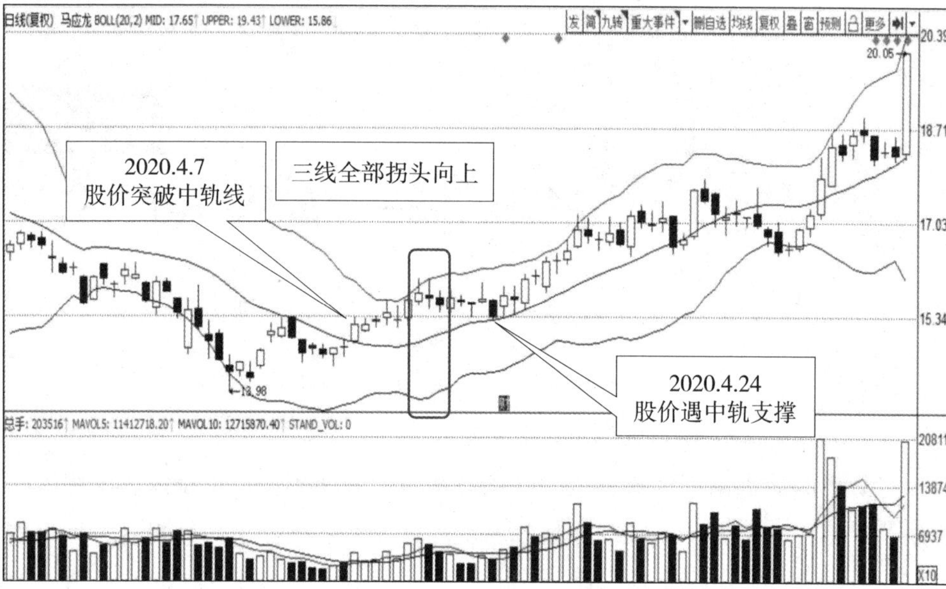

图 8-1　三线翘头形态

如图 8-1 所示，马应龙的股价自 2020 年年初启动了一波振荡下跌走势，股价经过几个月的下跌后，在 2020 年 3 月底出现了反弹迹象。

4 月 7 日，该股股价向上突破了布林线中轨线，此后，布林线三条指标线出现了三线翘头形态，预示着股价已经进入了上升趋势，投资者可积极准备加仓。

4 月 24 日，该股股价回调至布林线中轨线位置后，因受中轨线的支撑重新上攻，鉴于此时股价仍处于上升趋势中，投资者可积极加仓。

此后，该股股价出现了一波振荡上涨行情。

从图 8-1 中股价 K 线与布林线之间的位置关系，可以看出如下几个特征。

第一，股价经过一段时间的反弹，向上突破中轨线并站稳中轨线后，说明多方已经掌握了股价波动的主动权，未来股价上升的概率加大。

第二，股价上攻过程中，成交量出现了明显放大，这是股价上行的基本保障。

第三，通常情况下，股价向上运行初期，由于布林通道的喇叭口会呈放大现象，因此下轨线会有一个向下的动作。若下轨线很快就结束下行并拐头向上，且与中轨线、上轨线同步上行，则意味着整个股价运行趋势已经进入了上升趋势。

第四，由于股价连续上攻了一段时间，三线翘头时，股价很可能会有一个回调动作，只要股价没有跌破中轨线，投资者就可以继续持股。投资者也可以在股价回调遇中轨线支撑重新上升时入场加仓。

第五，随着股价振荡上扬，只要布林线下轨线的低点逐渐抬升，股价没有跌破中轨线，就说明股价仍处于上行趋势，投资者就可以继续持股。

下面来看一下数据港的案例，如图 8-2 所示。

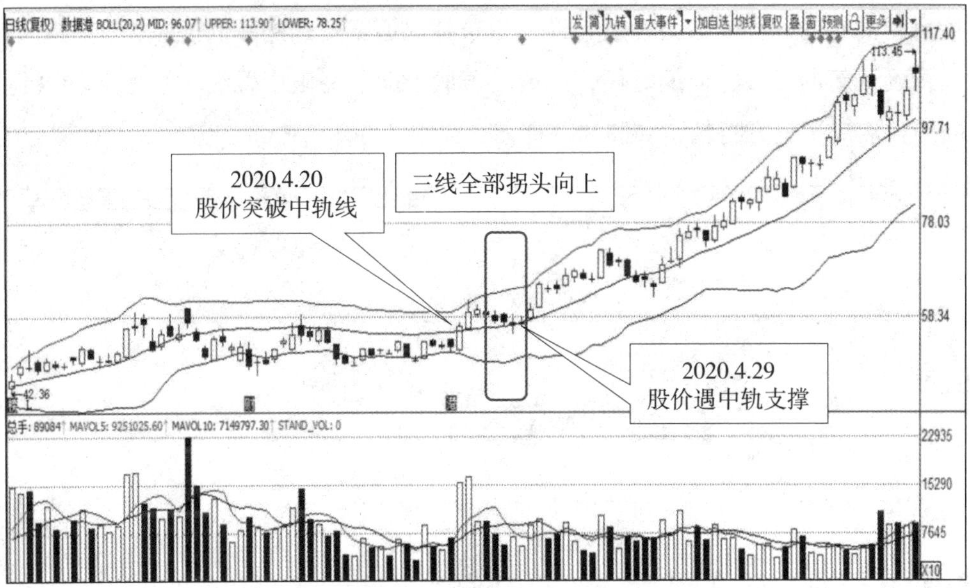

图 8-2　数据港（603881）布林线指标走势图

如图 8-2 所示，数据港的股价自 2020 年 2 月初启动了一波横向盘整走势，布林通道随之出现收缩状态，这很可能属于股价正在选择突破方向的一种形态。

4 月 20 日，该股股价向上突破了布林线中轨线，此后，布林线三条指标线出现了三线翘头形态，预示股价已经进入了上升趋势，投资者可积极准备加仓。

4 月 29 日，该股股价回调至布林线中轨线位置后，因受中轨线的支撑重新上攻，鉴于此时股价仍处于上升趋势中，投资者可积极加仓。

此后，该股股价出现了一波振荡上扬行情。

通过上述案例，可以发现这样一个规律：股价完成对中轨线的突破之后，三线开始翘头，此时股价往往都会有一个回调动作。出现三线翘头形态后，尽管股价进入了上升趋势，但整体上属于温和上升走势，并非短线暴涨，这种上升势头很可能会持续较长的时间，非常适合波段交易者参与其中。

二、极限带宽战法

极限带宽战法，是指通过一段时间以来布林通道宽度的最低值，来寻找股价启动信号的一种方法。一般来说，当布林通道宽度达到极低值时，往往也是即将确认新的突破方向的时候，此后，若股价向上突破中轨线，基本上可以判断股价启动了上升行情，如图 8-3 所示。

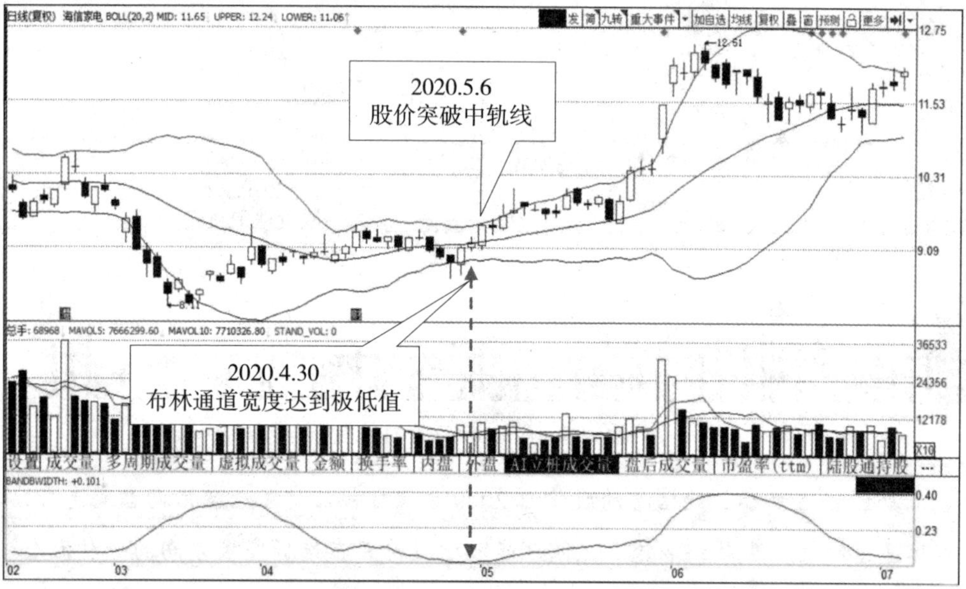

图 8-3　布林通道极低值与股价突破中轨

如图 8-3 所示，海信家电的股价自 2020 年年初启动了一波振荡下跌走势。股价经过几个月的下跌后，在 2020 年 3 月底出现反弹，布林通道的喇叭口逐渐收缩。

4 月 30 日，随着股价波动幅度变小，布林通道宽度指标达到了极低值，说明股价即将进入高波动区间，投资者可密切关注该股其后的走势。

5 月 6 日，该股股价放量突破布林线中轨线，说明股价即将进入上升通道。此后，该股股价出现了一波振荡上扬行情。

从图 8-3 中股价 K 线与布林线之间的位置关系，可以看出如下几个特征。

第一，经过一段时间的反弹后，股价波动幅度越来越小，布林通道的宽度指标逐渐走低。

第二，随着布林通道宽度指标达到极低值，未来必然会反弹向上，此时股价必将出现新的运行趋势。

第三，当布林通道宽度指标反弹时，若股价向上放量突破中轨线，则意味着股价已经进入上升趋势。

下面来看一下科沃斯的案例，如图 8-4 所示。

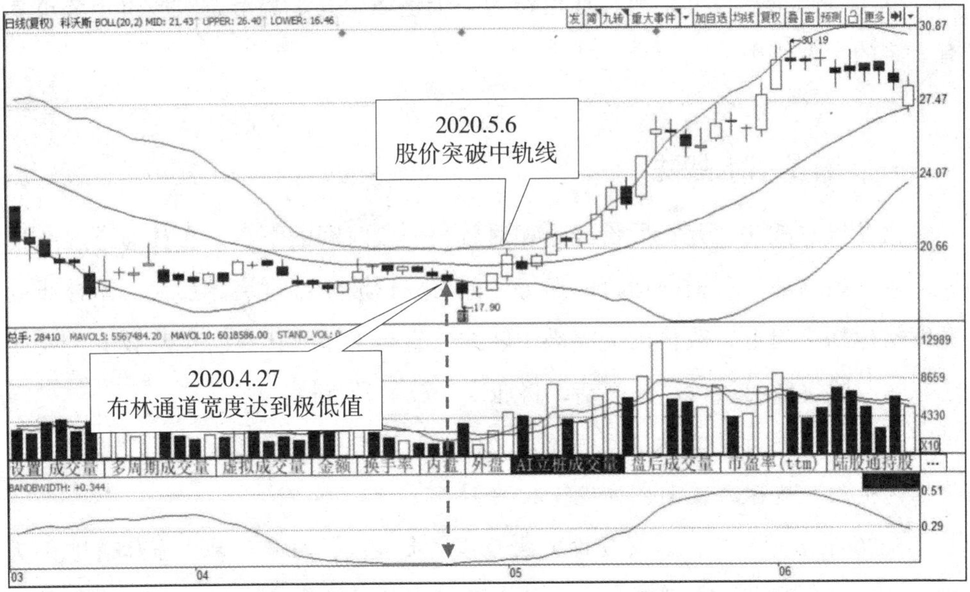

图 8-4　科沃斯（603486）布林线指标走势图

如图 8-4 所示，科沃斯的股价自 2020 年 2 月中旬启动了一波振荡下跌走势。股价经过几个月的下跌后，在 2020 年 3 月底出现了反弹迹象，布林通道的喇叭口逐渐收缩。

4月27日，随着股价波动幅度变小，布林通道宽度指标达到了极低值，说明股价即将进入高波动区间，投资者可密切关注该股其后的走势。

次日（即4月28日），该股股价并未上升，而是反向下跌，给人一种股价即将进入下跌趋势的感觉，投资者此时不宜入场建仓。

此后，该股股价很快反向上攻。5月6日，股价放量向上突破中轨线，买入信号出现，投资者可入场建仓该股。

此后，该股股价出现了一波振荡上扬行情。

第二节　布林通道组合战法

除了各条指标线外，布林通道作为一个整体，其走势形态对股价走势也具有一定的指示作用。

一、潜龙出水战法

潜龙出水战法，是指股价经过相对较长一段时间的下跌，布林通道逐渐收缩，且开始逐渐出现横向运行的态势。此后股价波动幅度突然加大，布林通道宽度指标拐头向上，股价向上突破中轨线，直至上轨线，有时会突破上轨线。这意味着股价横向运行走势终结，将迎来一波上升行情。

如图8-5所示，北大荒的股价自2019年下半年开始进入了下跌通道，股价振荡走低，布林通道喇叭口逐渐收缩。

2020年1月3日，该股股价突破布林线上轨线，与此同时，布林通道宽度指标大幅拐头向上。也就是说，从此之后，布林通道宽度指标脱离之前的底部振荡区域，开始上行。

此后，布林通道随着股价的波动呈现有规律的缩放，但布林通道始终向右上方倾斜，说明股价进入了振荡上扬趋势，中长线投资者可以择机入场建仓。

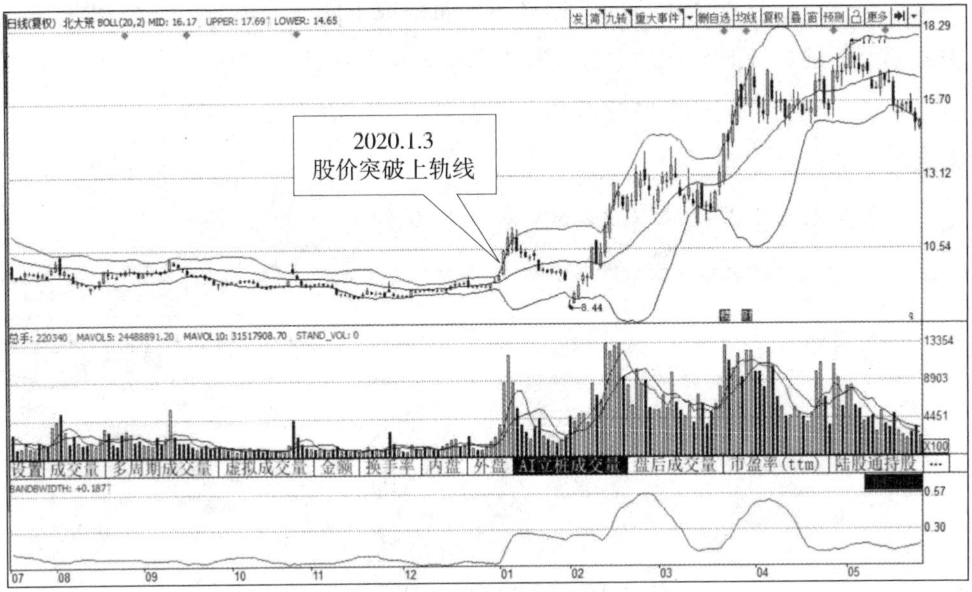

图 8-5　潜龙出水形态

从图 8-5 中股价 K 线与布林线之间的位置关系，可以看出如下几个特征。

第一，股价经过一段时间的下跌后，开始横向整理，其波动范围也会随之减弱，布林通道就会呈现收缩状态，整体上从向右下方倾斜转为放平。

第二，股价经过低波动振荡后，突然向上拉升，随后进入高波动区间，意味着股价开始进入上升通道。这就如同一条在水下蛰伏多时的龙，开始腾空而起，未来股价涨势必然十分可观。

第三，由于股价在启动前已经经过了较长时间的下跌和横向振荡，因此，当股价开始进入高波动区间后，无论股价如何波动，最后大概率还是会呈现上升走势的，即使初期会有一个向下的动作，也会很快向上拉升。图 8-5 中，股价大幅向上拉升几个交易日后又反向向下打压，最后还是要向上拉升的。这也与我国股市只能单向做多盈利的规则有关，主力想要盈利，只能向上拉升股价。向下打压，尽管能够通过融券卖出盈利，但融券会有数量方面的限制和资金成本问题。

第四，面对这类形态的股票，在股价开始进入高波动区间后，投资者可以先试探性少量建仓，当股价向下回调至中轨线或下轨线并反弹时再行加仓。这类股票上攻的持续时间往往很长，机会很多，投资者不用着急。

第五，股价在底部盘整过程中，若布林通道的方向开始转向右上方倾斜，未来上攻的概率更高。

下面来看一下西菱动力的案例，如图 8-6 所示。

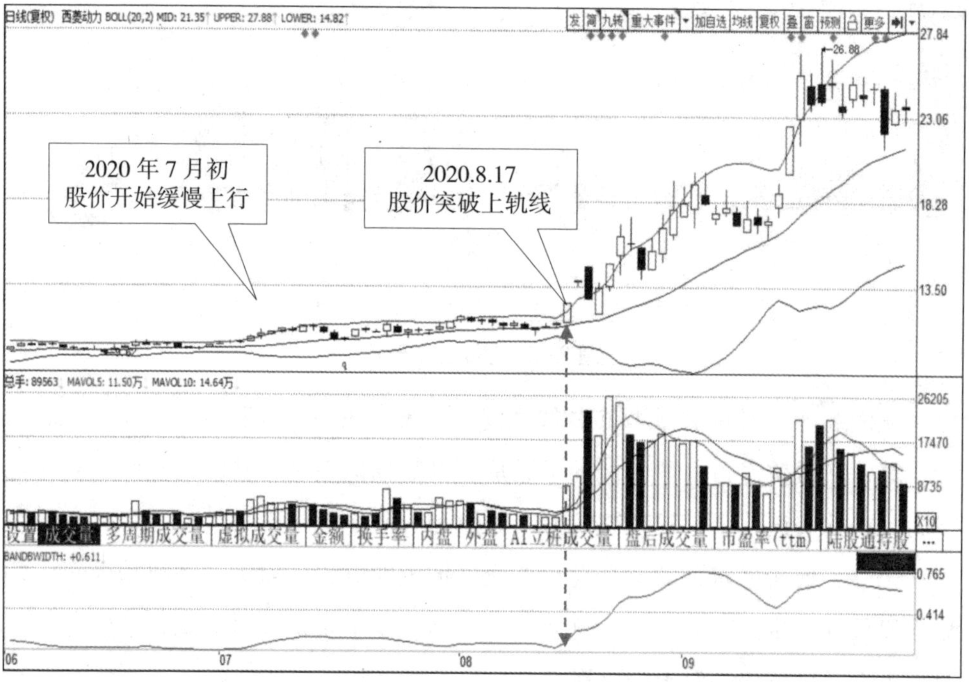

图 8-6　西菱动力（300733）布林线指标走势图

如图 8-6 所示，西菱动力的股价自 2019 年下半年开始进入下跌通道。进入 2020 年 5 月后，该股股价开始横向振荡盘整走势。随着股价振荡走低，布林通道的喇叭口逐渐收缩。

进入 2020 年 7 月后，该股股价开始缓慢上行，但股价波动幅度仍然很小，布林通道的喇叭口仍然紧缩。不过，此时布林通道开始向右上方倾斜，说明股价未来启动上攻的概率很大。

2020年8月17日，该股股价放量上攻突破布林线上轨线，与此同时，布林通道宽度指标大幅拐头向上，也就是说，从此之后，布林通道宽度指标要脱离之前的底部振荡区域，开始上行。

此后，布林通道随着股价的波动呈现出有规律的缩放，但布林通道始终向右上方倾斜，说明该股股价进入振荡上扬趋势，中长线投资者可择机入场建仓。

二、飞龙在天战法

飞龙在天战法，是指股价经过一段时间的振荡上行后，布林通道也随之出现了振荡态势。其后，随着股价的调整，布林通道的喇叭口进入萎缩状态（即布林通道宽度指标达到了阶段极低值），此后，股价因在中轨线或下轨线位置受到支撑转而反向上攻。这意味着股价将结束中期调整，迎来一波上升行情。如图8-7所示。

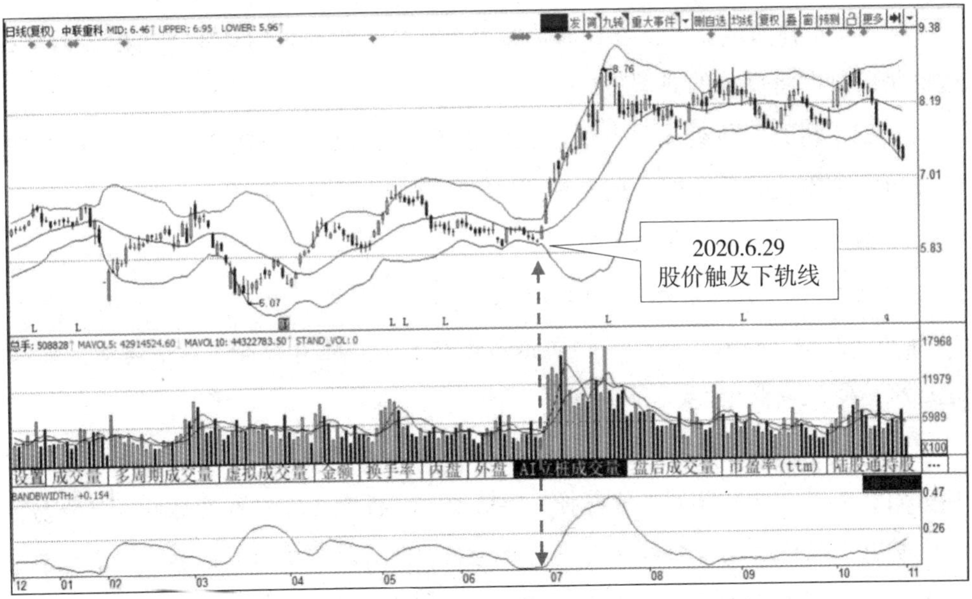

图8-7 飞龙在天形态

如图8-7所示，中联重科的股价自2019年年初进入上行通道。随着股价振荡走高，布林通道的喇叭口呈现出有规律的缩放。

进入 2020 年后，中联重科的股价开始进入横向振荡调整行情。2020 年 6 月下旬，该股股价持续回调，布林通道喇叭口开始逐渐收缩。

6 月 29 日，该股股价触及布林线下轨线，与此同时，布林通道宽度指标到达了阶段极低值。此后，随着股价的反弹（甚至突破了布林线中轨线），布林通道宽度指标拐头向上。与此同时，布林通道的喇叭口开始重新放大，这说明该股股价重新进入上升通道，投资者可积极入场做多。

从图 8–7 中股价 K 线与布林线之间的位置关系，可以看出如下几个技术特征。

第一，股价经过一段时间的上涨后开始横向整理，其波动范围也会随之缩小，布林通道呈现收缩状态，但整体上并未出现下倾状态，这属于主力洗盘的典型特征。

第二，股价经过低波动振荡后，在触及布林线下轨线或中轨线后反弹，这就确认了下轨线或中轨线对股价的支撑作用。

第三，布林通道宽度指标在股价触及下轨线或中轨线时达到了阶段极低值，这也是股价即将反攻的典型特征。

第四，尽管股价处于上升通道，但鉴于此时股价已经处于高位，投资者需要股价突破中轨线后才能入场交易。

下面来看一下紫光学大的案例。

如图 8–8 所示，紫光学大的股价自 2019 年年初开始进入上行通道。进入 2020 年 5 月后，该股股价开始横向振荡盘整走势。随着股价的振荡调整，布林通道喇叭口逐渐收缩。

2020 年 6 月 10 日，该股股价回调至布林线中轨线位置，布林通道宽度指标达到极低值，给人一种股价即将反弹的感觉，投资者可观察其后的股价走势。

其后，股价跌破中轨线并向下轨线运行，此时投资者只需观察，不宜入场。6 月 15 日，该股股价触及下轨线，受下轨线支撑转而反弹向上，投资者需要做好入场的准备。

6 月 17 日，该股股价放量上攻突破布林线中轨线，与此同时，布林通道宽度指标大幅拐头向上。也就是说，从此之后，布林通道宽度指标脱离之前的底部振荡区域，开始上行，此时投资者可考虑入场建仓。

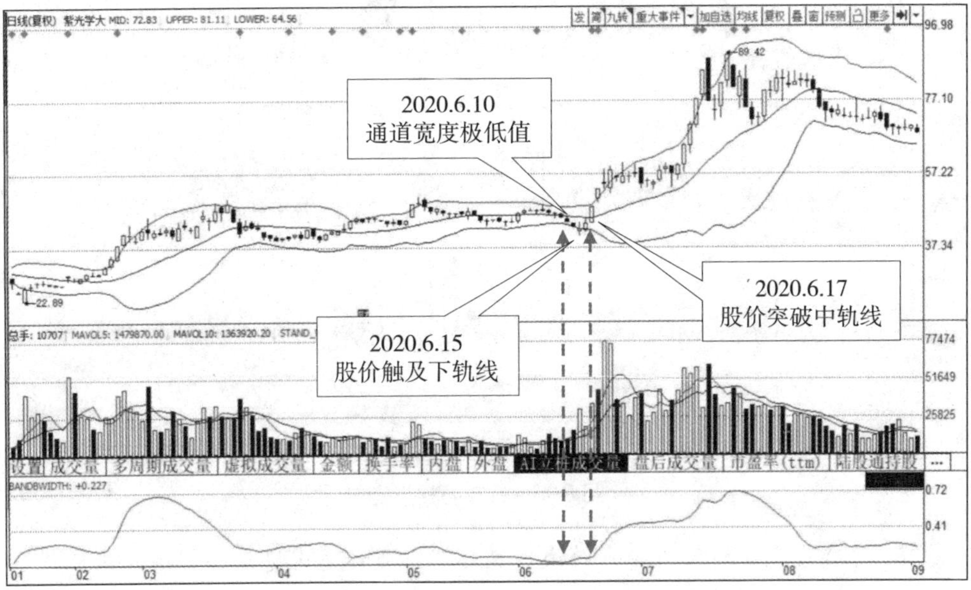

图 8-8 紫光学大（000526）布林线指标走势图

三、亢龙有悔战法

亢龙有悔战法，是指股价经过一段相对较长时间的上涨后进入高位，布林通道逐渐收缩，且开始呈现出现横向运行态势，此后股价波动幅度突然放大，布林通道宽度指标拐头向上，股价向下跌破中轨线，中轨线同步拐头向下，其后若有反弹，股价也会因中轨线的阻力转而重新下跌。通常情况下，出现亢龙有悔形态的股票，都是前期短线涨幅巨大的股票，这类股票本身就有较强的回调需求。

如图 8-9 所示，浪潮信息的股价自 2019 年 8 月开始进入了上行通道。随着该股股价振荡走高，布林通道的喇叭口呈现出有规律的缩放。

进入 2020 年 2 月下旬后，浪潮信息的股价开始进入高位振荡，布林通道喇叭口开始逐渐收缩。

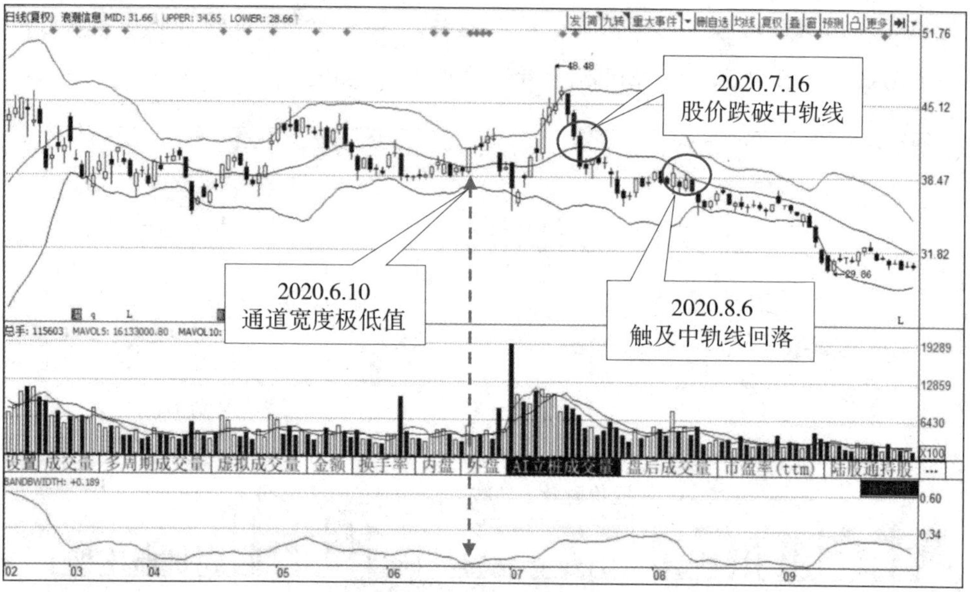

图 8-9　亢龙有悔形态

6 月 10 日，该股股价在中轨线位置起涨，布林通道宽度指标达到极低值。此后股价上攻，给人一种股价即将进入上涨行情的感觉，但布林通道宽度指标并未出现明显的拐头向上，因此，投资者需要谨慎对待，激进型投资者可少量入场。

此后，该股股价连续出现大幅振荡走势。7 月 16 日，该股股价带量跌破中轨线，先前入场的投资者需要止损离场，此后该股股价连续走低。随着布林线中轨线拐头向下，股价反弹至中轨线位置因中轨线的阻力转而重新下跌，这说明该股股价已经进入下跌通道。

从图 8-9 中股价 K 线与布林线之间的位置关系，可以看出如下几个特征。

第一，股价经过一段时间的上涨后开始横向整理，其波动范围也会随之减弱，布林通道的喇叭口呈现收缩状态，且整体上呈现下倾状态，这本身属于看跌形态，投资者不宜入场。

第二，股价经过低波动振荡后，布林通道指标触底反弹，但力度很小，股价开始上蹿下跳，让投资者摸不清突破的方向。此时，投资者需要保持定力。

当然，实在耐不住寂寞或者与前面所讲的飞龙在天形态区别不开，可以少量入场。

第三，股价放量跌破中轨线是股价启动下行的一个显著信号。通常情况下，股价下跌不需要成交量放大来确认，但若成交量放大，则可增强股价下跌信号的有效性。

第四，中轨线开始拐头向下，是一个较为明显的中线下行信号。股价跌破中轨线后，若反弹遇中轨线阻力再度下行，则股价下行趋势确认无疑。

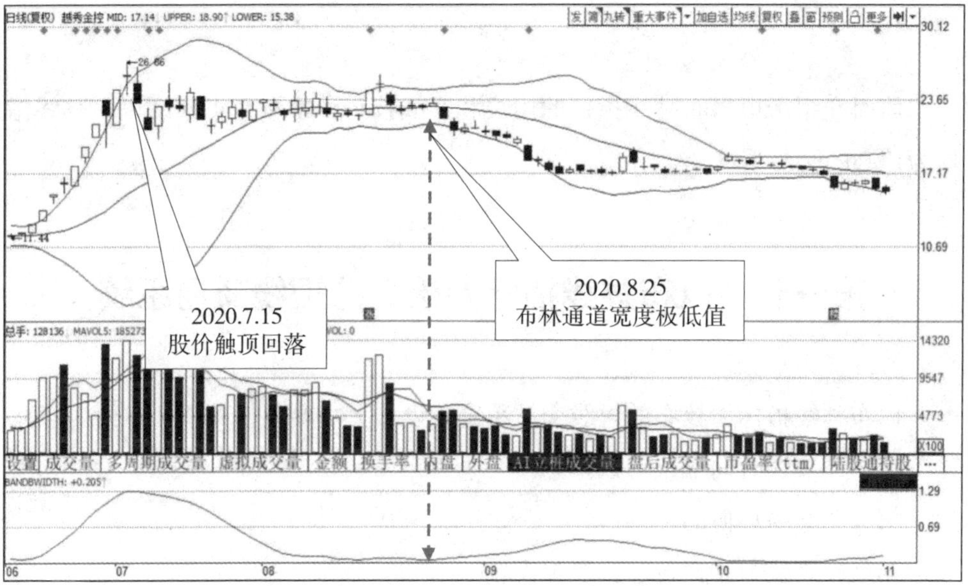

图 8-10　越秀金控（000987）布林线指标走势图

如图 8-10 所示，越秀金控的股价自 2020 年 7 月开始进入快速上攻行情。到了 7 月 15 日，该股股价已经翻了一倍还多。此后，该股股价出现横向振荡走势，这很可能属于主力出货的一种 K 线形态。

2020 年 8 月 25 日，该股股价回调至布林线中轨线位置，布林通道宽度指标达到极低值，给人一种股价即将反弹的感觉，投资者可观察其后的股价走势。

其后，股价直接跌破中轨线并向下轨线运行，股价也沿着下轨线向下运行，这是股价走势极弱的信号，持有该股的投资者宜出清手中的仓位。

第九章
进退有据——布林线交易系统

前面介绍了很多布林线指标的用法和实战技巧，本章重点介绍以布林线指标为核心的交易系统。

第一节　以布林线指标为核心的短线交易系统

以布林线指标为核心的短线交易系统，设计上主要包括如下几方面内容。

第一，短线时间框架的选择。

第二，交易环境的优选。

第三，仓位与止损位、止盈位设置。

一、短线时间框架选择

在证券交易软件中，系统给出的布林线指标走势图都是与K线图同步的，系统默认的K线图又是以日K线为核心的，因此，整个布林线指标分析系统都是以日线为基础的。对于短线或超短线交易者来说，基于日线的交易系统存在过于滞后的问题，因此，短线交易者可以尝试将布林线的分析周期调整至60分钟或30分钟。

二、交易环境的优选

通常所说的交易环境，一般是指两方面内容，其一为市场环境；其二为个股所处的运行趋势。

1. 市场环境

对于短线交易而言，整个市场环境对个股股价虽然有一定的影响，但影响不是很大。只要大盘不是处于单边下行趋势，就可以入场交易。

如果借助布林线指标分析的话，尽量要求大盘日K线运行于中轨线上方，如图9–1所示。

从图9–1中可以看出，自2020年8月3日开始，上证指数的股价K线一直运行于布林线中轨线之上。从指数的布林线指标走势来看，布林通道的喇叭口越来越小，说明上证指数正在选择突破方向。不过，从短线走势来看，由于指数一直运行于中轨线之上，投资者还是可以大胆进行短线交易的。

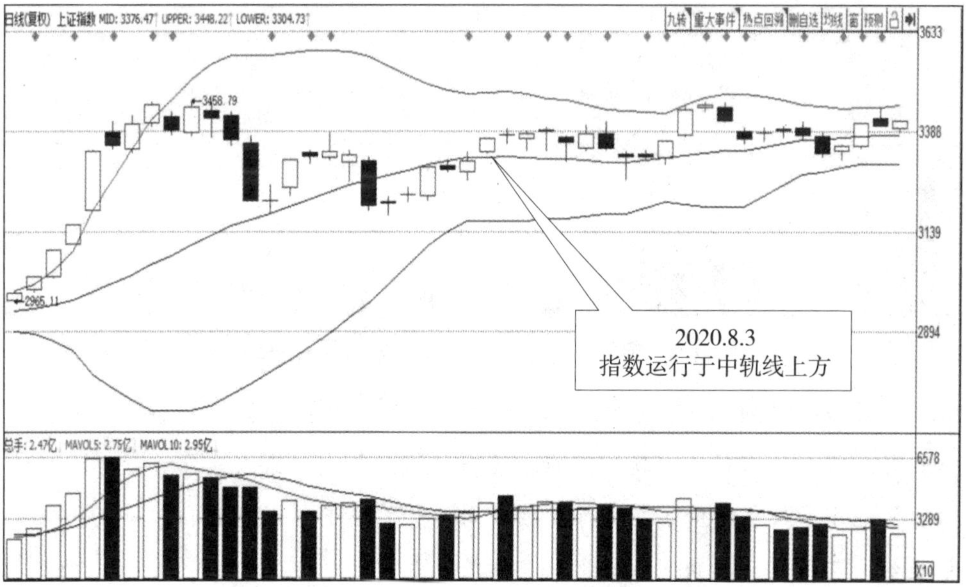

图9–1 上证指数（000001）布林线指标走势图

2. 个股运行趋势

尽管短线交易使用的分析周期为 30 分钟线和 60 分钟线，但为了准确了解个股的运行趋势，投资者还是需要先借助日线进行趋势分析。一般来说，短线交易多以追涨交易为主，只有极少数投资者喜欢博反弹。在这里，我们以短线追涨为主要的交易策略。正因如此，投资者需要寻找那些短线可能会启动上涨的个股作为备选投资标的。从布林线指标来看，只有布林通道出现极度萎缩，且股价开始运行于布林线中轨线之上的个股，才有可能成为短线黑马，如图 9-2 所示。

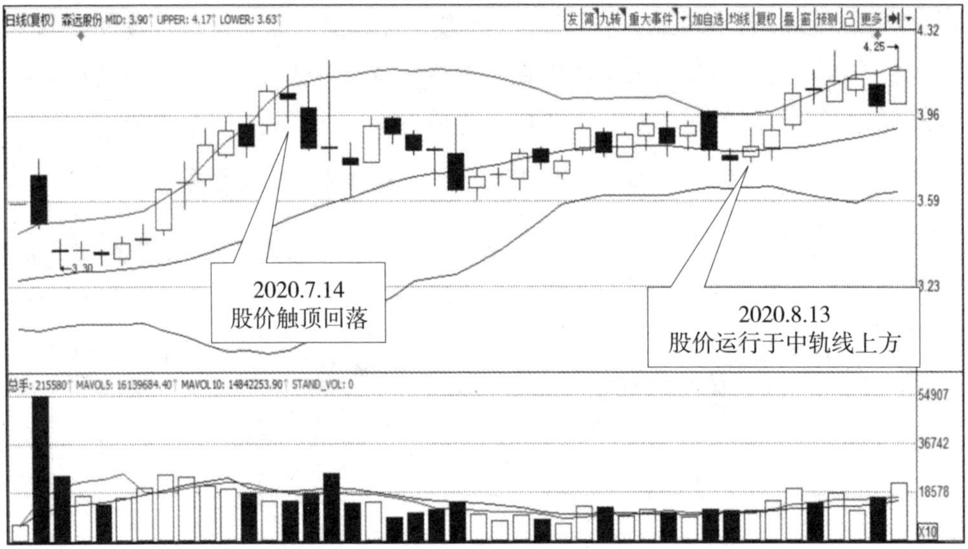

图 9-2 森远股份（300210）布林线指标走势图

从图 9-2 中可以看出，森远股份的股价在 2020 年 7 月 14 日触顶回落，其后该股一直围绕布林线中轨线运行。从布林线指标走势来看，布林通道的喇叭口越来越小，说明股价正在选择突破方向。8 月 13 日，该股股价重新向上突破中轨线，且布林通道的喇叭口收缩至极低水平。

此后，该股股价开始运行于中轨线之上，且有加速上涨的迹象。

三、仓位与止损位、止盈位设置

实战中，投资者尽管可以借助各类技术指标判断股价的运行方向，但没有人能够准确地预判股价的涨跌。因此，投资者必须对仓位、止损位和止盈位进行合理的安排。

1. 仓位与资金量安排

短线交易的风险极高，投资者做出交易决策，主要是判断股价短线可能会出现大幅上攻。若股价无法大幅上攻，还可能会反向下跌，因此，投资者在仓位安排上必须进行合理的调控，一般不宜超过总资金量的 20%。

2. 止损位设置

投资者以股价突破中轨线作为买入点，可以将中轨线同时设置为止损位，若下轨线距离中轨线较近，也可以将下轨线设为止损位。当然，投资者也可以使用固定止损位，如将买入价向下 10% 作为止损位。

3. 止盈位设置

若股价按照投资者的预期出现上涨，可在股价触及上轨线后回落时进行第一次止盈；若股价向上突破了上轨线，则可在股价回归布林通道后进行第一次减仓；若股价继续回调，且跌破中轨线，则应全部清仓。

四、以布林线为核心的短线交易系统案例

下面以森远股份为例，介绍以布林线为核心的短线交易系统。

1. 交易环境设置

（1）以 60 分钟为分析周期，设置布林线指标系统。

（2）大盘环境要求：指数运行于布林线中轨线之上（如图 9-1 所示）。

（3）个股环境要求：股价 K 线运行于布林线中轨线之上，且布林通道收缩到极点（如图 9-2 所示）。

2. 交易条件设置

（1）买入条件：股价放量突破布林线中轨线，且布林通道宽度指标拐头向上。

（2）资金安排：投入资金量占总资金量的 15%。

（3）止损位：股价跌破中轨线或向下触及下轨线且不反弹。

（4）止盈位：股价触及上轨线回落或突破上轨线后重新回到布林通道内（每次减仓 30%）。

下面来看一下森远股份的 60 分钟走势图，如图 9-3 所示。

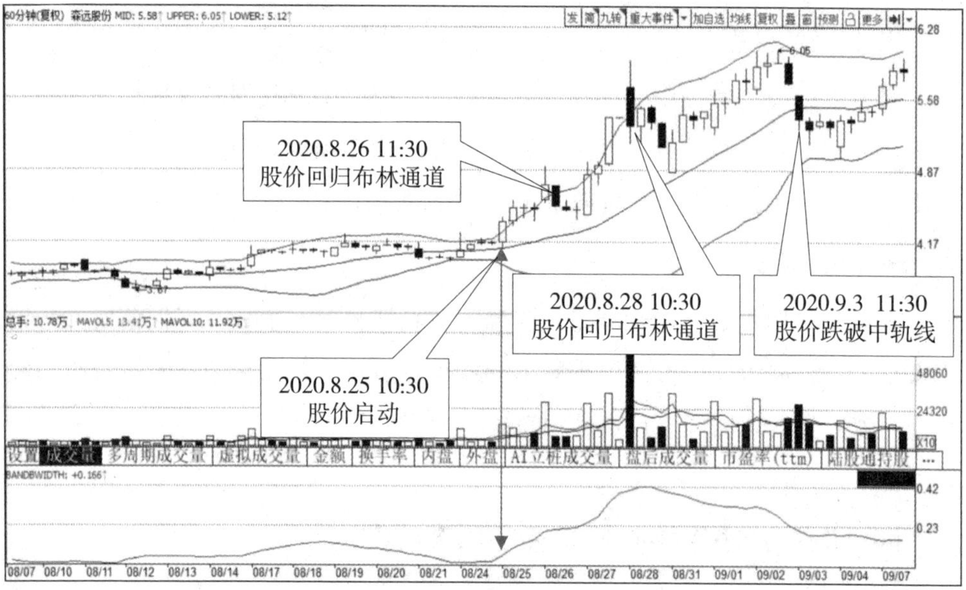

图 9-3　森远股份（300210）布林线指标 60 分钟线走势图

如图 9-3 所示，森远股份的股价在 8 月 25 日 10:30 启动快速上攻，60 分钟 K 线脚踩布林线中轨线放量向上突破了上轨线，布林通道喇叭口拐头向上，这属于典型的短线启动信号，投资者可第一时间追涨买入。

其后，8 月 26 日 11:30，该股股价自布林线上轨线外侧返回布林通道，按照之前的交易计划，此时宜减仓 30%。

其后，该股股价回调至中轨线上方后反向上攻。8 月 28 日 10:30，该股股价再度从布林线上轨线外侧回归布林通道，此时投资者宜再度减仓 30%。

9 月 3 日 11:30，该股股价向下跌破了布林线中轨线，投资者宜执行清仓操作。

至此，基于布林线指标的森远股份短线交易宣告结束，整个交易平均盈利 15% 以上。

第二节　以布林线指标为核心的波段交易系统

以布林线指标为核心的波段交易系统，设计上主要包括如下几方面内容。

第一，时间框架的选择。

第二，交易环境的优选。

第三，仓位与止损位、止盈位设置。

一、波段时间框架的选择

一般来说，以日线为分析周期的时间框架，就可以满足波段交易者的需求。实战中，投资者也可以通过以周线为分析周期的时间框架作为辅助和补充。

二、交易环境的优选

波段交易所需的交易环境包括两方面，其一为市场环境；其二为个股所处的运行趋势。

1. 市场环境

对于波段交易而言，整个市场环境对个股股价具有较大的影响，因此，只有整体市场处于上升趋势时，才是波段交易所需的市场环境。

如果借助布林线指标分析，尽量要求大盘日K线运行于中轨线上方，且周K线也要运行于中轨线之上，如图9-4、图9-5所示。

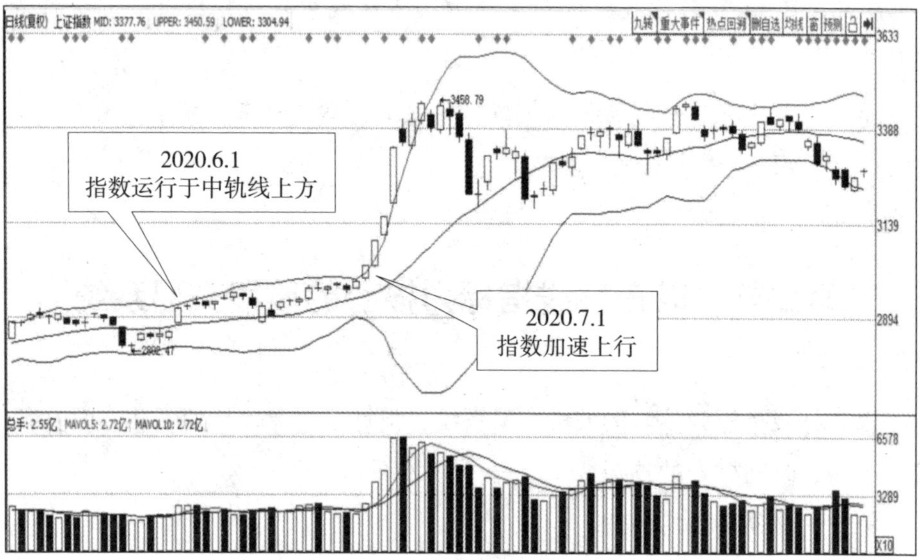

图9-4　上证指数（000001）布林线指标日K线走势图

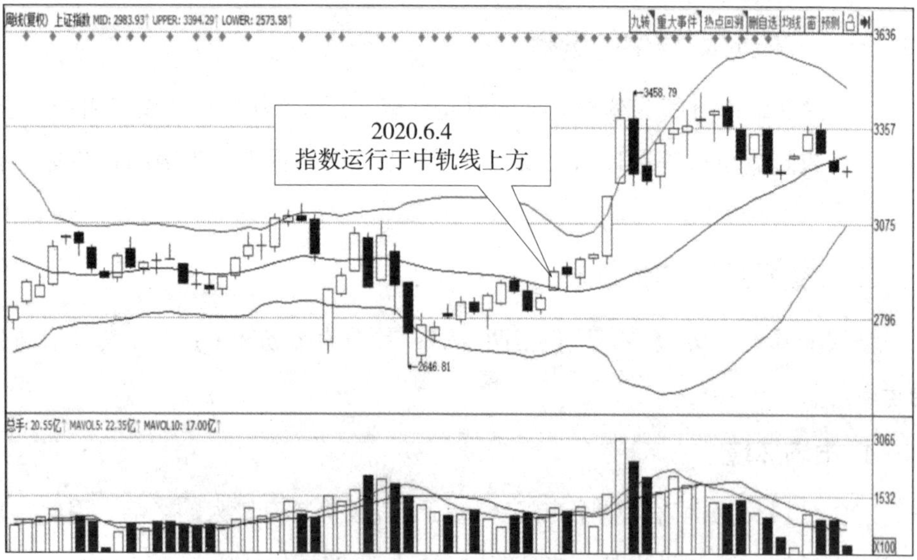

图9-5　上证指数（000001）布林线指标周K线走势图

从图 9-4 中可以看出，自 2020 年 6 月 1 日开始，上证指数的指数 K 线向上突破中轨线后，一直运行于布林线中轨线之上。从布林线指标走势来说，布林通道的喇叭口越来越小，说明上证指数正在选择突破的方向。7 月 1 日，上证指数出现加速上攻走势，布林通道的喇叭口开始放大，说明指数已经进入上升通道，这是一种比较有利于波段交易的操作环境。保守型投资者还可以参照上证指数的周 K 线走势情况来研判市场环境。

如图 9-5 所示，上证指数的周 K 线自 2020 年 6 月 4 日向上突破了布林线中轨线，其后，指数周 K 线一直运行于布林线中轨线之上，说明此时的市场环境比较有利于进行波段操作，投资者可以放心进场选股。

2. 个股运行趋势

对于波段交易者来说，以日线为分析周期就足够了。当然，为了确认股价的中长线运行趋势，也可以利用周 K 线进行辅助分析。

一般来说，投资者进行波段交易，多以寻找突破起涨信号为主，有时也需要寻找回调的有效支撑信号。在这里，我们以突破起涨为主要交易策略。正因如此，投资者需要寻找那些波段启动的个股作为备选投资标的。从布林线指标来看，只有布林通道出现极度萎缩，且股价能够放量突破中轨线的个股，才符合这一要求，如图 9-6 所示。

从图 9-6 中可以看出，安科瑞的股价在 2020 年 7 月 3 日放量突破中轨线后，布林通道宽度指标同步拐头向上，意味着股价即将进入上升通道。

此后，该股股价开始运行于中轨线之上，且有加速上涨的迹象，这类股票就比较适合进行波段操作。

三、仓位与止损位、止盈位设置

波段交易持续的时间长于短线追涨交易，因此，其仓位与资金安排，都要比短线交易更为复杂。

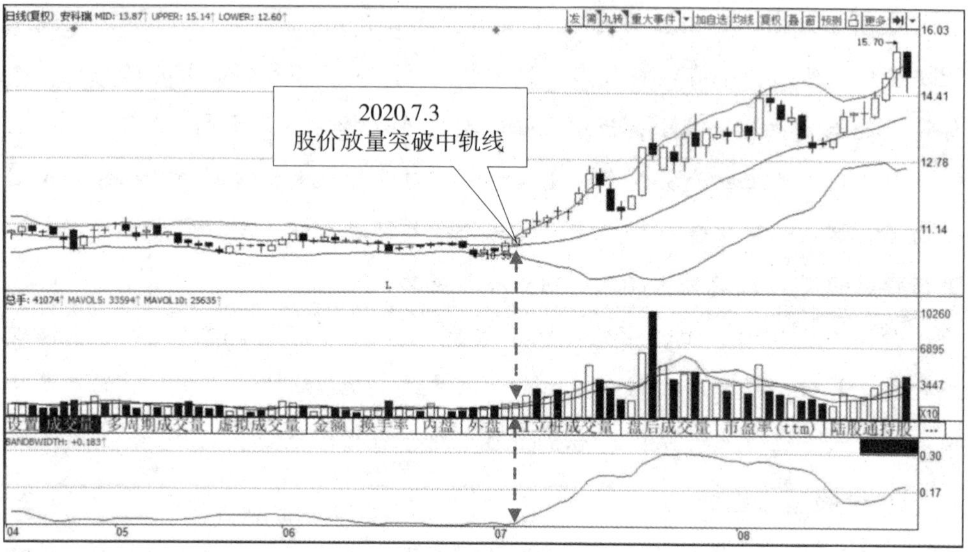

图 9-6　安科瑞（300286）布林线指标走势图

1. 仓位与资金量安排

股市交易总会面临这样那样的风险，波段交易者也不适合一次性将资金全部投入到目标股票，因此，控制仓位、分批投入是必要的选择。

一般来说，单只股票的仓位不宜超过总仓位的 30%，而且投入单只股票的资金也要分成几个不同的批次。

（1）初次投入的资金量一般不超过 30%（投入个股资金量的 30%）。

（2）第一次加仓的比例一般不应超过 30%（投入个股资金量的 30%）。

（3）第二次加仓的比例也不应超过 30%（投入个股资金量的 30%）。

（4）任何时候，投资者都要留一定的备用资金，以备不时之需。

2. 加仓条件

买入股票后，股价持续上攻，当其回调至中轨线附近，受到中轨线的支撑重新上升时，可考虑加仓。不过，这种加仓时机需要在持仓股票产生 5% 以上的盈利时进行。

3. 减仓条件

（1）买入股票后，股价持续上攻（超过 5%），当其触及上轨线回落时，可进行一定的减仓。

（2）股价强势向上突破上轨线后（超过 5%），若其回落至布林通道之内，投资者也可进行减仓。

4. 止损位设置

与短线交易系统的设置相似，投资者以股价突破中轨线作为买入点后，可以将中轨线同时设置为止损位。若下轨线距离中轨线较近，也可以将下轨线设置为止损位。当然，投资者也可以使用固定止损位，如将买入价向下 10% 作为止损位。

5. 止盈位设置

与短线交易系统的设置相似，若股价按照投资者的预期出现上涨，可在股价触及上轨线后回落时进行第一次止盈；若股价向上突破了上轨线，则可在股价回归布林通道后进行减仓；若股价继续回调且跌破中轨线，则全部清仓。

四、以布林线为核心的波段交易系统案例

下面以安科瑞为例，介绍以布林线为核心的波段交易系统。

1. 交易环境设置

（1）以日 K 线为分析周期，设置布林线指标系统。

（2）大盘环境要求：指数日线、周线运行于布林线中轨线之上（如图 9-4、图 9-5 所示）。

（3）个股环境要求：股价 K 线运行于布林线中轨线之上，且布林通道收缩到极点（如图 9-6 所示）。

2. 交易条件设置

（1）买入条件：股价放量突破布林线中轨线，且布林通道宽度指标拐头

向上。

（2）资金安排：投入资金量占总资金量的 30%。

（3）加仓设置：股价上涨幅度超过 5% 之后，股价回调遇中轨线支撑后上涨，可加仓 30%（投入个股资金量的 30%）。

（4）减仓设置：股价上涨幅度超过 5% 之后，股价上涨遇布林线上轨线后出现回落，或股价自布林线上轨线回落至布林通道内，可减掉总持仓的 30%；股价二次减仓应该在第一次减仓点价格的基础上上涨 10% 后进行，减仓金额仍为总持仓量的 30%。

（5）止损位：买入股票后，股价跌破中轨线。

（6）止盈位：股价经过一段时间上涨后跌破中轨线。

下面来看一下安科瑞的日 K 线走势图，如图 9–7 所示。

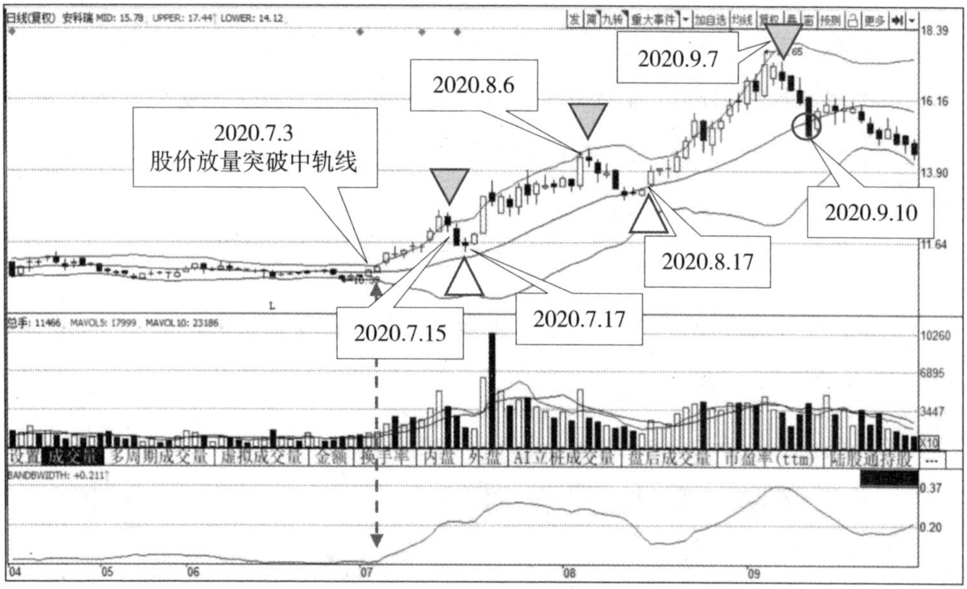

图 9–7　安科瑞（300286）布林线指标日线走势图

如图 9–7 所示，安科瑞的股价在 2020 年 7 月 3 日放量向上突破了布林线中轨线，且布林通道宽度指标拐头向上，说明股价即将迎来一波快速上升走势，波段交易者可入场建仓。

7月15日，该股股价连续多日脚踩上轨线上行后回归布林通道之内，鉴于此时股价上涨幅度已经将近10%，投资者可进行第一次减仓。按照之前的交易计划，宜减持总仓位的30%。

7月17日，该股股价经过几个交易日的下跌后，收出一根小阴线，且该阴线正好位于中轨线上方，此后该股股价被重新拉升，投资者可进行第一次加仓。加仓资金量按照交易计划执行，为拟投入个股总资金量的30%。

该股股价多日沿布林线上轨上行后，在8月6日出现调整迹象，投资者宜执行第二次减仓，减仓金额仍为总持仓量的30%。

其后，该股股价经过几个交易日的下跌来到中轨线附近，经过横盘振荡后，8月17日股价重新上攻，此时投资者宜进行第二次加仓，加仓资金量按照交易计划执行，为拟投入个股总资金量的30%。

9月7日，该股股价遇布林线上轨线出现调整，此时宜执行第三次减仓，减仓金额为总持仓量的30%。

9月10日，该股股价大幅下挫，且跌破了布林线中轨线，此时投资者宜执行清仓操作。至此，安科瑞的一个完整的波段交易操作正式完成。